AF357490

Réimprimé en 12 en 1666 (voir n° 6367.)

Réimprimé en 12 en 1666

HISTOIRE
DE LA VIE
DE HENRY
DERNIER DVC
DE MONT-MORENCY.

CONTENANT TOVT CE QV'IL
a fait de plus remarquable depuis sa naiſſance iuſques à ſa mort.

PAR SIMON DV CROS.

A PARIS,

Chez {
ANTOINE DE SOMMAVILLE, en la Galerie des Merciers, à l'Eſcu de France,
&
AVGVSTIN COVRBE', en la meſme Galerie, à la Palme.
} Au Palais.

M. DC. XLIII.
AVEC PRIVILEGE DV ROY.

A
MADAME
LA
DVCHESSE
DE MONT-MORENCY.

ADAME,

Si i'euſſe pû vous obeïr ſans vous af-
fliger, ie m'approcherois de voſtre Gran-

deur auec beaucoup plus d'asseurance,
& pourrois me glorifier de vous auoir
rendu vn seruice digne de l'honneur que
vous m'auez fait de me le commander. Ie
sçay bien , *MADAME*, que vostre
amour desapprouuera ma crainte ; &
vous ayant vû souffrir sans inquietude
les plus funestes endroits de mon Liure
parce qu'ils auoient plus de rapport a-
uec vostre affliction ; ie ne dois pas douter que le reste ne vous soit agreable.
Toutefois , *MADAME* , ie serois
infiniment plus satisfait si ie pouuois
acquerir vostre attention par quelque
autre voye que par celle de la douleur,
& vous faire vn present qui fust capable de vous consoler. En effet, il semblera d'abord qu'il y ait de la rigueur
de vous offrir celuy-cy qui ne fait que
vous rendre plus sensible le souuenir de
vostre perte. Mais la cruauté seroit encore plus grande de laisser perir la me-

EPISTRE.

moire de tant de belles actions, dont
l'Histoire a pris si peu de soin, & de
commettre à la seule tradition de ceux
qui les ont veües la durée des choses qui
doiuent estre immortelles. I'ay donc recueilly auec vne extréme curiosité, les pieces necessaires à la composition d'vn Ouurage qui puisse resister aux violences
du Temps, & porter à ceux qui vien-
dront apres nous, des veritez aussi belles que les fictions de nos Escriuains.
Mais comme vous remarquez des défauts aux portraits de ce grand homme que l'on iuge les plus ressemblants:
i'apprehende, MADAME, que si
vous considerez exactement celuy que
i'ay voulu faire, vous trouuerez que les
couleurs ne sont pas assez viues, ny les
traits assez delicats pour ce parfait Original, que ie tasche de representer. Ce
n'est pas que ie n'y aye employé beaucoup de temps, & hormis le fard, c'est à

dire le mensonge & l'affetterie, tous les
ornemens que i'ay pû luy donner. Mais
auec cela ie reconnois que la matiere sur
laquelle i'ay trauaillé, meritoit vne
main plus excellente que la mienne. Ie
crains mesme que la verité qu'on estime
aussi claire que le Soleil, ne paroisse
obscure dans mes Escrits, & qu'elle
n'aye pû me communiquer sa lumiere,
bien qu'elle m'ait seruy de guide : de
mesme que ceux qui conduisent les aueu-
gles ne leur donnent pas la veuë. Mon
esprit qui ne s'entretenoit alors que de
pensées tristes & conformes à mon sujet, auroit encore laissé sur cet Ouurage plus de marques de sa melanco-
lie, sans les efforts que l'Amour a faits
pour purifier cet humeur terrestre, &
pour rendre ma Narration intelligible.
C'est luy, MADAME, qui m'ayant
fait entreprendre cette longue nauiga-
tion ne m'a pas tousiours également

pouſſé. Il m'a fait paſſer plus viſte ſur
les endroits faſcheux, que ſur les agrea-
bles ; & comme le cœur s'ouure ou ſe
ferme ſelon les obiets differents, ie me
ſuis eſtendu en racontant les victoires de
ce grand Homme, & me ſuis haſté lors
qu'il a falu parler de ſa mort, ou des
derniers temps qui l'ont precedée Si toſt
que i'ay eſté à cette fatale coniončture,
vne certaine horreur m'a ſaiſi qui m'a
fait déplaire dans mon trauail, & m'a
donné plus de peine à l'acheuer que ie
n'en auois eu à faire toutes les autres
parties. Mon diſcours a depuis eſté ſer-
ré comme mon cœur, & ne m'attachant
qu'à eſcrire les choſes neceſſaires, i'en
ay laiſſé à dire, qui poſſible n'eſtoient
pas inutiles. C'eſt le ſeul trait de paſſion
qu'on remarquera dans cette Hiſtoire,
& vous le pardonnerez, MADAME,
à vn homme qui eſt encore du monde,
& qui n'a pû reſſentir la ioye que le

EPISTRE.

Pere *Arnoux* eut de voir cette *Ame* si
enflammée , & si pleine de graces du
Saint Esprit, qu'il eust crû pecher mor-
tellement , si dans la relation qu'il a
faite des trois derniers iours de sa vie
il en eust caché la moindre circonstance.
La mesme raison m'a fait tomber la
plume des mains , pour essuyer les larmes que i'ay esté contraint de respan-
dre à sa mort , apres les auoir retenuës
pendant que i'en faisois le recit ; & ie
n'ay pû me resoudre d'y adiouster les
Eloges , les *Epitaphes* , & les autres
Pieces, qui satisfont plus la curiosité,
qu'elles ne soulagent la douleur. *Ie* me
suis contenté de faire reuiure vne memoire , qui l'espace de dix années a
demeuré presque enseuelie. *Ie* sçay bien
M A D A M E, qu'elle se conseruoit
encore par les pleurs & par les soupirs
de quelques personnes , comme les autres choses s'entretiennent par l'humi-
dité

dité & par la chaleur qu'elles reçoiuent.
Mais, c'eſtoit vne nourriture periſſable,
que la Nature affoibliſſoit tous les iours,
en retirant du monde quelqu'vn de ceux
qui la communiquoient : Et le Temps
qui perſecute plus ſouuent qu'il ne fa-
uoriſe les Hommes illuſtres apres auoir
détruit la Perſonne euſt en fin exercé
la meſme rigueur ſur la memoire que
ie taſche de rendre immortelle. Mais,
MADAME, ie ne m'eſtonne pas
que le Temps & la Nature s'oppoſent
à mon deſſein, puiſque la Grace meſme
ſemble luy eſtre contraire. Auſſi toſt que
voſtre eſprit a eſté parfaitement eſclairé
de cette Vertu ſurnaturelle, Vous auez
enfermé dans vn Cloiſtre, & poſſible fait
vœu de quitter, le beau Nom de Mont-
morency, qui a remply toute l'Europe
de ſa gloire, & que vous n'euſſiez pas
changé autrefois pour les Tiltres les
plus honorables de la Terre. Vous eſtes

É

EPISTRE.

la seule qui le portez encore pour la satisfaction de tous ceux qui l'ont aimé; & qui ne peuuent souffrir sans douleur, que la Pieté leur oste vn bien qu'ils ne croyoient pas qu'il leur deust estre rauy que par la mort. Mais, MADAME, ie murmure mal à propos ; & deurois plustost adorer que me plaindre de cette conformité de la Grace auec la Nature. Car puisque toutes choses retournent naturellement à leurs principes, c'est par des decrets encor plus immuables, que vous entrez dans vne Maison Religieuse, y ayant esté esleuée depuis l'enfance iusques à vostre mariage. Vous n'estiez venuë au monde que pour seruir Dieu, ou pour aimer vostre cher espoux. Vos parens consacrerent les premieres années de vostre vie à celuy qui en estoit l'Autheur, & vous luy consacrez les dernieres ; apres auoir donné le reste du temps à la plus vertueuse & à la plus

iuste passion qu'on ait iamais veuë. Ainsi, MADAME, vostre amour a tou-
jours eu pour obiet, ou la source de toutes les beautez, ou la Creature de la
terre sur qui elles ont esté plus abonda-
ment respanduës. Apres auoir perdu ce
bien, tous les autres ausquels nous esta-
blissons la felicité de cette vie ne sont pas
capables de vous faire baisser les yeux.
Les nostres ne peuuent supporter vne si
grande lumiere; & de mesme que ceux
qui regardent le Soleil en ont la veuë
incommodée; l'esclat de cette haute Vertu où vous estes esleuée, nous esbloüit, &
nous donne de la peine. Vos parens, vos
amis, vos domestiques, vos seruiteurs,
& enfin tous ceux à qui vostre seiour
dans le monde apportoit quelque consolation, considerent la Retraite que
vous auez faite auec des sentimens aussi
differens que leurs interests le sont. Mais
comme les vapeurs que le Soleil esleue

de la terre s'arrestent en des regions fort esloignées de luy ; vostre Ame, qui est infiniment au dessus de nos troubles, & de nos inquietudes, demeure dans vne parfaite tranquillité ; & méprise les choses dont nostre foiblesse croit que vous deuriez estre touchée. Ie finiray cette Lettre, MADAME, par vne pensee que la plus grande Reine du monde a euë sur ce sujet ; Sa Maiesté qui sçait par sa propre experience quel pouuoir ont les prieres, & de quel bon-heur ioüissent les personnes entierement resignées à la deuotion ; respondit à celuy qui luy presentoit les vœus que vous faisiez pour la prosperité de sa Regence ; Qu'elle prendroit grand plaisir de vous tesmoigner son affection, mais qu'en l'estat où vous estiez, tout le monde auoit besoin de vous, & vous n'auiez besoin de personne. I'ay la mesme creance, MADAME, & ne veux point

douter que voftre Vertu , en quelque
lieu qu'elle foit retirée , n'ait affez d'authorité pour feruir de protection à mon
Liure. Vous en voyez icy la piece la plus
inutile ; & toutefois ie l'eftimeray bien
employée s' dans vn fi long, & peut-eftre
fi ennuyeux entretien , ie vous ay fait
connoiftre mon defir le plus paffionné,
qui eft de vous affeurer que ie fuis,

MADAME,

Voftre tres-humble, tres-
obeïffant, & tres-fidelle
feruiteur,
S. Dv Cros.

AV LECTEVR.

IE croy que ie puis vous appeller Amy; & quand vous ne le feriez pas d'vn Homme qui fut autrefois les delices de la France, vous le deuez eftre de cette Verité qui paroift dans toutes les parties de fon Hiftoire. Ce n'eft pas vne de ces veritez qui engendrent la haine ; & comme au frontifpice de mon Liure vous la voyez accompagnée de l'Amour, i'efpere qu'elle le produira dans voftre efprit. Si vous auez pris garde à cette premiere feüille, vous eftes iuftruit de mon principal deffein; qui eft de vous dire, que bien que i'aye entrepris cét Ouurage par les mouuemens de mon affection, la verité neantmoins m'a toufiours feruy de conduite. Et fi elle eft fi merueilleufe en quelques endroits, qu'elle vous femble incroyable ; ie vous prie de confiderer ce que peut faire vne extréme valeur lors qu'elle eft affiftée de la Fortune. Le Duc de Mont-morency portoit cette Vertu he-

roïque iufques à vn tel excés, qu'il ne faut pas
trouuer eftrange fi le bon-heur l'ayant voulu
fuiure à la iournée de Veillane, il y fit des a-
ctions plus que mortelles. Ie m'imagine que c'eft
le feul paffage que voftre foy aura peine de fran-
chir; puifque moy mefme en efcriuant alors cette relation i'eftois auec tout le refte de l'Armée
dans vn femblable eftonnement. Mais apres
tant de tefmoins qui font encor viuans, cette
merueille veritable eut la creance qu'elle meritoit. Au refte vous remarquerez, s'il vous plaift,
que ie ne traite pas cette Hiftoire comme Plu-
tarque a fait les vies des Hommes illuftres, où
fouuent il s'applique auec plus de curiofité à
efcrire de petites intrigues que de grandes chofes, parce que comme il dit au commencement de la vie d'Alexandre; *les plus glorieux
exploits ne font pas ceux qui montrent mieux le
vice ou la vertu de l'homme; mais fouuent vne le-
gere chofe, vne parole, ou vn ieu mettent plus clairement en euidence le naturel des perfonnes que ne
font pas les défaites, les batailles, ny les prifes des villes.* Moy au contraire, ie me fuis particulierement
attaché aux actions de la guerre. Ie ne vous en
allegueray point icy d'autre raifon, finon qu'a-
pres la mort de Mʳ de Mont-morency, la perfonne du monde qui en eftoit le plus viuement
touchée, me commanda de recueillir les Me-

moires de tout ce qu'il auoit fait de plus remarquable dans les differens emplois qu'il auoit
eus. Ie mis deux années entieres à ce trauail, & re-
ceus en fin ce contentement qu'il fut approuué
de cét Esprit que i'estimois le plus capable d'en
iuger, & duquel aussi ie desirois plus l'approbation. Il sort auiourd'huy en public de la mesme sorte qu'il entra alors dans le cabinet ; &
bien que la façon d'escrire, comme plusieurs
autres choses, ait changé depuis ce temps-là,
ie n'ay pas eu loisir de luy donner de nouueaux
ornemens, ny d'amplifier mes relations. Cette
raison me seruira d'excuse enuers ceux qui pourroient croire que ie les aye oubliez dans mon
Liure ; parce que mon dessein n'a esté que de
raconter les actions d'vn seul homme. En effet ie ne fay mention que de celles dont il a eu
le principal commandement : Pour les autres,
comme sont les sieges où le Roy a esté en personne, ie me suis tousiours tenu dans le quartier qu'il commandoit, sinon lors qu'il en est
forty pour se trouuer à quelque grande occasion.
Encor ne crois ie pas auoir fait de ces digressions
que deuant Montpellier à ce memorable & funeste combat de S. Denis. Ie n'affecte pas que ceux
dont ie rends quelque glorieux tesmoignage, m'ayent de l'obligation : mais ie serois marry que les autres eussent aucun pretexte de se
plaindre

plaindre de moy, qui bien loin de fupprimer la gloire de ceux qui ont bien fait, n'ay pas mefme vouḷu blafmer ceux qui ont failly. L'Amour qui m'a fait efcrire cette Hiftoire, n'eft pas vn A-mour aueugle; il eft plein de confideration, & ne prend pas feulement la verité pour guide, mais auffi l'exemple des vertus, de celuy qui luy fert de fuiet. Et fi pour défendre la memoire de ce grand Homme, ie fuis contraint de nommer quelque particulier, ie vous affeure, & vous le connoiftrez affez, que c'eft fans aucune paffion. Il n'eft pas mal-aifé de conclure de ce que ie viens de dire que l'on n'apprendra point icy l'Hiftoire de noftre temps puifque mon deffein n'a pas efté de la traitter ; mais feulement de dreffer des Memoires qui ne feront pas inutiles à ceux qui voudront l'efcrire auec plus de cu-riofité qu'on n'a fait iufques icy. L'on n'y verra ny harangues ny raifonnemens ; & de toutes les conditions neceffaires à vn parfait Hiftorien, ie n'ay defiré que l'honneur d'eftre veritable; c'eft pourquoy i'ay efté fort fcrupuleux lors qu'il m'a falu affirmer quelque chofe fur le tefmoignage d'autruy. Il y en a peu dont ie n'aye eu connoif-fance, ou cõme tefmoin, ou comme eftant fort proche des lieux où elles font arriuées. Ie n'en excepte que le Combatnaual, duquel pourtant i'ay eu vn iournal écrit de la main d'vn des prin-

cipaux Officiers de l'Armée, & côfirmé par deux
Gentils-hommes de grande vertu qui n'abandó-
nerent iamais l'Admiral ; outre les lettres escrites
au Roy en ce temps-là, auec les responces, les in-
structions, & les autres papiers que i'ay retirez du
Secretaire de l'Admirauté. Pour tout le reste de
ce qui s'est passé en Languedoc, ou en Piedmont,
i'en auois fait des memoires, & n'ay eu que la peine de leur donner l'ordre auec les ornemens dont
mon esprit a esté capable, & d'y adiouster les particularitez qui regardoient le Défunt, auprés duquel ie n'ay esté que les quatre dernieres années
de sa vie. Ie ne vous diray pas icy l'honneur que
i'auois d'en estre traité auec beaucoup plus de faueur que ie ne meritois, parce que ce souuenir me
donne encor plus d'affliction qu'il ne m'a iamais
donné de ioye, & qu'il ne sert de rien à vostre curiosité de sçauoir ma bonne ny ma mauuaise fortune. Vous verrez dans mon Epistre ce que ie puis
auoir oublié, pour vous satisfaire. Ie vous prie
d'excuser les fautes de l'Impression, & de lire, ame-
ner & apporter, où vous verrez qu'il faut les mettre, au lieu de mener & porter. Vous lirez aussi
paix au lieu de perte, à la page 246. & corrigerez,
s'il vous plaist, les mauuaises ponctuations qui
changent souuent le sens de mon discours. I'ay
mis vne partie des autres fautes à la fin du Liure.

SOMMAIRE DV
PREMIER LIVRE.

A Noblesse, & la grandeur de la Maison du Duc de Mont-morency : Son Pere est seul heritier des biens d'Anne son ayeul: Sa naissance; son education; ses exercices & les esperances qu'il donne d'vne tres-haute vertu: A l'aage de douze ans il est mis en possession de la survivance du Gouuernement de Languedoc: dans la mesme année on le marie, & le mariage se dissout bien tost apres auec dispence. Le Duc d'Amuille se démet en sa faueur de la charge d'Admiral, & son Pere du Duché & Pairrie de Mont-morency. Il espouse la Princesse Marie Felice des Ursins. Sa querelle auec le Duc de Reiz. La mort du Connestable son Pere. Il refuse genereusement l'amitié du Mareschal d'Ancre, & s'attache aux veritables interests du seruice du Roy. Il reçoit l'Ordre du saint Esprit à la promotion de 1620. Commence la guerre en Languedoc contre les Rebelles ; met garnison dans le Chasteau de Priuas ; prend Ville-neuue de Berg, Vals & Valons en Vivarez. Il mene des troupes au siege de Montauban, où il tombe malade. Aussi tost qu'il est guery il fait executer vne entreprise sur le Chasteau de Lunas ; attaque & prend Faugeres par composition ; s'auance iusques aupres de Montpellier pour s'opposer aux desseins du Duc de Rohan. Le combat de la Verune, suiuy bien tost apres de la défaite du Bosquet prés de Montpellier. Il va au deuant du Roy ; & auec l'auant-garde de l'armée prend Mauguio, & Massillargues. Il mene ses troupes deuant Sommieres, & depuis au siege de Montpellier : Il y signale son courage en diuerses occasions ; & particulierement au combat de saint Denis, où il est blessé de deux coups de pique. La Paix estant faite il va à la Court.

HISTOIRE
DE LA VIE
DE HENRY
DERNIER DVC
DE MONT-MORENCY.

LIVRE PREMIER.

E nom de MONT-MORENCY, est tellement connu dans l'Europe, par les grandes Alliances, & par les belles actions de ceux qui l'ont porté ; que ie n'ay pas estimé necessaire de mettre icy leur Genealogie. Du Chesne en a fait vn gros volume, où les Curieux peuuent voir les preuues particulieres de la

2 grandeur de cette illuftre Race , & de la vertu de ceux qui depuis tant de fiecles , l'ont de
pere en fils continuée iufques à nous. l'allegueray vn feul tefmoignage fort glorieux & fort ancien , tiré d'vn Manufcrit de la Bibliotheque
de Meffire Philippe Hurault Euefque de Char-
tres * ; le Liure intitulé, *Enfeignemens pour apprendre à blafonner Armes , compofé & efcrit du
temps de Philippes le Bel.* En voicy les propres termes : *Mont-morency premier Chreftien que Roy en
France ; premier Seigneur de Mont-morency que
Roy en France ; premier Baron de France ; fur fon
tymbre porte vn Paon qui fait la rouë ; fon cry eft,
Dieu ayde au premier Chreftien : fon mot eft,*
Ἀ'πλανως, *c'eft à dire,* fans tache.

* Voyez du
Chefne.

Les premieres paroles de ce texte fauorifent
ceux qui ont attribué à la predication de faint
Denis la conuerfion des Seigneurs de Mont-morency: mais quand il faudroit defcendre iufques
au regne de Clouis , & croire auec quelques
autres , qu'ils n'ont embraffé la Foy qu'auec le
premier de nos Rois; ce feroit toufiours prendre
de bien haut la fource de leur Nobleffe, & celle de leur Religion; Vû mefme que l'on trouue
dans de vieux Titres , que faint Remy ayant
ordonné à Clouis , d'enuoyer tous les ans vn
prefant à l'Eglife de faint Denis, les Chefs de
cette Maifon auoient l'honneur de l'aller offrir

en qualité de premiers Barons, & de premiers
Chreſtiens du Royaume.

Au reſte il y a pluſieurs grandes Maiſons dont
la reputation & la puiſſance durent encore ; mais
qui ont ſi ſouuent changé de Maiſtre que l'on
doute auec beaucoup d'apparance qui en a eſté
le premier poſſeſſeur. Ce mal-heur n'eſt point
arriué à ceux dont ie parle ; car bien que l'on
faſſe cét honorable reproche à nos anciens François d'auoir eſté plus curieux des Armes que des
Liures, & que les guerres des Anglois ayent fait
perdre la meilleure partie des Tiltres des particuliers, & du public ; il s'en eſt encore conſerué
aſſez, pour teſmoigner qu'en l'année 1050. il y a-
uoit des Conneſtables * dans cette illuſtre Famille, que les plus grandes charges de l'Eſtat y
eſtoient alors comme hereditaires, & que depuis
Bouchard premier qui viuoit ſouz Lothaire iuſques au dernier Duc de Mont-morency, l'on
compte dix-neuf Generations de maſles deſcen-
dans en droite ligne.

Vne ſi longue ſuite de predeceſſeurs, parmy
leſquels on void cinq Conneſtables, deux grands
Maiſtres, ſept Mareſchaux, cinq Admiraux, &
deux grands Chambellans de France, m'eſloi-
gneroient trop de mon deſſein, ſi ie voulois
monſtrer comme la valeur & la fidelité de ces
grands Hommes leur ont fait meriter les prin-

* *Thibaut I.
de Mont-mo-
rency ſouz les
Rois Henry I.
& Philippe I.
ſon fils.*

cipaux honneurs de l'Eſtat, & comme en cette
Race les enfans n'y heritoient pas plus iuſtement
des biens de leurs Peres par le droict de la Nature, qu'ils ſuccedoient aux charges par celuy
de la Vertu.

La vie de celuy que i'ay entrepris de ſuiure
depuis la naiſſance iuſques au tombeau, me permet ſeulement de dire; qu'Anne de Mont-morency ſon Ayeul, grand Maiſtre, & Conneſtable
de France, apres auoir fidelement ſeruy cinq
Rois; vſé auec moderation de leur faueur; ſup-
porté conſtamment les diſgraces qui l'eſloigne-
rent deux fois de la Court; & apres s'eſtre trouué à huit batailles, en quatre deſquelles il auoit
eſté General d'Armée, mourant à l'âge de quatre-vingts ans, de huit bleſſures qu'il reçeut à celle de S. Denis; laiſſa pluſieurs enfans, parmy leſquels Henry I. fut enfin l'heritier, & le principal ſucceſſeur de ſes biens & de ſes charges.

Ce Seigneur connu premierement ſouz le nom
du Mareſchal d'Amuille, eſpouſa Madamoiſelle
Antoinette de la Mark, de laquelle il eut Hercu-
les Comte d'Offemont, qui mourut fort ieune,
& mes Dam^es Charlotte & Marguerite de Mont-
morency; l'aiſnée fut mariée à Charles de Va-
lois que l'on appelloit en ce temps là le Comte
d'Auuergne, & qui eſt auiourd'huy Duc d'An-
gouleſme. Sa ſœur eſpouſa Anne de Leuy Duc

de Vantadour son Cousin, Lieutenant General pour le Roy en Languedoc, Pere du Duc de Vantadour, qui est à present Gouuerneur du Limousin ; ce sont les enfans du premier lit de Henry, dernier Connestable de sa Race.

François son frere aisné, que l'on appelloit le Mareschal de Mont-morency, mourât sans enfans en l'année 1579. luy laissa son nom auec la succession de toutes ses terres. C'estoit la viue image, & le fauory d'Anne son Pere; aussi l'auoit-il suiuy depuis son enfance, & esprouué comme luy la bonne & la mauuaise fortune. Son merite fut reconnu non seulement en France, & en Italie, par les grands emplois qu'on luy donna, mais aussi en Angleterre, où la Reine Elizabet le fit Cheualier de la Iarretiere auec des eloges aussi honorables que l'Ordre qu'il en reçeut. Ie violerois les Loix que ie me suis imposées si ie m'arrestois à parcourir les belles actions de sa vie : & ne parlerois pas mesme de sa mort, dont beaucoup de gens ont attribué la cause au poison, si elle n'eust fait changer de nom au Mareschal d'Amuille : de qui ie ne diray non plus que ce qui sert à mon Histoire. Celle de la Ligue décrit assez amplement les agitations qui ont exercé la vertu de ces deux Freres ; & la peine que le dernier eut à éviter les pieges où l'autre tomba mal-heureusement.

Le Mareschal d'Amuille qui apres la mort de

A iij

son frere prit le nom de Montmorency , estant donc allé chercher dans son Gouuernement du Languedoc la seureté qu'il ne pouuoit trouuer à la Cour, perdit sa femme pendant le long sejour qu'il fut obligé d'y faire : auec le ieune Comte d'Offemont son fils : & se remaria auec Mada-moiselle Louise de Budos de la Maison de Por-tes ; de ce mariage sont sortis Madame la Prin-cesse , nommée Charlotte Marguerite , Char-les qui mourut en bas aage , & Henry dernier Duc de Mont-morency qui sert de sujet à cette Histoire; il nasquit à Chantilly le 30. iour du mois d'Auril de l'année 1595.

Sa naissance redoubla le contentement que son pere auoit reçeu quelques mois auparauant pour l'espée de Connestable que le Roy Henry le Grand luy auoit donnée. Sa Maiesté conti-nuant en la personne du fils l'estime qu'elle fai-soit de cét ancien Seruiteur, voulut le tenir sur les fonds du Baptesme, & l'honorer de son nom, à l'exemple des Rois François I. & Henry II. qui auoient esté les parrains de son Oncle & de son Pere. Mais comme il n'y a point de felici-té durable en ce monde, celle de ce grand Hom-me fut bien tost troublée par la perte de sa fem-me, qui mourut à Chantilly en la fleur de son aage, & dans le plus grand esclat de sa beauté. Il épousa quelque temps apres auec dispence Mada-

moiſelle de Montoiſon Tante de la deffunte, qui
n'ayant point d'enfans aima ceux de ſa Niepce,
comme s'ils euſſent eſté les ſiens propres, &
donna les commencemens à cette belle nourriture dont toute la France a depuis admiré la
perfection.

Le Conneſtable qui n'auoit lû autre Liure
que celuy du Monde, ny formé ſa Morale que
ſur l'experience de la Cour, ne voulut pas du tout
negliger en la perſonne de ſon fils les aydes que
la connoiſſance des Lettres apporte ordinairement à nos eſprits ; mais comme il le deſti-
noit au meſtier qu'il auoit fait toute ſa vie, où il
ne croyoit pas la Science ſi neceſſaire que la vigueur & l'adreſſe du corps ; il l'occupa particulierement aux exercices qui ont accouſtumé
d'augmenter la force naturelle des hommes.
C'eſt pourquoy il ietta les yeux de bonne heure ſur vn Gouuerneur, afin qu'il l'eſleuaſt à ſa mode, & qu'il employaſt tous ſes ſoins à le rendre bon
gendarme : En quoy certes ſes deſirs furent plainement ſatisfaits, n'y ayant point de cheual ſi
rude ny ſi vigoureux qu'il ne miſt à la raiſon en
l'âge qu'à peine ſes pareils auoient la force de ſe
tenir dans les arçons. Il n'eſtoit pas moins adroit
aux autres exercices du corps ; & ſon eſprit faiſ-
ſoit tous les iours paroiſtre les premieres eſtincelles des vertus qui ont ſi viuement eſclaté du-

rant le cours de ſa belle vie. Lors qu'il eut at-
taint la douzieſme année de ſon âge , le Conneſtable ſon pere le mena en Languedoc , & le
fit mettre en poſſeſſion de la ſuruiuance de ce
Gouuernement, qui eſtoit dans leur Maiſon depuis Anne ſon Ayeul.

Apres qu'il fut de retour en France, la Com-
teſſe de Chemilly ayant fait propoſer le mariage de ſa fille vnique, l'affaire fut concluë auant
preſque qu'il s'en parlaſt à la Court. Le Roy
teſmoigna au Conneſtable que ce mariage luy
déplaiſoit, & quelque temps apres en procura
la diſſolution, qui ſe fit à Paris dans l'Egliſe des
Ieſuites, ſans aucune ceremonie conſiderable,
Il eſtoit dans parce qu'vne des Parties , à ſçauoir le Duc de
ſa treizieſme Montmorency, n'eſtoit pas en âge de le conſom-
année. mer.

Sa Maieſté ne le conſideroit pas ſeulement
comme l'heritier du Conneſtable ſon Pere, mais
comme le ſucceſſeur des vertus d'Anne ſon A-
yeul ; & diſoit ſouuent par vn eſprit de Pro-
phetie , que ſa reputation ne ſeroit pas moindre que celle de ce grand Homme.

Pendant que ſa Maieſté teſmoignoit publi-
quement l'eſtime qu'elle faiſoit de ce ieune Seigneur , & qu'elle luy releuoit le courage par ſes
diſcours & par ſes careſſes ; le Conneſtable au
contraire le tenoit bas ſouz la ſeuerité de du Tra-

uet son Gouuerneur qui par son ordre luy ostoit
les moyens de paroistre , & d'exercer cette liberalité qui depuis a fait tant d'esclat au monde. Cette Vertu qui ne peut estre bien prati-
quée que par les personnes de grande condition , luy estoit si naturelle qu'elle se remar-
quoit dans toutes les actions de son enfance.
Vn iour estant aduerty qu'vn de ses Gentils-
hommes n'auoit pas tout l'argent qu'il luy falloit pour vne affaire qui luy estoit suruenuë, ce
ieune Seigneur n'ayant point d'autre moyen
pour luy en donner le pressa secrettement de
prendre vne enseigne de pierrerie qu'il vouloit
feindre d'auoir perduë, au hazard d'estre mal
traité par son Gouuerneur.

Il n'estoit pas moins courageux que liberal,
la gloire qu'il se pouuoit acquerir par des moyens honnestes , & sur tout lors qu'elle estoit
accompagnée de difficulté , estoit le veritable
objet de son amour. Il s'excitoit à cela par l'e-
xemple de son Ayeul dont il estudioit ordinairement la vie. Les biens que ce grand Homme
auoit adioustez à ceux de sa Maison , le tou-
choient bien moins que les batailles qu'il auoit
gagnées ; & de toutes les raretez de son tre-
sor de Chantilly , rien ne luy plaisoit tant que
les espées auec lesquelles il auoit fait de si belles actions. Il les regardoit auec jalousie & pro-

iettoit de s'en seruir comme il a fait depuis dans ses plus remarquables combats.

Il faisoit ces belles meditations à Chantilly, lors que le Roy desira qu'il vinst à la Court où sa Maiesté luy fit des caresses extraordinaires; Et le Marquis de Portes auec les Gentils-hommes qui l'auoient accompagné furent rauis de la moderation auec laquelle il reçeut des faueurs, qui estoient capables de mettre en desordre la modestie mesme.

Quelque temps apres ce grand Prince fut assassiné dans la ville capitale de son Royaume, entre les bras de ses plus fidelles seruiteurs, parmy les pompes du Couronnement de la Reine, & dans les preparatifs d'vne entreprise qui donnoit de l'estonnement à toute l'Europe. Le iour que ce prodigieux mal-heur arriua le Duc de Mont-morency se rencontrant dans le carosse de Monseigneur le Daufin, l'accompagna iusques au Louure, & eut l'honneur d'estre le troisiesme qui luy presta le serment de fidelité. Il entroit alors en la seiziesme année de son aage; & les naturelles perfections de son corps, auec l'adresse & la grace dont ses moindres actions estoient accompagnées, attiroient déja sur luy les yeux & les volontez de toute la Court: cét aduantage qu'il receuoit dans toutes les Assemblées parut encore auec plus d'é-

dat au Carrouzel qui se fit à la place Royalle
en l'année 1612. pour la solemnité du mariage
du Roy.

Mais sortons des exercices & des diuertissemens où son courage ne luy permet plus de
demeurer, & suiuons-le dans les emplois &
dans les charges où sa vertu & sa naissance
l'appellent. La premiere qu'il eut, & qui depuis
luy donna le moyen de faire vne des plus remarquables actions de sa vie, fut celle d'Admiral de France, Guyenne & Bretagne, dont
il presta serment au Roy, & fut reçeu au Parlement de Paris le 10. Iuillet 1612. Le Duc
d'Amuille son Oncle, s'en démit en sa faueur,
& par son exemple obligea le Connestable d'en
faire de mesme du Duché & Pairrie de Mont-
morency, dont il fit hommage au Roy au mois
de Iuillet de l'année 1613. & fut reçeu quelques iours apres au Parlement en la dignité de
Duc & Pair de France.

Le merite de sa personne, ioint à la grandeur & aux richesses de sa Maison, faisoient
former diuers desseins pour le marier. Mais la
Reine mere du Roy les arresta tous, lors qu'elle eut tesmoigné qu'elle vouloit l'honorer de
son Alliance, & luy donner sa Niece la Princesse Marie Felice, de la tres-illustre Maison des
Vrsins. Ceux qui ont tant soit peu de connois-

fance de l'Hiftoire, fçauent que Pol Iordain Vrfin Duc de Bracciano fon ayeul auoit efpou-fé Elizabeth de Medicis fille de Cofme grand Duc de Tofcane, & par confequent Tante de la Reine; & que de ce mariage fortit le Prin-ce Virginio Vrfin, dont la memoire fera tou-jours glorieufe en Italie. C'eftoit vn des plus excellens Efprits de fon fiecle, qui ne laiffoit pas d'agir tres-vtilement pour le bien du public & des particuliers, quelques empefchemens qu'il reçeuft d'vne longue maladie, qui le trauailla pen-dant dix années, auec des douleurs fi fortes & fi frequentes qu'elles luy ofterent en fin la vie. Il auoit efpoufé Fuluia Perreti Niece du Pape Sixte V. dont la beauté fut telle, qu'il n'y en auoit point à Rome qui la peuft égaler. De ce mariage font fortis fix enfans mafles, dont il ne refte plus au monde que le Duc de Braccia-no, & Dom Ferdinand des Vrfins; la mort en ayant ofté le Cardinal auec Dom Cofme fon frere, & la deuotion les deux autres qui viuent en égale veneration parmy les Carmes Déchauf-fez, & les Iefuites.

La Princeffe Marie Felice eft la troifiefme de fes filles, & celle qui de tous fes enfans a plus de rapport auec luy; & qui ne luy reffem-ble pas feulement dans les traits du vifage & dans les infirmitez du corps, mais auffi dans

les vertus & dans les auantages de l'esprit. Il faut
croire que Dieu preuoyant les grandes afflictions
qui luy deuoient arriuer, voulut luy donner vne
ame capable de les souffrir constamment. Mais
pour ne la rendre pas mal-heureuse auant le temps,
faisons partir le Marquis de Treynel son parant,
auec procuration & pouuoir de l'espouser au
nom du Duc de Mont-morency, que nous sui-
urons cependant au voyage qu'il fait en Languedoc en l'année 1614.

Les peuples qui auoient admiré son enfance, voyent surmontez en sa personne les souhaits
qu'ils auoient faits auparauant, & le reçoiuent
dans tous les lieux de la Prouince auec des ioyes
& des despences qu'il seroit aussi long qu'inutile de representer. Pendant qu'il fait reconnoî-
tre son authorité, & qu'il s'instruit des affaires
de son Gouuernement, la Princesse des Vrsins
conduite par le Marquis de Treynel ; part d'I-
talie pour venir en France. Le Connestable aduerty qu'elle auoit pris terre, la fut visiter à Auignon, & parmy les complimens qu'il deuoit
à la grandeur de sa naissance, il luy donna de
veritables preuues de son affection. Il auoit desia
fait partir son fils pour se rendre à la Court, accompagné de cent Gentils-hommes, dont il
y en auoit plusieurs qui tenoient rang dans le
païs, & qui n'eussent pas volontiers auoüé

pour Maiſtre vn autre Seigneur que celuy-là.

La ſolemnité des nopces ſe fit dansle Louure, où le Duc de Mont-morency logea pendant quelque temps pour la ſatisfaction de la Reine mere, qui ne pouuoit ſouffrir qu'vne ſi chere parente ſe ſeparaſt ſi toſt d'elle.

Les plaiſirs que les nouueaux mariez receuoient n'eurent qu'vn ſeul iour de trouble, ou pour mieux dire n'en eurent point du tout, puis que l'occaſion en fut ignorée de la Ducheſſe de Mont-morency, & embraſſée de ce ieune Seigneur auec d'autant plus de contentement que c'eſtoit la premiere qui luy permettoit de donner des preuues de ſon courage.

Le Duc de Retz ayant eſpouſé l'heritiere de Chemilly, & depuis s'eſtant rendu amoureux d'vne femme que le Duc de Mont-morency auoit aimée, ſouffroit impatiemment la raillerie ſur le mot de Reſtes. En effet vn iour que le Duc de Mont-morency la voulut continuer, il s'en offença de telle ſorte qu'il enuoya le lendemain le Marquis de Vitry pour luy faire vn appel de ſa part. Comme il s'approchoit de luy, le Duc de Mont-morency ſe douta de ſon deſſein, de ſorte que s'eſcartant vn peu de ſa ſuite il le mit entre luy & ſes Gentils-hommes pour empeſcher qu'ils ne priſſent garde à leurs diſcours. La choſe fut conduite auec tant de ſecret que

ſa femme n'en eut pas meſme le ſoubçon; & la
gayeté qui paroiſſoit ſur le viſage de ſon mary,
la fit mettre au lit ſans aucune défiance. Le
Duc de Mont-morency faiſant ſemblant de vouloir eſcrire, ſe retira dans ſon cabinet, & ſortit
bien toſt apres ſans empeſchement. Comme il
fut hors du Louure il rencontra le Marquis de
Portes, qui le deuoit ſeruir; & tous deux ſuiuis
de deux valets de pied furent contraints de ſortir par vne ſecrete ouuerture qu'il y auoit entre
l'Arſenal & la Baſtille, parce que la porte S. Antoine eſtoir fermée. Apres auoir paſſé le reſte de
la nuit dans vn petit cabaret, ils ſe renditent tous
quatre ſur le lieu. Le combat ne fut pas long, parce
que le Duc de Mont-morency ayãt ſaiſi l'eſpéc du
Duc de Retz ſe ietta ſur luy , & l'ayant porté par
terre, leurs amis qui eſtoient aux priſes s'accorde-
rent pour les aller ſeparer. Ce qu'il y eut de fort remarquable en ce duël fut la franchiſe du procedé,
& la condition des perſonnes qui le firent.

Cependant le Mareſchal d'Ancre, qui ſouz
la faueur que ſon mariage luy donnoit aupres
de la Reine mere du Roy , auoit pris l'admini-
ſtration des affaires , taſchoit par toute ſorte de
moyens d'attacher le Duc de Mont-morency aux
intereſts de ſa fortune. La Mareſchalle ſa femme tres-ſçauante au choix des perſonnes , eſ-
puiſa inutilement toutes ſes fineſſes pour l'atti-

rer à son party ; l'auersion qu'il auoit aux auantages qui s'acquierent par des voyes si basses, luy
fit genereusement reietter des offres beaucoup
plus grandes que celles qui auoient desia tanté
quelques vns de sa condition. Pendant qu'il se
conseruoit entier parmy les corruptions de la
Court, & qu'il commençoit de faire connoistre
cette vertu qui luy a tousiours acquis tant d'e-
stime, la mort du Connestable l'appella en Languedoc. Cét illustre Vieillard, qui depuis quelques années sembloit viure plustost par le secours
de la Medecine, que par les forces de la Nature, finit ses iours à la Grange de Pezenas au mois
d'Auril de l'année 1614. & son corps fut porté à
nostre Dame du Grau, prés d'Agde, où il auoit
choisi sa sepulture.

Le Duc de Mont-morency recompensa tous
ses domestiques, & retint auprés de luy ceux
qui furent en estat d'y demeurer. La Noblesse qui
auoit honoré le Connestable, vint de tous les
endroits du Languedoc luy offrir ses seruices,
auec la mesme affection qu'elle les auoit rendus
à son pere. Il estima la generosité de ces offres
beaucoup plus que tout ce qu'il estoit capable
de donner ; & traita tous les Gentils-hommes
auec tant de courtoisie, qu'il n'y en eut pas vn
qui ne s'en retournast fort satisfait de luy. Apres
s'estre

s'eftre acquitté de ce qu'il deuoit à la pieté, il fe
donna entierement aux foins que fa charge luy
demandoit en cette conionĉture, où les bonnes & les mauuaifes intentions fembloient fi
difficiles à difcerner ; parce que toutes auoient
le feruice du Roy pour veritable fin , ou pour
pretexte.C'eft pourquoy il fit le tour de la Prouince; vifita les places frontieres ; confirma les
Gouuerneurs en la vraye & pure fidelité qu'ils
deuoient à leur Souuerain ; releua le courage de
ceux qui en auoient befoin ; reprima l'infolence
de quelques autres , & fit generalement refpe-
ĉter par tout l'authorité legitime , bien qu'elle
ne fuft pas auffi libre , & auffi abfoluë qu'elle
deuoit eftre. En fin il eftablit les chofes en telle forte que le Roy qui venoit de perdre le Conneftable , eut pluftoft fuiet de le regretter , par
l'eftime qu'il en faifoit, que pour l'intereft de
fon feruice.

Or bien que ce ieune Seigneur fuft efloigné
de la Court, il ne laiffoit pas de folliciter viuement la liberté du Duc d'Angoulefme. C'eftoit
la feule grace qu'il auoit demandée à fon mariage ; & la Reine mere apres l'auoir promife,
en differoit l'effet par le confeil du Marefchal
d'Ancre, à qui la naiffance & la generofité de
ce grand Prifonier eftoient fufpeĉtes. Il perfua-
doit fa Maiefté de dégager fa parole par les cho-

C

ſes les plus aduantageuſes que le Duc de Mont-
morency euſt pû deſirer dans ſon Gouuernement , ou à la Court. Mais tout cela ne fit que
l'animer au deſſein de ſeruir ce cher beau-frere,
pour lequel il ne ceſſa iamais d'interceder iuſques à ce qu'on le tira de la Baſtille pour le faire
General d'Armée.

Le Traité de Loudun , où la Paix generale
fut concluë , ſe fit quelque temps apres ; &
Monſieur le Prince eſtant retourné à la Court,
fut arreſté par le conſeil du Mareſchal d'Ancre , le premier iour de Septembre de l'année 1616. & conduit au Bois de Vincennes. L'on
vit bien toſt apres deux Armées ſur pied , dont
l'vne alla rauager le Niuernois ſouz la conduite du Mareſchal de Montigny : l'autre qui e-
ſtoit commandée par le Duc de Guiſe, alla
mettre le ſiege deuant Soiſſons , où les Ducs
de Neuers & de Mayenne , accompagnez de
grande quantité de Nobleſſe s'eſtoient retirez.
En ce mal-heureux temps , où les Armes
du Roy eſtoient employées contre ſa volonté meſme , pour perdre ſes plus fidelles ſub-
iets, le Duc de Mont-morency fit vn deſſein
auec les Ducs d'Eſpernon, & de Leſdiguieres,
qui pour auoir eſté heureuſement interrompu,
On l'appelloit ne doit pas eſtre oublié. Ils reſolurent de faire
le tiers Party. à leurs deſpens vne Armée de douze mille hom-

mes pour aller feruir le Roy dans l'Armée des
Princes. Il eft à croire qu'vn Corps fi confiderable euft attiré beaucoup de perfonnes, qui par
foibleffe, ou par timidité n'ofoient s'oppofer à
la tyrannie naiffante, euft fortifié ce peu de
bons feruiteurs qui eftoient encore aupres du
Roy ; & faifant leuer le fiege de Soiffons , euft
produit des changemens auantageux à la gloire de fon feruice : mais la mort du Maréchal
d'Ancre les empefcha de rendre cette preuue
fignalée de leur courage & de leur fidelité. Le
Duc de Mont-morency eftoit à Beziers lors que
la nouuelle luy en fut portée ; de laquelle ayant
reffenty le contentement où l'obligeoient les interefts du Roy, qui par ce moyen fe voyoit entierement libre ; il alla à Thoulouze pour y receuoir de fa part les acclamations du Parlement,
& donner ordre par tout à la tranquillité publique. Apres fon retour au bas Languedoc il fit
executer les volontez de fa Maiefté, & fatisfai-
re à tout ce qu'elle demandoit à l'affemblée des
Eftats du païs.

Les feux de ioye, que l'on y faifoit generalement de la mort du Marefchal d'Ancre n'e-
ftoient pas encore bien efteints ; lors qu'on les
redoubla pour l'arriuée de la Ducheffe de Mont-
morency. Elle fit fon entrée à Montpellier au
mois de Iuin de l'année 1617. auec des magnifi-

cences qui ne ſe peuuent mieux comparer qu'à
celles qui s'eſtoient faites dix années auparauant
pour ſon cher Eſpoux. Les Eloges de ſa Maiſon ne furent pas oubliez, ny les noms de ſes
Predeceſſeurs, qui ont dignement poſſedé, ou
genereuſement deffendu le ſaint Siege ; non
plus que ces grands Capitaines que nos Rois
ont iugez ſi neceſſaires aux conqueſtes de Naples & de Milan ; & les autres du meſme Nom
qui ont rendu des ſeruices importans à la Re-
publique de Veniſe. En fin l'on eſſaya de luy
teſmoigner dans toute la Prouince que la gloire & la grandeur de la Race des Vrſins n'y
eſtoient pas inconnuës. Dom Coſme ſon frere,
qui depuis mourut en Hongrie aux guerres de
l'Empereur, voyoit auec rauiſſement les honneurs & les benedictions que les Peuples donnoient par tout à leur nouuelle Gouuernante.

Le Duc de Luynes commençoit alors de
monter à cette grandeur prodigieuſe, où nous
l'auons vû mourir : cependant la Faueur en
quelques mains qu'elle ſe rencontraſt eſtoit tou-
jours contraire au Duc de Mont-morency ; &
comme ſa generoſité auoit eſté vainement ſo-
licitée pour l'appuy du Mareſchal d'Ancre, elle
eſtoit ſuſpecte à ce nouueau Fauory. Il craignoit
que ſa Vertu qui eſtoit connüe du Roy n'en
fuſt enfin trop eſtimée, & qu'il n'euſt pour Ri-

ual vn homme dont les autres eſtoient generalement amoureux. Cette raiſon fit qu'il deſtourna
autant qu'il luy fut poſſible, l'inclination de ſa
Maieſté par des perſuaſions artificieuſes, & par
des ſoubçons tirez de la grandeur de ſa Maiſon,
de ſon courage, & de l'Alliance qu'il auoit faite.
Il a pourtant toujours mis les intereſts de la Reine
mere, tellement au deſſous de ce qu'il deuoit au
Roy, que lors qu'il n'a pû la ſeruir ſans s'écarter
de ſon deuoir, il s'eſt contenté de faire des vœux
pour la reconciliation de leurs Maieſtez deſvnies. Mais il faut voir la preuue de cecy dans
la ſuitte de ſa vie, & ſans ſortir des bornes
d'vne veritable Hiſtoire, oppoſer de bonnes
actions aux meſdiſances de la haine ou de l'enuie; auſſi bien le temps s'approche auquel ce
courage heroïque qui n'a encore ietté que des
eſtincelles, doit reluire plainement, & ſatisfaire aux promeſſes qu'il a faites à tout le monde.

Le Duc de Mont-morency reçeut l'Ordre
du Saint Eſprit, à la promotion des Cheualiers, qui ſe fit au commencement de l'année 1620.
Et quelque temps apres les troubles qui ſe formoient dans le Languedoc, le firent partir de
la Court pour y aller donner ordre. Dés qu'il
y fut arriué il eut à combattre ce Monſtre qui
paroiſſoit alors ſi redoutable; ce Monſtre dis-

ie qu'il a depuis pourſuiuy par Mer & par Terre, & auquel il a fait des bleſſures qui n'ont iamais eſté bien gueries : apres luy auoir donné les premiers coups qui deſcouurirent ſa foibleſſe.

Il faudroit eſtre d'vn autre ſiecle pour ne pas entendre que ie parle de la Rebellion, qui ayant commencé dans Priuas, a trouué ſa fin au lieu meſme de ſa naiſſance, & a eſté deuorée par les flames dont elle auoit failly d'embraſer tout cét Eſtat.

Le diſcours du mariage du Vicomte de l'Eſtrange auec la veufue de Chambaut, Dame de Priuas, ietta les premieres ſemences de tous ces mal-heurs. Les habitans de cette ville qui eſtoit Huguenotte, & naturellement mutine ne pouuoient ſouffrir ce changement de Seigneur, pource qu'il eſtoit Catholique & ennemy de Briſon, beau-fils de leur Dame, & Chef de Party en leurs aſſemblées. Le Duc de Mont-morency eſtant encore à la Court, apprend cette broüillerie par le Vicomte de l'Eſtrange ; il en parle au Roy, qui de l'aduis de ſon Conſeil, veut que cette recherche ſe continuë, croyant que c'eſt beaucoup faire pour ſon ſeruice, de mettre vn Seigneur Catholique dans vne ville où la ſainte Meſſe ne ſe diſoit plus depuis ſoixante ans.

Le Vicomte bien aife de pouuoir en cette occafion fignaler doublement fa fidelité, & meriter tout à la fois le tiltre de bon Subiet & de courageux Amant, pourfuit fon deffein auec tant de bon-heur, que le mariage fut confommé prefque au mefme temps que le Duc de Mont-morency arriuoit dans la Prouince. Le voila donc paifible poffeffeur de fa femme, mais non pas du Chafteau qu'elle auoit dans Priuas : les habitans le luy difputent ; il n'y entre que par la fauffe porte, fouuent auec combat, & toufiours auec peril. Brifon piqué de ialoufie autant pour l'authorité qu'il perdoit dans la place, que pour quelques autres confiderations fecrettes, fe iette dans Priuas auec fes amis ; efchauffe l'animofité du peuple, appelle les plus factieux du voifinage, & fait des barricades contre le Chafteau.

Le Duc de Mont-morency fçachant cette infolence, & que le Pilon eftoit party des Seuenes pour aller au fecours des rebelles, s'auance iufques au Pont Saint Efprit, & employe la douceur pour ramener cét efprit factieux à fon deuoir ; mais la folie des mutins qui s'augmentoit tous les iours l'obligea de recourir à des remedes plus puiffans, & de fe feruir de la force où la raifon eftoit inutile. Il fit donc mettre fur pied quelques Compagnies du Regiment de

Languedoc, pendant que la Noblesse du Viuarez , assemblée aux enuirons de Ville-neufue
de Berg, empeschoit le Pilon de passer outre a-
uec ses soldats.

Dés que le Duc de Mont-morency fut à
Bays auec son Infanterie, les Deputez de Priuas
vindrent le trouuer, auec des paroles pleines de
repentir & d'obeïssance. Brison quitte la ville,
le Marquis de Portes auec ce qu'il auoit de son
Regiment y est reçeu, & se rend maistre des murailles.

Deux heures apres , le Duc de Mont-morency y entra fort accompagné de Noblesse; le peuple luy demande pardon; la Messe y est celebrée,
& le Chasteau mis entre les mains de la Croix
Capitaine de ses Gardes.

Le Roy approuue & loüe ce seruice , mais
l'armement fait sans autre ordre que celuy de
la necessité, & aux despens de ce ieune Seigneur,
tenoit en extréme ialousie le Duc de Luynes &
ses freres , qui estoient pour lors Maistres de la
Faueur , & fort mal affectionnez enuers luy:
Ce qu'ayant desia reconnu en diuerses rencontres , il voulut leur faire ce plaisir de desar-
mer sans en attendre le commandement. Cette conduite fut si bien reçeuë à la Court, que sa
Maiesté luy permit de faire leuer cinquante mil
escus sur la Prouince, pour se rembourcer des
frais

Ce fut le pre-
mier de May
1620.

frais qu'il auoit faits à cette petite guerre. L'im-
polition le fit aux Eltats du païs, & l'argent le
diltribua auec tant de prudence & de generoli-
té, qu'il paroilloit bien que dans cette affaire il
n'auoit point eu d'autres interelts que ceux du
Roy, & la gloire de lon leruice.

Apres la tenuë des Eltats les mouuemens du
Pont de Sé commencerent de le former. Le Duc
de Mont-morency fut viuement lollicité d'eltre
de la partie. Du Carbon fit plulieurs voyages pour l'y engager: & la Reine mere n'oublia
pas d'elcrire à ceux qui auoient quelque pouuoir lur lon elprit pour luy perluader que dans
les interelts le trouuoit le vray leruice du Roy,
& qu'vne mere poullée par la force du lang, &
par les leuls lentimens de la Nature, auoit lans
doute de meilleurs delleins pour le bien des affaires de la Maielté, que ceux qui n'auoient
pour obiet que leur ambition & leur fortune.

Outre ces railons, qui lembloient iultifier ce
Party, on le luy reprelentoit puillant par la con-
lideration des Princes, & des principaux Officiers de la Couronne, qui auoient delia des Armées lur pied, & de quelques autres perlonnes
de grande condition qui n'attendoient que luy
pour le declarer. Toutefois la fidelité luy rendoit melme entre les mains de les ennemis l'authorité du Roy li conliderable, qu'il n'y eut ny

priere, ny esperance, ny exemple, ny ressentiment assez forts pour luy faire quitter ce grand
chemin que son pere en mourant luy auoit recommandé de suiure toute sa vie. Tout ce que
l'on pût obtenir de luy, fut d'enuoyer vn de
ses Gentils-hommes à la Reine Mere, pour
luy offrir les seruices qu'il luy pourroit rendre
sans faillir à ce qu'il deuoit au Roy, dont il venoit de receuoir de nouuelles faueurs. En effet
sa Maiesté auoit fait sortir Monsieur le Prince
du Bois de Vincennes où il auoit esté si longuement prisonier, pour luy donner le commandement de son Armée, & le Duc de Mont-
morency qui auoit tesmoigné tant de passion
pour la liberté de son Altesse, ne pouuoit s'é-
carter tant soit peu de son deuoir sans estre doublement coupable ; ses actions tesmoignerent
son integrité : car il ne prit ny argent, ny com-
mission ; & ne fit ny ouuertement, ny souz
main, aucune leuée de troupes ; au contraire il
s'occupa dans son Gouuernement à dissiper les
menées qui se tramoient depuis l'affaire de Priuas, & à destourner les mauuais desseins d'vn
Party qui ne pouuoit plus se contenir dans l'o-
beïssance legitime.

Ceux de la Religion pretenduë reformée a-
uoient conuoqué vne Assemblée à Vzés, où il
fut resolu d'enuoyer des Deputez à celle qui se

deuoit tenir à la Rochelle. Le Duc de Montmorency s'approcha iufques à Beaucaire pour les
éclairer de plus prés, & pour empefcher leurs
entreprifes, au cas qu'ils en fiffent, comme il
eftoit à craindre dans le Languedoc. Il eftoit
encore à Beaucaire lors qu'il fçeut que fa Maiefté apres la Iournée du Pont de Sé prenoit le
chemin de Guyenne. Cette nouuelle le fit partir pour aller rendre compte de fes actions, lefquelles ne pouuant eftre accufées auec iuftice,
les Fauoris ne laifferent pas de les rendre fufpe-
ctes. Auant qu'il fut à Touloufe il fe trouua accompagné de tout ce qu'il y auoit de gens de
condition dans la Prouince. Il rencontre le Roy
à Cadillac, qui le reçeut auec affez de froideur,
à caufe des faux rapports qui auoient efté faits
par fes ennemis. Mais comme il n'eftoit coupable que par des foubçons qui n'auoient aucun
veritable fondement, il ne fut point obligé à
faire les foumiffions que l'on exigea de ceux qui
auoient failly. Il accompagna fa Maiefté au
voyage de Bearn, apres lareduction duquel il
eut ordre de retourner en fon Gouuernement.

Tout l'Hyuer fe paffa ou à la tenuë des E-
ftats du Languedoc, ou aux foins qu'il prenoit
pour defcouurir les fecrets de ceux de la Religion P. R. Sur la fin du Carneual il apprit que
Brifon, auec les habitans de Priuas, s'eftoient

de nouueau foufleuez , & auoient attaqué le
Chafteau, où pour lors eftoit faint Palais Lieutenant de la Compagnie de fes Gardes. Il voit
le Marefchal de Chaftillon à Montpelier qui luy
promet de remedier à cét attentat. Le Duc de
Vantadour qui eftoit en Viuarés , interpofe fon
authorité pour y mettre ordre ; les Intendans
de la Prouince , & les parans de Brifon s'em-
ployent pour luy faire connoiftre fa faute ; &
tout le monde s'eftonne de voir l'obftination a-
uec laquelle il reiette les confeils de fes amis, &
s'oppofe à l'authorité de fes Maiftres. Le Duc
de Mont-morency auant que d'engager les Armes du Roy , fut à Valence confulter auec le
Duc de Lefdiguieres du remede qu'il falloit appliquer à ce mal ; fans rapporter autre fatisfaction de cette Conference , finon d'auoir reconu qu'il ne pouuoit eftre guery par la voye de
la douceur.

Saint Palais apres quatorze iours de fiege rendit le Chafteau aux Rebelles ; dequoy le Duc
de Mont-morency fut fi piqué qu'il ne fongea
plus qu'aux moyens de reparer promptement cét
affront , & hafter la leuée de fes troupes. Le
Regiment de Languedoc eftoit complet, Peraud, Hannibal, Ornano, & Mont-real mettent les leurs fur pied ; fa Compagnie de Gendarmes , celles de Vantadour , & du Marquis

de Portes se rendent aupres de luy.

Auec cette petite armée faite en si peu de temps, & à ses frais, il fait sortir le canon du Pont S. Esprit, & s'auance iusques à Viuiers, en intention d'aller droit à Priuas; mais son Conseil luy representa, que le moyen d'auoir cette Place, estoit de se rendre maistre de Ville-neuue de Berg, parce qu'on luy ostoit la communication du bas Languedoc, & des Seuenes, qui estoient les seuls endroits par où il luy pouuoit venir du secours. Sur cét auis il enuoye Montreal auec son Regiment, & celuy de Peraud, pour loger de gré ou de force dans Ville-neufue. Le lieu estoit assez bon à cause de la rudesse du païs, & ils furent contraints de se retrancher au faux-bourg, & de se couurir pour n'estre point incommodez par les coups de mousquets que ceux de la ville tiroient sur eux. Le Duc de Montmorency se preparoit pour aller faire ouurir les portes, lors que Reaux Lieutenant des Gardes du Corps arriue auec ordre du Roy d'empescher tout autre dessein que celuy de Priuas; & celuy-là mesme, si l'on n'auoit vne asseurance infaillible d'en venir à bout.

Ce commandement limité, auec d'autres ordres secrets plains de ialousie & de deffiance, mirent ce genereux homme en la peine où se trouue vn Gouuerneur de Prouince, zelé pour

ſa Religion , piqué de l'inſolence d'vn particulier, & faiſant profeſſion d'obeïr aueuglément
aux volontez de ſon Maiſtre.

Comme il eſtoit dans cette agitaticn d'eſprit , le Marquis de Portes reuient du Geuaudan où il eſtoit allé faire des troupes , & le con-
firme dans la reſolution d'emporter Ville-neuue, quoy qu'on luy peuſt alleguer au contraire.
Reaux voyant auancer le canon demande d'aller parler aux habitans ; eſperant, comme il fit,
de les obliger à faire par la raiſon , ce qu'ils ne
pouuoient euiter par la force ; le Duc de Mont-
morency le ſuit , & trouue ſes gens deſia logez dans la ville, L'importance de cette place,
ſoit pour aller à Priuas , ſoit pour la rendre aux
Catholiques , fit approuuer aux Miniſtres ce
qu'ils auoient voulu empeſcher ; & les plaintes
que firent ſur ce ſujet le Mareſchal de Chaſtillon auec les Deputez de ceux de la Religion pretenduë reformée , firent bien connoiſtre le prix
de ce que l'on auoit gagné ſur eux.

Cette action eſt approuuée à la Court, mais
les ordres qui en viennent pour le deſſein de Priuas donnent au Duc ſi peu de pouuoir d'en venir à bout , qu'il ſe vit encore obligé d'employer ſon credit pour faire reüſſir l'attaque d'vne
Place que la Nature, & l'Art rendoient tres-
difficile à prendre , & fort aiſée à ſecourir. Il

fut donc queſtion de former de nouuelles troupes , acheuer les Regimens qui n'eſtoient pas
complets , ſe pouruoir des choſes neceſſaires
pour vn ſiege , & chercher cependant à viure
ſur les Ennemis. Pour executer le dernier, Ornano demanda quartier pour ſon Regiment à
Vals, qui eſt de la terre de la Mareſchalle d'Ornano ſa ſœur.

C'eſt vne petite ville aſſiſe en vn lieu fort rude , enuironnée de torrens & de montagnes,
deffenduë par vn Chaſteau aſſez bon , & par des
habitans qui ſont eſtimez les meilleurs ſoldats
de ce païs-là. Le logement eſtant refuſé auec
inſolence, le Duc de Mont-morency qui eſtoit
à Aubenas commande que l'on faſſe auancer le
reſte des troupes, qui ſe vont loger le iour meſme à demy lieuë de Vals. Le Marquis de Portes eſtant allé reconnoiſtre le paſſage de la riuiere plus commode pour le canon, voit à l'autre
bord vne maiſon gardée par les Ennemis, d'où
l'on tire hardiment ſur luy & ſur ceux qui l'accompagnoient. Dés l'heure meſme il fut reſolu
de commencer l'attaque par cette maiſon, & de
la forcer le lendemain matin.

L'ordre eſtoit que le Marquis de Portes auec
le Regiment de Languedoc conduits par quelques Gentils-hommes du païs , iroit paſſer l'eau
au deſſus des Ennemis ; que ſaint Romans Ma-

reſchal de Camp auec les Regimens d'Hannibal & de Peraud paroiſtroient au meſme temps
de l'autre coſté ; & que le Duc de Mont-morency ſe trouueroit au bord de la riuiere auec le
canon & le reſte de ſa caualerie. Tout cela fut
ſi bien executé que le lendemain au premier
coup de fauconneau qui eſtoit le ſignal de l'attaque, les ennemis virent fondre ſur eux des
gens de tous les coſtez. Le Capitaine qui commandoit dans cette maiſon eſt contraint de l'a-
bandonner & de ſe retirer en deſordre dans la
ville , dont il eſtoit fort proche. Les noſtres
pouſſent les fuyars , & ſe logent preſque à découuert à demy portée du mouſquet des ennemis. Le Regiment de Languedoc garda ce poſte,
& Mont-real auec le reſte de l'Infanterie alla inueſtir la place du coſté de Priuas , & des Boutieres.

Les habitans ſommez de ſe rendre , reſpon-
dent auec raillerie , & tirent furieuſement ſur
ceux qui vont remarquer le lieu plus propre pour
loger le canon. Moreze Mareſchal de camp y
reçeut vn coup de mouſquet dont il mourut
quelques iours apres auec le regret deû à vne
perſonne de ſon merite. Le Duc de Mont-morency eſtant appuyé ſur luy lors qu'il fut bleſſé,
eut les plumes de ſon chapeau emportées d'vn
autre coup, & ne voulut iamais l'abandonner,

ny

ny fe retirer du lieu où il eftoit à découuert, &
en butte aux fuzils des affiegez , qu'il n'eut a-
cheué de reconnoiftre la batterie.

Apres que le canon eut fait ouuerture l'on fe
difpofa à l'affaut : ceux qui voulurent y aller fans
ordre furent prefque tous tuez : parmy ces mal-
heureux temeraires , il y eut quelques Officiers, & quelques Gentils-hommes qui donnerent beaucoup plus de fujet de plaindre leur infortune que d'eftimer leur valeur. Le lendemain
comme l'on fe preparoit pour emporter la bréche qui auoit efté reconnuë & iugée raifonnable;
les Confuls au nom des habitans vindrent demander pardon, & receurent des hoftes qui depuis plus de 60. ans n'auoient efté logez dans
leur ville; à fçauoir des foldats Catholiques qui
y demeurent en garnifon, & des Preftres pour
y celebrer la Meffe. Pendant ce petit fiege, le
Duc de Mont-morency fut toutes les nuits à cheual pour empefcher le fecours que Blacons &
Brifon auoient affemblé pour y conduire.

Cette prife donna l'alarme à l'Affemblée de
ceux de la Religion P.R. qui fe tenoit à Lunel.
Ils preffent le Marefchal de Chaftillon de s'auancer iufques à Barjac auec cinq ou fix mil hommes qu'il auoit defia fur pied ; & d'Autiege
Lieutenant de la Meftre de Camp de fon Regiment en Hollande , eftimé l'vn de fes meilleurs

Capitaines , auec douze cens foldats choifis fur
toutes fes troupes , fe iette dans Valons.

Le Duc de Mont-morency ayant reçeu cette
nouuelle à Aubenas, fait affembler fon Confeil;
où de plufieurs deffeins qui fe propoferent, il
voulut entreprendre le plus important, qui eftoit
d'aller attaquer Valons , quoy que ce fuft le plus
difficile à executer.

C'eftoit vn grand bourg , flanqué de trois
maifons fortifiées , & qui outre les gens de guerre que l'on y auoit iettez , eftoit remply de
grand nombre d'habitans refolus à fe bien deffendre. Mont-real ayant efté commandé de fe
faifir du Chafteau , y entra auec fon Regiment,
au mefme temps que ceux de Valons receuoient
l'Infanterie qu'Autiege y auoit conduitte. L'on
enuoya auffi des gens pour fauorifer le chemin
de nos munitions qui venoient du cofté de faint
Rameze. Le Duc de Mont-morency ayant donné ces ordres , partit d'Aubenas auec le refte
de fes troupes , fortifiées depuis peu de cent ou
fix vingt Gentils-hommes volontaires, que le
Vicomte de Polignac auoit menez. La veille de
Pafques on fe logea à demy lieuë de Valons;
le lendemain toutes les troupes l'inueftirent, &
allerent forcer vne maifon à deux cens pas du
lieu ; contraignirent les Ennemis d'abandonner
les dehors qu'ils faifoient femblant de vouloir

garder; & dés le premier iour les pousserent iufques à leurs retranchemens. Il y eut fort peu de
resistance aux approches , & beaucoup moins
de mousquetades que l'on n'auoit crû, ayant à
faire à vn homme de guerre , accompagné des
meilleurs soldats de son party, & qui sur tout
estoit en estime de sçauoir l'Art de bien deffendre vne Place. Nos gens s'estant logez dans
quelques maisons abandonnées, l'on commence de trauailler aux tranchées; & en attendant
le canon, il y a tousiours quelque combat, ou
auec les assiegez, ou auec ceux qui s'estoient ap-
prochez iusques à la riuiere d'Ardeche pour les
secourir.

Il y a vn pont fait naturellement d'vn grand
rocher qui luy a donné le nom du pont d'Arc;
les Ennemis venoient par là souuent courre sur
nos munitions , mais tousiours auec perte des
plus hardis : par là aussi se faisoient plusieurs
allées & venuës de nostre Armée à celle des
Rebelles par les soins de Reaux & des Intendans : Les nostres ne laissoient pas de s'approcher des trauaux que ceux de Valons auoient
faits, iusques à se saisir de quelques colombiers
d'où l'on tiroit dans les ruës. Le Duc de Mont-
morency cependant n'estoit pas sans peine : le
voisinage d'vne armée forte & bien aduertie des
deffauts de la sienne, luy faisoit croire auec ap-

parence que les Ennemis se seruiroient de leur aduantage, & qu'ils feroient vn effort lors que l'on y penseroit le moins. Cette consideration l'obligeoit d'estre la pluspart des nuits sans dormir. Mais quelques soins qu'il prist, il estoit bien difficile d'empescher le passage de la riuiere qui estoit alors fort basse. Les Ennemis pourtant ne voulurent rien hazarder, croyant que les assiegez pouuoient leur donner le temps d'assembler toutes leurs forces pour nous combattre auec moins de peril; & c'est ce qui les trompa : car dés que le canon fut en batterie quelques Capitaines demanderent à parler au Marquis de Portes, qui sçeut se seruir si à propos de leur estonnement, qu'il les obligea de capituler.

Autiege fit sortir le lendemain les hommes qu'il y auoit menez, auec les armes sans tambour, la mesche esteinte; & fut conduit conformément à la Capitulation, bien obseruée pour les gens de guerre; mais l'animosité qui estoit entre les Catholiques du Viuarez, dont la pluspart des trouppes estoient composées, & ceux de la Religion pretenduë reformée, dont les habitans du lieu faisoient profession, fut cause qu'il y eut quelques desordres; & ils eussent esté beaucoup plus grands sans les soins que le Duc de Mont-morency prit pour les faire cesser.

Valons ayant esté pris à la veuë des Rebelles,

qui auoient vne Armée plus forte deux fois en
Infanterie que la noftre; il y auoit fuiet de craindre qu'ils voudroient en tirer raifon : ce qui leur
eftoit encore plus facile apres le départ des volontaires que le Vicomte de Poulignac auoit
menez, & qu'il fut impoffible de retenir fi toft
que la place fut renduë. Cependant ils n'ozerent rien entreprendre ; & Blacons qui eftoit
fur noftre chemin à la Gorfe auec des troupes,
laiffa paffer noftre canon, que l'on ramenoit à
Ville-neuue auffi paifiblement que le refte de
leur Armée nous auoit vû partir.

Le Duc de Mont-morency eftant arriué à Ville-neuue eut ordre de la Cour de remettre à vn
autre temps l'entreprife du fiege de Priuas : mais
ne iugeant pas à propos de congedier les troupes pendant que les Huguenots demeuroient ar-
mez, il les logea és enuirons de Bagnols & de
Rochemore, & s'en retourna au Pont S. Efprit.
Le Marefchal de Chaftillon fe retira auffi du
cofté de Nifmes, & reçeut bien toft apres la
Commiffion de General des Eglifes du bas Languedoc, que l'Affemblée de la Rochelle luy enuoya.

Le Duc de Mont-morency voyant que la
guerre eftoit declarée contre les Rebelles, voulut s'approcher de Beaucaire pour s'oppofer à
leurs deffeins. Comme il fut à Valabregues, il

apprit qu'ils auoient logé quatre cens hommes à Marguerites, où ils commençoient de se re-trancher. C'est vn grand bourg à vne lieuë de Nismes, où il y auoit vne tour & vne Eglise, assez bonnes pour resister aux coups de main.

Le Duc resolu de les forcer donne le rendez-vous aux troupes qui estoient les plus proches, & sur l'entrée de la nuit les fait filer vers Marguerites. Le Baron de Castres fut commandé de s'auancer auec les coureurs : la Condamine & Sucilles menoient les enfans perdus que le Marquis d'Annonay deuoit soustenir auec le gros de l'Infanterie : le Duc de Mont-morency estoit à la teste de sa Compagnie d'Ordonnan-ce, de celles de cheuaux legers de Cauuisson, & de Perault, & des volontaires, qui faisoient en tout trois cens Maistres. Le lendemain vn peu auant le iour nos troupes se trouuerent si prés des ennemis que leurs sentinelles perduës les découurirent & donnerent l'alarme par tous les quartiers : ce qui n'empescha pas que l'atta-que ne se fist si brusquement, & auec tant de bon-heur, que d'abord leurs premiers postes fu-rent emportez, & eux poursuiuis iusques aux barricades qu'ils auoient faites à l'entrée du lieu. Là ils firent ferme, & se deffendirent si bien qu'vne vingtaine des nostres y furent tuez ; mais de leur costé il y en demeura prés de deux cens,

& le reste se sauua dans la tour, ou dans l'Eglise : Ceux-cy apres auoir vaillamment disputé
leur vie, l'eurent par composition ; les autres
l'obtindrent par grace, ayant esté contraints de
se rendre à discretion auec le Capitaine qui les
commandoit. Parmy ceux des nostres qui se
perdirent à cette occasion, le Duc regretta infiniment Cauoy Gentil-homme de sa suitte;
ce qui irrita la douleur des amis du deffunt en
telle sorte que les plus violants alloient se porter à des ressentimens iniustes contre ces miserables prisonniers, si ce genereux Seigneur ne
l'eust empesché par sa preuoyance, & par son authorité.

Dix-huit cens hommes de pied & trois cens
cheuaux sortis de Nismes, vindrent à la faueur
de leurs Oliuiers presque iusques à la portée du
mousquet de nostre armée sans oser s'approcher
dauantage, ny ietter du secours dans Marguerites, comme ils l'auoient promis en partant.
Le Duc de Mont-morency y fut quelques iours;
mais comme il vit que ce n'estoit pas vn lieu
qu'on peust garder, il l'abandonna pour s'en retourner à Beaucaire, qui estoit pour lors sa place d'armes.

A peine estoit-il party que le Mareschal de
Chastillon y arriua auec son Armée, qu'il sepa-
ra en diuers lieux pour nous empescher le pas-

fage de Beaucaire à Pezenas , apres auoir pris
vne maifon prés de faint Gille , où vne Compagnie du Regiment de Languedoc eftoit logée. Mais bien qu'il fift garder tous les ponts
qui font fur la riuiere du Vidourle , & qu'il luy
reftaft encore à Lunel vn corps beaucoup plus
fort que toutes nos troupes affemblées, le Duc
de Mont-morency les mit hors de danger auec
beaucoup plus de fatigue que de combat, & fe rendit à Pezenas fans trouuer aucun empefchement
confiderable. Le Marquis de Portes qui eftoit
allé à la Court par fon ordre quelque temps auparauant , y arriua bien toft apres pour luy rendre compte de fon voyage. Il auoit laiffé le Roy
fur le chemin de Clairac ; & le Duc iugeant
bien que fa Maiefté auroit befoin de luy au fiege de Montauban , dont on faifoit defia grand
bruit , efcriuit à tous fes amis de fe mettre en
eftat d'aller feruir en vne occafion fi importante.

La fortune voulut fauorifer fes deffeins par
la prife que le Gouuerneur du Cap de Cette
fit d'vn vaiffeau Holandois chargé d'armes &
de munitions que ceux de la Religion P. R. faifoient venir en Languedoc : le Pilote qui ne co-
gnoiffoit pas bien la Cofte auoit mis des gens
à terre , pour prendre langue de ceux du païs ,
lors qu'vn pefcheur qu'ils rencontrerent fur la

plage

plage leur fit acroire qu'vn parant du Maréchal
de Chaftillon commandoit dans la Citadelle,
dont ils eftoient proches. Il leur debita cette
fourbe ayant fçeu qu'ils eftoient Huguenots,
pour les obliger à moüiller l'ancre comme ils firent fans aucune défiance; ce qui donna moyen
à Efpinaut, Gouuerneur de Cette de fe rendre
maiftre du nauire fans aucun combat. Il y trouua vingt-deux pieces de canon, & dequoy armer dix mille hommes, auec quantité de munitions, & d'autres chofes neceffaires pour la guerre. Outre le dommage que les Ennemis reçeurent, par la perte d'vn fecours fi confiderable,
& dont ils accufoient la malice pluftoft que l'i-
gnorance du Pilote ; ils commencerent à fe di-
uifer entr'eux par des foubçons, qui s'augmentant peu à peu les armerent bien toft apres les
vns contre les autres.

Le Duc cependant preffa tellement les leuées
de l'Infanterie qui fe faifoient dans le Languedoc, que le dix-huitiefme d'Octobre il fe rendit
à l'Armée qui eftoit deuant Montauban auec les
Regimens de Rieux, de Fabregues, de Mouf-
foulens, de Reaux & de la Roquette.

Il fut logé au quartier du Prince de Ioinuille,
& dés la premiere nuit il eut ordre de garder
les trenchées les plus expofées aux forties de
l'Ennemy, où le Regiment de Picardie auoit efté

fort mal traité. Quelques iours apres, vn affaut
general ayant efté refolu , il fut commandé de
faire fon attaque au deffous du baftion du Mou-
ftier, de forte qu'il falloit paffer la riuiere du Tef-
cou pour aller à la bréche. Si toft que la trenchée fut ouuerte , & que l'on n'attendoit plus
que le fignal pour donner; deux foldats de la
Compagnie de fes Gardes qu'il faifoit marcher
deuant luy, furent tuez àla tefte de la trenchée.
Les Ennemis eftoient fi forts & fi bien retranchez , qu'il eftoit impoffible d'aller à eux fans fe
perdre , dequoy le Roy eftant particulierement informé , fit reuoquer l'ordre , & confer-
ua la vie par ce moyen à tous ceux qui auoient
efté commandez en vne occafion fi peu raifonnable.

A peine ce danger eftoit paffé qu'il fut faifi
d'vne fiévre maligne qui s'eftoit renduë conta-
gieufe par tous les quartiers de l'Armée. On le
porta à Rabaftens, où plufieurs de fes domeftiques moururent , & entr'autres deux Gentils-
hommes , qui luy eftoient fort confiderables,
pour leur condition & pour leur merite : à fçauoir, la Baume de Morangés , & Couffergue.
Sa maladie fut longue & tres-dangereufe ; le
Roy l'enuoyoit fouuent vifiter, & toute la Court
prenoit les mefmes foins : mais parmy tant de
complimens ceux des Fauoris eftoient fufpects,

parce que felon l'opinion commune ils deuoient
fucceder à fes charges. Si toft qu'il eut affez de
force pour aller en litiere, il fe fit porter à Toulouze, afin de remedier par l'auis du Parlement, aux
troubles que pourroit exciter dans la Prouince,
le mauuais fuccés du fiege de Montauban. Il reçeut bien toft apres les ordres que le Roy luy enuoya pour commander l'Armée du Languedoc,
& fit deliberer aux Eftats affemblez à Carcaf-
fonne, que la Prouince partageroit auec fa Maiefté, les frais de la guerre contre les Rebelles.

Apres que les Eftats furent acheuez, le Comte
de Cramail que le Roy luy auoit donné pour Marefchal de Camp, & qui ne l'auoit point quitté depuis Toulouze, prit congé de luy pour aller au
Comté de Foix, s'oppofer aux deffeins des Ennemis qui euffent pû fe preualoir de fon abfence
pour faire quelque entreprife. Le Duc auec le
Marquis de Portes, qui eftoit auffi Marefchal de
Camp, prit le chemin du bas Languedoc, où il
trouua des changemens parmy ceux de la Religion P. R. Le Duc de Rohan auoit efté mis à la
place du Marefchal de Chaftillon, qui les ayant
abandonnez pour feruir le Roy, s'étoit retiré à fon
Gouuernement d'Aigues-mortes ; & le plus ab-
folu pouuoir de tout le party eftoit entre les mains
d'vne Affemblée nommée le Cercle. Elle commença de fe former dans les Seuennes; fut attirée

par les Factieux à Nifmes, & depuis à Montpellier, où fon eftabliffement fera en eternelle exe-
cration pour les crimes, & les impietez qu'elle y
commit. Perfonne n'ignore la démolition des E-
glifes, qui fe fit par l'ordre du Cercle, ny l'affaffi-
nat du Prefident du Cros, ny tant d'autres maux
que les principaux Autheurs de cette damnable
caballe firent fouffrir au public & aux particuliers. Parmy ces tefmoignages de fureur qu'ils
appelloient le zele de leur Religion, ils en voulurent donner de leur experience à la guerre, &
formerent diuers deffeins fur des Places, qui tous
eurent vn mefme fuccés. Celuy d'Agnane fut
defcouuert; ils perdirent leurs efchelles en celuy de Montagnac, & vn petard auec quelques foldats dans les foffez de faint Paragoire.
Le Duc de Mont-morency en fit de fon cofté
qui reüffirent beaucoup mieux; le premier fut
celuy de Lunas qu'il enuoya reconnoiftre, &
executer par de Rignac le fixiefme iour de Fe-
vrier 1622. Les troupes auec les chofes neceffaires pour vne fi belle action, s'eftoient renduës
le iour auparauant à Lodéue; l'on fut long
temps auant que d'eftre d'accord du commandement du petard, & des autres dont chacun defiroit auoir l'honneur. De Rignac voyant
qu'il feroit mal-aifé que toute l'Infanterie qui
eftoit commandée, peuft arriuer à l'heure qu'il

auoit refolu de faire fon execution , changea
l'ordre qui auoit efté fait , & ne prit que les Gardes du Duc , les Carabins de fa Compagnie de
Gendarmes . quarante moufquetaires , & autant de piquiers , choifis du Regiment de Languedoc. Auec cette petite troupe & quelques
volontaires , il partit de Lodeue à minuit , fe
rendit vn peu auant le iour à Lunas ; & bien
que les Ennemis fuffent aduertis , il petarda heu-
reufement la porte du Redondel , du cofté du
Chafteau ; c'eft le nom de la platte-forme fur laquelle il eftoit bafty. Si toft qu'il fut entré , il alla fe faifir de l'autre porte qui regarde le bourg,
& fe rendit maiftre d'vne tour feparée , où il y
auoit quelques foldats ; fit garder ces trois poftes
par des perfonnes bien affeurées ; en logea d'autres au pied d'vn rauelin , par où les Ennemis
pouuoient fortir du Chafteau ; perça vn colom-
bier , d'où il faifoit inceffamment tirer dans leurs
flancs , & de cette forte il les mit hors d'efperance de fecours , & prefque hors de moyen de fe
deffendre. Manfes de Bieule & Cauoy, Gentils-
hommes de la fuitte du Duc , qui eftoient entrez auec de Rignac , luy ayderent à porter les
premiers mantelets qui furent rompus par les
affiegez . de forte qu'il en falut faire de plus forts,
auec lefquels on s'attacha la nuit fuiuante au
Chafteau. La muraille fut percée , fans que les

Ennemis euſſent moyen de l'empeſcher , non
plus qu'vne mine ſous la groſſe tour où nos gens
alloient mettre le feu , ſans l'arriuée du Baron
d'Eſpandillan. Il eſtoit venu ſur la parole que
le Duc luy auoit donnée de ſauuer la vie & les
biens.de ſon beau-frere , pouruû qu'il fiſt rendre
Fougeres , dont il eſtoit Seigneur , auſſi bien
que de Lunas. Le Baron de Fougeres accepta la
propoſition qui luy fut faite , mais n'eſtant Maiſtre que d'vne de ſes maiſons , il ne pût obliger
les gens de guerre qui eſtoient dans l'autre à tenir ce qu'il promettoit.

Il ſortit de Lunas le troiſieſme iour du ſiege,
auec toute ſa Famille , & enuiron quatre-vingts
ſoldats, à qui le Duc de Mont-morency donna
la vie & la liberté. Il laiſſa le gouuernement de
la Place à de Rignac, & le fit agréer au Roy ,
qui à ſa priere luy en enuoya les prouiſions, a-
uec la recompence qu'il auoit meritée. Cette
priſe fut eſtimée de grande importance , à cauſe
du païs Catholique qu'elle tenoit en ſubiection,
& de la communication qu'elle facilitoit aux
rebelles du Roüergue , & du bas Languedoc.
Le Conneſtable ſon pere l'auoit aſſiegée autrefois ; & apres y auoir employé deux mois de
temps , force coups de canon, & perdu quantité d'honneſtes gens, auoit eſté contraint de donner à ceux qui eſtoient dedans, la compoſition
qu'ils demandoient.

Cette action eſtant faite le Marquis de Portes mena les trouppes au Fort de Graiſſeſſac qui
eſtoit à vne lieuë de Lunas, ſur vn coſtau de
tres difficile abord, & gardé par deux cens hommes des meilleurs ſoldats du païs. Entre le Fort
& le Bourg il y auoit vne paliſſade que l'on ne
pouuoit rompre à coups de main, ny aborder
qu'auec vn extréme danger. De Rignac eſtant
commandé d'y appliquer le petard en plein iour,
reçeut vne mouſquetade, & tous ceux qui le
ſuiuirent furent bleſſez, ou demeurerent morts
ſur la place. Cette temerité pourtant eſtonna ſi
fort les Ennemis, qu'ils ſe rendirent le lendemain, la vie ſauue. Mais elle n'eut pas vn ſuccés ſi heureux que le Duc de Mont-morency
ne regrettaſt extremement ceux qui s'eſtoient
perdus ſi mal à propos. Il eſtoit alors à Clermont de Lodeue ; & parce que ſon Armée n'e-
ſtoit pas encore aſſez forte pour attaquer Fougeres ny Bedarrieux, il fit laiſſer vne bonne garniſon dans le Fort de Graiſſeſſac pour les inco-
moder, & rappella le Marquis de Portes, auec
lequel il s'en retourna à Pezenas Quelques iours
apres il fut à Agde, où le Mareſchal de Chaſtillon luy vint propoſer vn deſſein ſur le Fort
de Pecais ; à quoy le Duc promit de l'aſſiſter de
ſes troupes. Et de fait il les tira des Garniſons ;
& leur ayant donné le rendez-vous à Laurens,

auec les nouuelles leuées qu'il auoit faites, alla mettre le fiege deuant Fougeres : les approches fe firent fans combat ; le Capitaine Portal qui commandoit dans la Place nous ayant laiffé prendre les dehors, qu'il ne pouuoit difputer à faute d'hommes, ceux de Bedarrieux en firent entrer facilement le foir mefme, parce que le lieu n'eftoit pas inuefty de tous coftez. Le lendemain il fut ferré de plus prés, & dans peu de iours le canon eftant arriué & mis en batterie commença à foudroyer les murailles : Elles eftoient fort bonnes, & refifterent affez long temps fans s'efbranler. Il eft vray que de quatre canons l'on fut contraint d'en mener vn à Soumartre ; c'eftoit vn petit Chafteau entre Bedarrieux & Fougeres, muny de quelques deffences, qui n'eftoient bonnes que pour s'empefcher d'vne furprife. Cependant le Maiftre de cette mauuaife Place, qui depuis la guerre declarée faifoit des courfes tous les iours auec fes enfans, refufa la grace que le Duc luy vouloit faire, s'il l'euft remife entre fes mains, & mefprifa les confeils de fes amis, qui luy perfuadoient de ne pas attirer fur luy & fur fa famille vn mal-heur dont il pouuoit fe garantir. La maifon fut emportée d'abord, & luy auec vn de fes fils condamné par le Confeil de guerre à la peine que meritent ceux qui s'obftinent aueuglément dans vn lieu

qui

qui n'eſt pas tenable. Nous fuſmes huit iours
deuant Fougeres ſans qu'il y euſt aucun combat remarquable ; les Ennemis ne s'amuſoient
qu'à faire des retranchemens, pource qu'au lieu
de faire des ſorties derriere la bréche ; le huitieſ-
me iour du ſiege elle fut reconnuë, iugée raiſonable, & attaquée : mais ſi bien deffenduë,
qu'il faʼlut quitter l'aſſaut, & ſe contenter d'vn
logement au pied de la muraille. Nous y per-
diſmes beaucoup plus de gens, que les aſſiegez,
& neantmoins ils furent ſi eſtonnez de la hardieſſe de nos ſoldats, que les voyant ſi prés d'eux,
ils demanderent à parlementer : La Place deuoit
eſtre renduë le lendemain, ſans le Capitaine le
Feſc qui y entra la nuit meſme auec cinquante
mouſquetaires , & fit faire la Capitulation vn
peu plus honorable qu'ils ne l'euſſent euë. Ils ſor-
tirent le Mecredy de la ſepmaine Sainte , auec
armes & bagage, & furent conduits en lieu de
ſeureté , cependant que le Regiment de Lan-
guedocy demeura, iuſques à ce que les murailles
fuſſent raſées. Le Duc de Mont-morency auant
que de commencer ce ſiege, auoit donné charge
à Morangés qu'il enuoyoit au Geuaudan, de voir
le Mareſchal de Chaſtillon , & de ſçauoir en
quels termes eſtoit le deſſein dont ils auoient
conferé à Agde ; il le trouua bien moins occupé aux ſoins d'attaquer Peccais , qu'à deffendre

G

la tour Charbonniere que le Duc de Rohan alloit affieger. Le Duc de Mont-morency eftant
aduerty du danger où fes gens feroient bien
toft reduits , enuoya promptement ie fecours
qu'il luy demandoit , auec lequel il fit leuer le
fiege , & deliura Aiguemortes qui euft demeuré bloquée par la prife de cette Place. Le Duc
de Rohan qui nous voyoit attachez à vn fiege
important, alla attaquer Monlaur pour tirer raifon de l'affront qu'il auoit reçeu à la Charbonniere. C'eftoit vn Chafteau qui incommodoit
le commerce de Sommieres à Montpellier. Il
fut battu du canon , & furpris , pendant que
ceux qui eftoient derriere la bréche s'amufoient
à parlementer.

Le Duc de Rohan fit démolir cette Place,
pource qu'il ne la iugea pas tenable ; laiffa l'Infanterie aux enuirons de Sommieres, & auec
toute fa Caualerie alla trouuer le Marefchal de
Lefdiguieres qui luy auoit donné rendés-vous,
pour traiter des conditions de la Paix, fuiuant
l'ordre qu'il en auoit reçeu de la Court. Cette
entre-veuë fe fit à Male-tauerne fur le chemin
du Saint Efprit à Barjac , où ils demeurerent
d'accord des articles qui furent fignez de part
& d'autre ; & Calonges, des Ifles , du Puy &
du Cros, conduits par Bulion, Intendant de la
Iuftice, prés du Marefchal, partirent pour aller

au nom des Eglifes du Languedoc, demander
la Paix à fa Maiefté.

Au retour de cette Conference, les habitans
de Montpellier prefferent le Duc de Rohan de
les deliurer de la garnifon de Ville-neuue, & de
ne laiffer pas dans l'oyfiueté fix ou fept mil
hommes qu'ils auoient aux enuirons de leur ville ; dequoy le Duc de Mont-morency ayant la
nouuelle, s'auance iufques à la Verune, qui n'eft
qu'à vne lieuë de Montpellier, où le Marefchal
de Chaftillon le fut trouuer, & luy mena la
Compagnie de gens d'armes du Duc de Guife;
le Duc luy fit tout l'honneur qu'il deuoit à fon
merite, & luy donna l'entier commandement
de l'Armée : celle des Ennemis eftoit logée à
faint Iean de Vedas à la portée du canon de la
noftre, & feparée feulement d'vne petite riuiere où il y auoit vn Pont, au bout duquel ils tra-
cerent d'abord vne demy lune de noftre cofté.
Nos troupes pourtant n'eftoient pas en eftat d'aller à eux, n'y ayant en tout que quatre mil
hommes, dont le tiers eftoient des milices que
l'on auoit leuées à la hafte aux Diocefes les plus
proches. Le lendemain ils tefmoignerent d'a-
uoir enuie de nous vifiter de plus prés, & d'enleuer vn Moulin, où vn Capitaine du Regiment
de Languedoc, nommé l'Aleman, eftoit logé
auec fa Compagnie. Le pofte eftoit vn peu dan-

gereux , & dans le Conſeil de guerre la queſtion
fut fort agitée, s'il falloit le tenir ou l'abandonner , mais la reſolution du Duc l'emporta ſur le
plus grand nombre des voix : Cependant les
Ennemis auoient dés le matin commencé de
former leurs bataillons , de ſorte que ſur le midy
on les vit marcher en ordre de bataille vers le
Moulin. Le Duc de Rohan auoit exhorté les
troupes au combat , & ſe tenoit auec le gros de
ſa Caualerie ſur vne petite eminence, lors qu'vn
boulet de noſtre canon emporta la teſte du cheual de Montarnaud , qui eſtoit prés de luy , &
couurit de ſang le Miniſtre qui faiſoit la priere.
Ce coup ſembla refroidir le zele de toute l'Armée : la priere ceſſa , les bataillons eurent ordre
de s'arreſter , & le reſte du iour ſe paſſa en le-
geres eſcarmouches, ou en coups de canon, tirez auec peu de perte d'vn & d'autre coſté. Les
deux iours ſuiuans n'eurent rien de plus remarquable ; les Ennemis ſe tenant retranchez delà
l'eau, & le Duc eſtant aſſez ſatisfait d'auoir empeſché qu'ils n'euſſent tiré aucun auantage de
ſa foibleſſe. Enfin il ſe retira à Ville-neuue, & le
Duc de Rohan à Montpellier , où pour contenter les habitans , il reſolut d'aller attaquer ſaint
George. C'eſtoit vn petit lieu ſans aucune fortification, dont ils receuoient neantmoins beaucoup d'incommodité, parce que Valcourtois qui

y eftoit logé auec vne Compagnie de gens de pied alloit fouuent faire des prifonniers iufques aux portes de leur ville.

Le Duc de Rohan tourna la tefte de fon Armée de ce cofté-là, & le canon du premier coup qu'il tira, perça non feulement les murailles, mais auffi toutes les maifons qu'il rencontra. Le Duc de Mont-morency s'auança iufques à faint Iean de Vedas, non pas tant auec deffein de fecourir vne fi mauuaife place, que pour faire tefte aux ennemis, & les empefcher de faire quelque entreprife plus importante. Le mefme iour que faint George fe rendit par compofition les Armées fe trouuerent prefque aux mefmes lieux où elles s'eftoient veués quelques iours auparauant ; auec cette difference pourtant, que la noftre auoit pris les mefmes logemens que les ennemis auoient quittez ; & la leur prenoit fa marche du cofté de la Verune. Le Baron de faint Iean, frere du Marquis de Portes eftoit en garde auec la Compagnie de la Vifilede & vne autre du Regiment de Languedoc à la demy lune qu'ils auoient faite au bout du pont. Naues eftoit logé à fa main droite, & Faiac à la gauche ; chacun auec fa Compagnie, & le refte du Regiment eftoit ou dans le moulin, ou aux enuirons : les mauuais poftes qu'ils occupoient, leur faifoient tenir des foldats auancez pour

s'empefcher d'eftre furpris par l'Ennemy , qui
eftoit fort proche, de forte qu'il y eut des moufquetades tirées de part & d'autre , qui fe mul-
tipliant peu à peu formerent au commencement
vne petite efcarmouche , & attirerent en fin vn
grand combat. La Bertiffiere Lieutenant general du Duc de Rohan , voyant l'auantage qu'il
pouuoit prendre fur nous , & la facilité qu'il y
auoit d'enleuer les poftes du Regiment du Languedoc ; commande aux Regimens de Cheurilles, & de la Blaquiere d'aller droit au feu , que
nos foldats entretenoient encore auec affez d'é-
galité; il fit partir au mefme temps à leur main
droite deux cens hommes choifis qui deuoient
eftre fouftenus par cinq cens volontaires ; &
ceux-cy par toute l'Armée, qui defia marchoit
en bataille auec la Cauallerie aux aifles , & le
canon en lieu propre pour nous incommoder.
Ses premiers ordres furent executez auec tant de
hardieffe que le Marefchal de Chaftillon , qui
eftoit fur vn coftau fut contraint de dire au
Marquis de Portes , que fon Regiment eftoit
perdu: le Marquis apres luy auoir refpondu fans
fe troubler , qu'il alloit y donner bon ordre, def-
cend promptement auec ce qui fe trouue prés
de luy ; redonne le courage aux fiens ; repouffe
les ennemis qui auoient paffé l'eau, & va droit
à la Blaquiere l'efpée à la main. Deux de fes Ser-

gens entendant fa voix, & voyant le danger où
il eftoit expofé, fe iettent fur la Blaquiere, qui
defia auoit mis vn genoüil à terre d'vne moufquetade qui luy auoit caffé la cuiffe, & luy por-
tent deux coups mortels prefque au mefme in-
ftant. La mort de la Blaquiere & de quelques
Officiers qui furent tuez auprés de luy, rallen-
tit le courage des Rebelles , & les fit retirer
auec defordre.

Le Duc de Rohan voyant la déroute des
fiens de ce cofté là , & le Duc de Mont-morency à la tefte de la Caualerie preft à paffer la
riuiere ; fait arrefter fes bataillons, & voit tuer
fans les fecourir, ceux qui auoient efté commandez à l'attaque : il fait dire qu'elle s'eft commencée fans fon ordre, & en reiette la faute fur
la Bertiffiere. Noftre General vouloit fe feruir
de leur eftonnement pour les combattre : mais
on luy allegua tant de raifons pour l'en détour-
ner, qu'il fut contraint de fe contenter d'vn a-
uantage qui n'auoit efté attendu que de luy. En
effet il eftoit impoffible qu'il allaft aux Ennemis
fans fe perdre : car outre qu'il auoit fort peu de
Caualerie, & que l'arriuée du Marquis de Ma-
laufe rendoit celle des Rebelles beaucoup plus
forte, ils auoient cinq cens volontaires prefts à
donner, & leurs troupes en bataille, bien moins
eftonnées de la deffaite des leurs, que fafchées

de ce qu'on les empeſchoit de les ſouſtenir. Ils
y perdirent la Blaquiere, qui eſtoit en grande
conſideration parmy eux, auec pluſieurs de ſes
Capitaines, & ſes meilleurs ſoldats : Cheurilles
y fut bleſſé, & ſans ſon frere Briſon qui vint
le dégager auec ſes amis, il couroit hazard de
tenir compagnie à ceux de ſon Regiment, ſur
la Place qui demeurerent. Cette perte fut ſui-
uie de beaucoup d'autres ; le Marquis de Ma-
lauſe, & tous les volontaires que le bruit d'v-
ne bataille auoit fait venir de tous coſtez, ſe retirerent fort mal ſatisfaits ; & auec cette opinion qu'il ne falloit point attendre de combat
ſignalé, puiſque ce iour là on n'auoit ozé l'entreprendre.

L'auantage que nous en reçeuſmes ne fut pas
ſeulement reconnu dans la Prouince, mais s'é-
pandit iuſques aux enuirons de la Rochelle. Le
Roy auoit deffait le Duc de Soubize aux Iſles
de Rié ; & les Deputez, qui comme nous auons
dit, eſtoient partis du Languedoc auec les articles d'vne paix auantageuſe, n'eurent pas le
moyen de ſe preſenter à la Court apres cette victoire : Celuy qui les conduiſoit eut ordre de
les mener à Nantes vers la Reine mere ; les pro-
menant ainſi pour les amuſer en attendant des
nouuelles du Languedoc. Mais lors que l'on a-
prit par le ſuccés du combat de la Verune, que
Dieu

Dieu fauorifoit par tout les Armes de fa Maiefté; ils furent renuoyez , pour dire à ceux de
leur party qu'ils n'eſtoient plus en eſtat de demander autre choſe que pardon & que grace.
Les Deputez trouuerent le Duc de Rohan aux
Seuennes, occupé à faire vn nouuel armement
pendant que le Duc de Mont-morency eſtoit au
degaſt de Montpellier.

Six cens hommes commandez par Mont-
real, le commencerent le ſeptieſme iour de Iuin,
ſur leſquels les habitans, & les ſoldats eſtrangers eſtans ſortis, il y eut combat auprés de la
Metairie de Rondelet auec preſque egale perte
de part & d'autre. Il eſt vray que les Ennemis
qui eſtoient plus forts en nombre eurent cét a-
uantage d'empeſcher qu'on ne leur fiſt point de
mal ce iour là. Mont-real ſe retira bleſſé d'vn
coup d'eſpée à la teſte; ſaint Aman de Vienne,
& vne vingtaine des noſtres demeurerent ſur la
place. Les Ennemis , outre vn grand nombre
de bleſſez y perdirent Sorguieres Capitaine d'v-
ne Compagnie de gens de pied, Ladeueze, Gi-
gord, auec quelques autres volontaires, & pluſieurs ſoldats.

Les iours ſuiuans le degaſt fut continué auec
plus de dommage pour eux, & moins de perte pour nous ; la preſence du Duc de Mont-
morency les tenoit en telle crainte , qu'ils laiſ-

H

ferent brufler leurs bleds iufques à la portée du
moufquet de la ville. La Bertiffiere auec faint
André auoient dans Montpellier des troupes,
qui auec ce qu'ils pouuoient tirer des garnifons
qui eftoient le long de la riuiere du Lez, faifoient prés de quatre mille hommes de guerre.
Neantmoins il n'y eut point de combat qui merite d'eftre efcrit, iufques à la veille de la S. Iean,
que le Duc de Mont-morency paffa pour aller
faire le degaft de Mauguio & de Lunel, où les
Ennemis fe preparoient pour fouftenir le fiege.
Il partit de Ville-neuue fur les dix heures du
foir auec deux mille hommes de pied, & la Cauallerie que Zamet Marefchal de Camp de l'armée du Roy luy auoit menée : mais il fut grand
iour auant que toutes les troupes euffent paffé
la riuiere de Lez, fur des batteaux que l'on a-
uoit conduits à l'emboucheure : fon deffein pourtant n'eftoit pas d'eftre entré fi auant dans les
terres des Ennemis fans les vifiter de plus prés.
Zamet le voyant refolu d'aller voir les baftions
de Montpellier, luy reprefenta l'incommodité
qu'il receuroit fi les gens de guerre qui eftoient
dans les prochaines garnifons venoient à fe faifir des paffages. Pour remedier à cét inconue-
nient il laiffa le gros de fon Infanterie, & ne
prit que deux cens hommes de pied, commandez par Naues, & fa Caualerie, auec la-

quelle il pouſſa celle des Rebelles qui s'eſtoit a-
uancée pour nous reconnoiſtre : leur Infanterie
qui bordoit la riuiere , & gardoit les chemins
auantageux l'empeſchant de paſſer outre , il fit
mettre pied à terre à ſes Gardes , qui allerent déloger quelques vns des plus auancez, & force-
rent vne maiſon, d'où l'on nous pouuoit incommoder. Sur ces entrefaites on vint l'aduertir que
les Ennemis eſtoient en campagne de l'autre
coſté, & qu'ils auoient paru bien prés de la Metairie de Ranchin. C'eſtoient cinq cens hommes ſortis de Montpellier, de la Tour de Lates,
& du Mas d'Enſiuade, pour aller ſaiſir quelques
batteaux qui la nuit meſme auoient pris terre
du coſté de Perolz. Cét auis eſtoit veritable,
mais celuy qui le leur donna ne ſçauoit pas que
le Duc qui les auoit enuoyez chargez de la munition en fuſt ſi proche pour les ſecourir. Ayant
donc reconnu leur faute, ils ſe retiroient en diligence dans quelqu'vne de leurs garniſons, lors
qu'ils furent deſcouuerts par noſtre Infanterie,
qui confirmant par les mouſquetades qu'elle tiroit ſur eux , l'auis que l'on donnoit preſque au
meſme temps au Duc, l'obligerent de tourner
teſte de ce coſté-là. Les Rebelles cependant qui
n'auoient pû gagner la Metairie de Ranchin, ny
celle de Gou , ſe ietterent dans vn petit bois où
Naues eſtoit aux mains auec eux auant que le

Duc y arriuaſt. La Caualerie mit pied à terre
fort à propos pour acheuer de les forcer ; car
ils s'eſtoient deffendus d'abord auec beaucoup
de reſolution : mais apres la mort de Roziers, Sa-
lel, & quelques autres Officiers, ils ne firent preſque plus de reſiſtance : Le Duc donna la vie au
Capitaine Redon, à Peyregroſſe, & à tous ceux
qui ſe ietterent entre ſes mains : toutefois quelque ſoin qu'il priſt pour faire ceſſer la tuërie, il
en demeura prés de quatre cens ſur la place:
Cette deffaite qui depuis a retenu le nom du
BOSQVET où elle arriua, facilita la priſe
du Mas d'Eſmade, & eſtonna tellement ceux
de Montpellier, que perſonne n'oſa deffendre
les bleds, qu'on bruſla iuſques au bord de la riuiere.

Pendant que l'on faiſoit ce degaſt, le Duc de
Rohan tira ſon Armée des Seuenes, mit le canon en campagne auprés d'Vzés, prit l'Egliſe
de S. Sufret, auec quelques autres petits lieux,
& donna l'alarme à tous les enuirons Catholiques. Le Marquis de Portes qui dés l'arriuée de
Zamet auoit pris congé pour aller en Geuaudan, vint aſſeurer Bagnols par ſa preſence, &
ſans autres forces que celles de ſes amis particuliers qui ſe rendirent auprés de luy ; il reprit
Pouzillac, & empeſcha les progrés des Ennemis. Apres que le Duc de Rohan ſe fut retiré à

Nifmes, le Marquis eut ordre de prendre les Regimés d'Hannibal, de Rochefort, & de S. Bres pour
aller faire le degaft à Vzés. Auec ce petit corps,
& fort peu de Caualerie; il fe faifit de trois ou
quatre lieux où il y auoit garnifon, de l'vn defquels vne Compagnie voulant fe retirer fans
compofition fut entieremét taillée en pieces. S'e-
ftant rendu maiftre des endroits qui pouuoient
l'incommoder, il fe logea à faint Quentin, à
vne lieuë d'Vzés, & y demeura quatre iours
auec les dangers qui fe rencontrent dans vn logement de trop grande garde, & trop proche
d'vne ville, d'où il pouuoit fortir beaucoup plus
de gens qu'il n'en auoit : cela n'empefcha pas
qu'il ne fift le degaft aux bleds, & qu'il ne re-
pouffaft tous les iours les Ennemis qui fortoient
pour les deffendre. Son feiour n'eftant plus vtile en ces quartiers là, il fe rendit à Pezenas, accompagna le Duc qu'il trouua preft à partir pour
aller au deuant du Roy, & fut tefmoin du fauorable accueil qu'il en reçeut. Lors que fa Maiefté
fut à Beziers, le Duc eut ordre de s'auancer auec
l'auant-garde de l'Armée ; les Rebelles auoient
abandonné Gignac, Pignan, Villemanne, & ne
gardoient autour de Montpellier que Mauguio,
Lunel, Maffillargues, & Sommieres. Le Duc
de Mont-morency alla donc attaquer Mauguio,
& apres deux iours de fiege reçeut la Place à

compoſition, & donna la vie aux habitans.

Apres la priſe de Mauguio, il mena ſes troupes à Maſſillargues ; c'eſtoit vne Place couuerte de terre, enuironnée d'eau, & gardée par de fort bons ſoldats, qui neantmoins furent obligez de ſe rendre le quatrieſme iour du ſiege. Ils auoient courageuſement diſputé les approches, où le Baron de Montpezat fut tué, & Creſpon bleſſé d'vne mouſquetade dont il mourut bien toſt apres. Ils euſſent donné beaucoup de peine ſans les habitans que le Duc fit ſecrettement perſuader de n'attendre pas les extrémitez : Ceux-cy eſcouterent les propoſitions qui leur furent faites de ſa part, & s'aſſeurant ſur la foy qu'il n'auoit iamais violée, ſe ſaiſirent de la principale porte, & contraignirent les gens de guerre d'accepter la Capitulation qu'ils auoient faite : il la fit garder fort exactement aux vns & aux autres, & alla ioindre Monſieur le Prince qui auoit le commandement general de toutes les troupes.

Lors que ſon Alteſſe eut pris Lunel, toute l'Armée eut ordre de marcher vers Sommieres : le Marquis de Portes alla reconnoiſtre la Place, & fit les approches ſi hardiment, que tous leurs dehors furent emportez auec moins de perte qu'il n'eſtoit croyable. Quelques Officiers y furent tuez, & le Duc d'Halluin qui commandoit

les Lanſquenets, ayant eſté l'eſpée à la main déloger les Ennemis d'vn poſte fort auantageux,
fut bleſſé d'vn coup de mouſquet à la iambe,
aupres du Duc de Mont-morency.

Les approches eſtant faites, l'attaque du Bourguet fut propoſée ; c'eſtoit vn faux-bourg que
les Ennemis auoient retranché pour fauoriſer les
trauaux de la ville , & où le Capitaine Valeſ-
cure eſtoit en garde auec huit cens des meilleurs
ſoldats des Seuennes. Ces conſiderations rendoient l'entrepriſe aſſez perilleuſe : & d'ailleurs
auſſi les fortifications que les Rebelles ache-
uoient à la faueur du faux-bourg, ne permet-
toient pas qu'on les y laiſſaſt plus long temps.
La plus part des opinions du Conſeil de guerre
alloient à les déloger auec le canon, qui n'eſtoit
pas encore arriué, lors que le Duc promit de les
emporter à l'heure meſme ; perſonne ne luy a-
yant diſputé cét honneur, il fit donner le Regiment de Picardie à la main droite , celuy de
Fabregues à la gauche, & ſe mit à la teſte du
gros pour les ſouſtenir ; le bon-heur ſuiuit la
hardieſſe de ce combat. Car les Ennemis apres
auoir diſputé les premieres barricades, abandon-
nerent les autres; & le Duc s'eſtant rendu maiſtre
du Bourguet auec fort peu de perte, alla faire vn
logement au bord du foſſé de la ville, qui fut
priſe deux iours apres. Douze cens hommes de

guerre en fortirent le quatorziefme d'Aouft fans autres armes que l'efpée, & furent conduits en lieu de feureté.

Sommieres eftant pris, le Duc fut enuoyé aux Seuenes auec quatre mil hommes pour des deffeins qu'on ne luy donna pas le temps de pouuoir executer. Le Roy le iugeant plus neceffaire pour fon feruice au fiege de Montpellier, qu'aux lieux où il auoit efté commandé, le rapella lors qu'il eftoit encore à Quiffac; fes troupes qui toufiours auoient fait corps d'Armée, furent logées au deffous du Peyrou, eurent ordre d'attaquer le baftion des Carmes; & la batterie qui fe fit de ce cofté-là, auec tout le quartier, retint le nom du Duc de Mont-morency qui y commandoit. Le dernier iour d'Aouft, qui fut le premier du fiege, il commença de faire ouurir les tranchées. Saint Cofme Meftre de Camp, de la ville qui gardoit les dehors du Peyrou, vint attaquer des foldats qu'on auoit logez derriere quelques mafures vn peu auancées. Le Duc les voyant reculer en defordre, fut les fouftenir l'efpée à la main, & les animant par fa prefence, leur fit regagner le pofte qu'ils auoient perdu. Ces commencemens firent connoiftre à ceux qui eftoient auprés de luy, combien dangereufes en deuoient eftre les fuittes. En vain fes amis luy

repre-

representerent les mal-heurs, & mesme le blasme
qui suiuent ordinairement vne hardiesse qui n'a
point de retenuë. En vain ils luy dirent que sa
Personne estoit trop considerable pour l'exposer
comme il faisoit à toute sorte d'occasions. Il auoit
desia tesmoigné dans vne infinité de rencontres,
qu'il n'estoit pas de sa destinée de perir dans
le danger, ny de son courage d'en voir aucun dont il ne voulust auoir sa part ; mais
le deuxiesme iour de Septembre il en donna
vne preuue qui tient en quelque façon du miracle. Il estoit party ce iour là de son quartier, auec dessein d'aller visiter le Comte d'A-
lés qui estoit malade, & n'auoit prins auec luy
que Monbrun de l'Estrange ; ayant recommandé à ses Gentils-hommes, & à tous ses Capitaines de ne point abandonner les trenchées iusques à son retour Comme il fut au logis du Roy
on entendit sonner l'alarme ; sa Maiesté se mit
à la fenestre pour considerer l'attaque que les assiegez auoient faite au dessous du bastion de S.
Denis. Le Duc voyant la déroute de ceux qui
gardoient ce logement, monte sur vne petite
haquenée ; va à toute bride au lieu du combat;
tuë d'abord vn gendarme nommé Talan, & se
iette tout desarmé qu'il estoit parmy les cui-
rasses & les mousquets de ceux de la Ville.

I

Son courage fit plus de peur aux Ennemis, que de honte à ses soldats : il arresta l'impetuosité des vns, ne pouuant empescher la fuitte des autres, & sauua la vie à ceux dont il ne pût sauuer l'honneur. On vit par vn accident assez rare vn homme presque seul arriuant dans vne meslée faire fuir les victorieux, sans pouuoir arrester les vaincus : & s'il eust eu des gens resolus, il eust repoussé les Rebelles dans la ville auec le mesme desordre que les nostres auoient quitté leur logement. Mais par vn mal-heur estrange tous ceux qui estoient partis auec luy du logis du Roy, furent tuez d'abord, & les Regimens de Fabregues & de saint Brés, qui estoient en garde, ayant perdu leurs Mestres de Camp & leurs meilleurs Capitaines, il luy fut impossible de r'allier ceux qui restoient. Il ne laissa pas pourtant de l'essayer ne croyant pas les choses si desesperées qu'elles estoient, & rencontroit tousiours quelqu'vn qui par affection ou par honneur, estoit obligé de le suiure. C'est ainsi qu'il prit Carlincas prisonnier, & luy ayant fait rendre l'espée le bailla en garde à deux mousquetaires qu'il reconnut.

En fin se voyant enuironné d'Ennemis, & abandonné des siens, il se retira du combat auec la mesme resolution qu'il y estoit entré, & em-

porta deux coups de pique, qui tefmoignerent
qu'il auoit l'obligation de fa vie à vne caufe plus
puiffante & plus fauorable que la courtoifie des
hommes. En effet c'eft vn miracle, comme nous
l'auons remarqué, que de tant d'honneftes gens
qui le fuiuirent pas vn ne s'en retourna ; & il ne
faut point dire que les Ennemis euffent enuie
de le fauorifer : car outre que le hazard eft aueugle , & que les moufquetades n'efpargnent
perfonne, les bleffeures qu'il reçeut firent voir
de quel efprit eftoient pouffez ceux qu'il auoit
fi mal traittez en diuerfes rencontres ; & fraif-
chement à la deffaite du Bofquet, qui fe fit à
la veuë des habitans de Montpellier. Il faut
croire que fon heure n'eftoit pas encore venuë, & admirer les fecrets de Dieu, qui permit que tant d'hommes confiderables fe per-
diffent fi miferablement. Le Duc de Fronfac fut
de ce nombre , les Marquis de Bevron & de
Canillac, faint Brés, Cadoene, les deux Fabregues , Oqueto , le Cheualier de Ribaute,
Luffan , Monbrun de l'Eftrange , & quelques
autres dont les noms fe voyent efcrits dans
l'Hiftoire.

Le Duc bleffé comme il eftoit , alla rendre compte de fon action au Roy , & l'affeura
que fes bleffeures luy eftoient beaucoup moins

senfibles que la perte de tant de braues hommes qui venoient de mourir pour fon feruice.
Sa Maiefté le fit mettre à la chambre du Duc
de Chevreufe, qui eftoit au deffous de la fien
ne, recommanda à fes Chirurgiens d'en auoir
foin; & ayant appris que la playe qu'il auoit au
petit ventre eftoit dangereufe, il deffendit tres-
expreffément qu'on ne l'emportaft point ailleurs.
Mais le bruit qu'il eftoit impoffible d'empefcher,
fut caufe que fon Medecin obtint de fa Maiefté
la permiffion de le faire porter à Pezenas, où il
fut traité auec tant de foin & de bon-heur, que
fa femme trouua qu'il eftoit guery trop promptement. Cela fe peut bien dire fans offencer
fon amour; parce que dés que fes bleffeures commencerent à fe fermer, il parla de s'en retourner au fiege, & renouuella les craintes & les
inquietudes qu'elle auoit lors qu'il eftoit dans
le peril.

Le quinziefme iour apres celuy du combat
de S. Denis, il monta à cheual, & fes amis s'e-
ftonnerent & fe refioüirent tout enfemble de
le voir fi toft de retour à l'Armée. Comme il
fut à fon quartier, il fit auancer les trenchées,
& preffa les Ennemis fi viuement, qu'il les contraignit de fe retirer iufques au pied du baftion
des Carmes. Apres les auoir pouffez iufques là,

il fit dreſſer vne batterie ſur le bord du foſſé :
mais auant que le canon fuſt logé , les aſſiegez
firent vne furieuſe ſortie ; porterent le feu à nos
gabions ; tuerent les premiers des noſtres qu'ils
rencontrerent ; mirent les autres en fuitte , &
s'efforcerent de gagner les poſtes qu'ils auoient
perdus. Le Duc qui paſſoit la plus part des nuits
dans les trenchées , courut au bruit de l'alarme ;
fit tourner viſage à ceux qui fuyoient ; comm
anda à ſes gardes de les ſouſtenir , & demeura
à la mercy des mouſquetades , auec les Gentils-
hommes qui le ſuiuoient , iuſques à ce que l'on
euſt repouſſé les Ennemis.

Cependant le Traité de la Paix generale qui
auoit pluſtoſt eſté remis que rompu , au mois
d'Aouſt lors que le Roy eſtoit à la Verune ,
fut continué par les ſoins du Mareſchal de Leſdiguieres , à qui ſa Maieſté auoit enuoyé depuis quelque temps l'eſpée de Conneſtable. Il
auoit fait par ſon ordre diuerſes Conferences
auec le Duc de Rohan aupres de Niſmes ſur
ce ſuiet : & eſtoit venu à l'Armée , tant pour
rendre compte de ſa negociation , que pour
commencer d'y faire ſa charge. Le Duc de
Rohan eſcorté par le Mareſchal de Crequy ,
arriua bien toſt apres à Montpellier , auec les
Deputez des Egliſes du Languedoc , qui fi-

rent accepter aux Habitans les Conditions &
les Articles d'vn Traitté general qu'ils auoient
defia fignez. Le Conneftable fut reçeu à Montpellier le dix-neufiefme iour d'Octobre mil fix
cens vingt-deux, auec les Regimens des Gardes Françoifes, & des Suiffes ; & y fit publier
la Paix le iour mefme. Le Roy y entra le lendemain, accompagné d'vn grand nombre de
Seigneurs, & regarda d'vn œil également fauorable les Huguenots qui luy demandoient
pardon de leur defobeïffance, & les Catholiques qui luy rendoient graces de leur liberté,
parce que tous faifoient également paroiftre la
fatisfaction qu'ils auoient de voir fa Maiefté dans
leur ville.

Apres y auoir demeuré huit iours, le Roy
s'en alla à Auignon, où le Vice-Legat luy auoit
preparé vne magnifique entrée, & laiffa dans
Mont-pellier à la place des Regimens qui en fortirent, ceux de Picardie & de Normandie auec
le Marquis de Valancé, Marefchal de Camp
pour les commander, & pour faire démolir
les fuperbes fortifications que les Huguenots
auoient faites. Le Duc de Mont-morency a-
yant accompagné fa Maiefté au voyage d'Auignon, fe rendit aux Eftats qui eftoient affemblez à Beaucaire ; & fi toft qu'ils furent ache-

uez prit le chemin de la Court, où il fut iufques
à la fin de l'année fuiuante. Pendant le long feiour qu'il y fit , plufieurs chofes fe pafferent
dans le Languedoc, dont ie ne remarqueray que
celles qui font purement de mon fujet.

Fin du premier Liure.

SOMMAIRE DV
SECOND LIVRE.

CE Liure contient deux voyages que le Duc de Mont-morency fit en Languedoc, au dernier desquels il eut ordre d'aller faire la guerre aux Rochelois. L'adresse qu'il eut pour obliger les Holandois à combattre, contre la défence qu'ils en auoient receuë des Estats, & particulierement pour gagner l'esprit de l'Admiral Houstain. Plusieurs particularitez du Combat naual, qui ne se voyent point dans l'Histoire. La defaite de l'Armée nauale des Rebelles. La prise des Isles de Ré, & d'Oleron. Le veritable suiet du premier voyage qu'il fit à la Court. Vn Bref du Pape en forme de Panegyrique. Son second voyage à la Court, où il est obligé de se défaire de sa charge d'Admiral Il va à son Gouuernement de Languedoc. La nouuelle qu'il y reçeut du mal-heur du Comte de Bouteuille. Ce qu'il fit pour l'empescher : & de quelle sorte il supporta cette affliction.

L'HISTOIRE

HISTOIRE
DE LA VIE
DE HENRY
DERNIER DVC
DE MONT-MORENCY.

LIVRE SECOND.

E Marquis de Valancé qui auoit eu le Gouuernement de Montpellier par la faueur du Marquis de Pizieux son beau-frere, taschoit non seulement d'y establir son authorité, mais aussi de l'estendre bien auant dans la Prouince. Pour cét effet il se preualut du zele & de la timidité des habitans tant de l'vne que de

K

l'autre Religion pour faire demander vne Citadelle. L'apuy qu'il auoit à la Court, & quatre
mille hommes qu'il commandoit dans Montpellier, rendoient fon authorité fi confiderable
aux Huguenots qu'ils n'auoient point de ville,
où il n'euft acquis les plus puiffans de ceux qui fe
mefloient de la conduite de leurs affaires

Le Duc de Mont-morency arriuant en Languedoc, trouua veritables les aduis que fes feruiteurs luy auoient donnez : fa prefence les fortifia dans leur deuoir, & ne fit pas moins de honte
à ceux qui en eftoient fortis par infirmité, qu'elle
donna d'apprehenfion à ceux qui le déferuoient
malicieufement. Toute la Nobleffe du païs fut
au deuant de luy , & l'accompagna iufques à
Montpellier. Le Marquis de Valancé fçachant
qu'il venoit auec deffein de prendre la maifon où
il logeoit, auoit enuoyé vn de fes enfans à Beaucaire pour la luy offrir. Il luy rendit tout l'honneur & le refpect qu'il luy deuoit : & pendant
fon feiour dans la Prouince , ne prit aucune
connoiffance des affaires publiques. Mais apres
que le Duc fut de retour auprés du Roy, il continua d'entretenir les intelligences qu'il auoit
parmy les Huguenots , parce que la feconde rebellion commençoit à fe former ; & n'y ayant
perfonne plus propre que luy pour defcouurir
leurs deffeins, il eftoit auoüé à la Court de tout

ce qu'il faifoit fouz ce pretexte.

Le Duc de Mont-morency fut donc obligé
de faire vn fecond voyage en Languedoc, où
il n'eut pas demeuré long temps fans connoiftre
les mauuais deffeins des Rebelles que fa prefence empefchoit d'éclater. Il fit partir diuers Cou-
riers pour donner aduis au Roy de tout ce qui
fe paffoit dans fon Gouuernement : mais pendant qu'il employe tous fes foins pour y contenir les peuples dans l'obeïffance, le Duc de Soubize fait vne entreprife fur Blauet en Bretagne,
& n'ayant pû l'executer il enleue les vaiffeaux
qui fe trouuerent au port. Le Roy en ayant eu
la nouuelle, enuoya demander des Nauires en
Holande & en Angleterre pour vn Armement
qu'il ne pouuoit faire auec ceux qui luy reftoient
fur cette mer ; & le Duc de Mont-morency,
comme Admiral de France eftant obligé d'aller
à cette occafion fut contraint de laiffer la conduite de l'Armée du Languedoc au Marefchal
de Themines. Il le rencontra fur fon chemin auprés de Montauban, & arriua à la Court à la fin
de May de l'année 1625. Auant qu'il y euft encore rien de preft pour fon voyage, le Roy luy fit
connoiftre combien il importoit pour fon feruice
qu'il fe rendift promptement à l'Armée nauale.
Il ne falloit pas vne moindre refolution que la
fienne pour recouoir, comme il fit, ce comman-

dement auec ioye. La reputation des forces du
Sieur de Soubize qui s'eſtoit ſaiſi des meilleurs
vaiſſeaux de Bretagne, & la foibleſſe iointe à la
mauuaiſe volonté des Holandois, eſtoient des
raiſons connuës de tout le monde : d'ailleurs, le
peu de moyen qu'on luy donnoit de ſubuenir
aux frais exceſſifs de l'Armée, euſt fait apprehender tout autre que luy : mais ſurmontant
toutes ces difficultez par ſa generoſité accouſtu-
mée, il n'inſiſta ſur aucune des demandes qu'il
auoit à faire, que pour vn vaiſſeau qu'on luy a-
uoit promis ; afin de n'eſtre pas reduit, comme
il fut le iour du combat ſuiuant, au mal-heur de
dépendre de la fidelité , & de l'experience des
matelots eſtrangers. Les Nauires dont le Marquis
Défiat auoit traité en Angleterre n'eſtoient pas
encore arriuez ; & il y auoit de la honte & du
hazard pour le ſeruice du Roy, que ſon Admiral n'euſt pas vn vaiſſeau aſſeuré pour ſa perſonne. Cependant la neceſſité des affaires fut plus
forte que les raiſons de la bien-ſeance : Et les
rauages que les Rebelles faiſoient au long des
coſtes de Poitou, & de la riuiere de Bourdeaux,
demandoient ſa preſence dans vne Armée, qui
n'eſtant compoſée que de vaiſſeaux Holandois
n'agiſſoit pas auec la vigueur & la diligence
qu'on a accouſtumé d'employer contre les Ennemis. En effet ceux de la Rochelle auoient vi-

fité i'Admiral Houftain , apres qu'il eut moüil-
lé l'ancre à la rade de l'Aiguillon prés de leur
ville ; l'auoient affeuré que la Paix eftoit concluë , & qu'ils en attendoient de iour en iour
la nouuelle. Cela s'accordoit auec les inftructions fecrettes qu'il auoit reçeuës des Eftats ,
& fes gens alloient à la Rochelle auec la mefme feureté qu'ils euffent pû faire parmy leurs
amis.

Ces confiderations qui faifoient voir la neceffité du départ du Duc, donnoient auffi à co-
gnoiftre le danger de fon voyage : Mais fer-
mant les yeux à tout ce qui le touchoit pour
s'arrefter aux feuls interefts du feruice de fa Maiefté ; il partit dans la refolution d'y perir glo-
rieufement, fi les obftacles qu'on oppofoit à fes
deffeins l'empefchoient de les executer auec a-
uantage. Le Marquis de Breflieux , les Comtes
de Bouteuille , & de Vauuert, auec plufieurs
Gentils-hommes voulurent courre fa fortune ,
& l'accompagner en qualité de Volontaires. A
Saumur il apprit vne nouuelle qui fit en luy vn
effect bien differend de celuy qu'elle deuoit produire auec apparence. Il fceut que l'Admiral
Houftain fe repofant fur la bonne foy des Rochelois, auoit efté furpris & battu par leur Armée qui eftoit à l'Ifle de Ré, & qui s'eftant mi-

fe à la voile par vn temps fauorable , luy auoit
à peine donné le loifir de leuer l'ancre pour fe
retirer vers la cofte de Bretagne ; que le Vaiffeau de l'Admiral Vrb auoit efté bruflé auec
quelques autres ; & que tout le païs voifin eftoit
en de grandes apprehenfions.

Cette nouuelle , au lieu de l'eftonner, luy fit
dire qu'il commençoit à bien efperer , & que la
perte que les Holandois venoient de faire luy
fourniroit des raifons affez puiffantes pour les a-
nimer contre ceux qu'ils confideroient auparauant comme perfonnes de mefme party. Sa pro-
phetie fut veritable, mais l'accompliffement en
eftoit fort difficile ; & l'on peut mettre au rang
des merueilles de fa vie le changement qu'il fit
dans l'efprit de ces Eftrangers.

A Nantes il vit le Duc de Vandofme , qui
luy reprefenta le tort qu'il auoit eu de partir,
fans eftre pouruû des chofes neceffaires à fon
entreprife. Il luy fit la mefme refponce qu'il a-
uoit faite à fes amis en partant de Fontaine-
bleau, qu'il ne trouuoit rien d'impoffible lors
qu'il s'agiffoit du feruice du Roy ; que ce n'e-
ftoit pas la premiere fois qu'il auoit fait la guerre auec d'extrémes incommoditez ; & qu'il e-
ftoit refolu à fouffrir celles de la mer, encore
qu'il fçeût bien qu'elles furpaffoient toutes les

autres. Le Duc de Rets voulut eftre du voyage, auec lequel arriuant aux Sables d'Olone,
il apprit que l'Admiral Houftain faifoit racom-
moder fes Vaiffeaux à Morbian, & qu'il eftoit
beaucoup plus difpofé à s'en retourner en Holande, qu'à la Rochelle.

Le Duc de Mont-morency luy enuoya le
Commandeur de Rodes, auec Mirman Intendant de fa Maifon, pour luy reprefenter les raifons qui l'obligeoient de rendre en cette occafion les feruices que les Eftats auoient promis à
fa Maiefté. Apres que l'Admiral eut efcouté
tout ce qu'ils auoient à luy dire, il leur refpondit ; que fes Maiftres ne l'auoient point chargé
de rien faire contre fa confcience ; & que s'il
croyoit qu'il y allaft de l'intereft de fa Religion,
au lieu de combattre les Rochelois, il fe tour-
neroit de leur cofté. Cette refponce fit refoudre le Duc d'aller luy mefme trouuer l'Admiral
Houftain contre l'aduis de fon Confeil, qui voyoit trop de danger en cette entreprife. Il fe mit
donc dans vne chaloupe auec le Marquis de
Breffieux, Manty, Manfe, Fontenay, Sodeilles, Boyer, & cinq ou fix domeftiques. Enuiron vne heure apres fon embarquement, vn
vent de terre s'eftant leué, qui faifoit aller la
chaloupe auec vne extréme viftelle, ils defcou-

urirent vn Vaiffeau, qui s'efforça tout le long
du iour de prendre le deffus du vent : le Duc
ayant abordé à l'Ifle-Dieu, fçeut des gens du
païs le danger qu'il auoit couru, & que le vaiffeau qui l'auoit pourfuiuy eftoit vn Brigantin
de Corfaires, armé de canons , & de trente-
cinq à quarante foldats. Le lendemain on reco-
nut le mefme Brigantin , qui s'eftant arrefté
toute la nuit , continua quelque temps de fuiure la chaloupe : mais le chemin qu'elle tenoit
en coftoyant la terre , & le vent qui luy eftoit
fauorable, obligerent les Pyrates de fe mettre
en pleine mer , & d'abandonner le deffein d'v-
ne prife dont ils ne fçauoient pas la valeur Cette nuit là nos gens prirent terre à l'Ifle de Nar-
motier , & le lendemain au port Ny , fans aucune auanture confiderable. Le quatriefme iour
le vent s'eftant renforcé , l'on defcouurit vn
Vaiffeau qui venoit du cofté de Morbian: Le
Duc commanda qu'on le fift aborder ; à quoy
ceux qui eftoient dedans ayant obeï , l'on vit
paroiftre des hommes , qui à leurs habille-
mens , & à leur façon fembloient eftre François , & qui parloient vn langage que perfonne ne pouuoit entendre : noftre Pilote reco-
nut que c'eftoient des bas Bretons , aufquels
ayant demandé des nouuelles de la Flotte ; ils

firent

firent comprendre par leurs signes bien mieux
que par leur responce, qu'elle estoit en pleine
mer.

Le Duc qui n'estoit pas bien asseuré des intentions de l'Admiral, ne sçauoit que iuger de
ce départ ; & apres auoir escouté l'opinion de
ceux qui l'accompagnoient, il fut d'auis de faire partir trois petites chaloupes qui suiuoient la
sienne, pour aller prendre langue en diuers endroits, pendant qu'il s'en retourneroit au port
Ny, où il donna le rendez-vous. L'orage estoit si
grand qu'il courut fortune de se perdre ; & celuy qu'il auoit enuoyé à l'Isle-Dieu fut contraint
de se faire attacher dans sa chaloupe, de peur
d'estre emporté par l'impetuosité du vent. Cependant la flotte Holandoise qui s'estoit mise à
la voile, arriua le iour suiuant à l'Isle-Dieu, apres
auoir fait vn grand destour, pour éuiter les bancs
& les écueils de la coste. Le Duc en ayant esté
aduerty, partit le lendemain à la pointe du iour
pour l'aller ioindre ; & l'Admiral Houstain le
voyant aborder dans vne petite chaloupe, accompagné de cinq ou six Gentils-hommes, sans
crainte de l'orage, ny des autres mauuaises rencontres de la mer, fut en quelque façon hon-
teux de la peine qu'il luy auoit donnée, & du
danger où il l'auoit fait exposer. Il le reçeut
dans son Nauire auec des ciuilitez & des sub-

missions qui reparoient mesme auec excés la
faute qu'il auoit faite, le coniurant d'auoir plus
de soin à l'auenir de la conseruation de sa vie.
Apres ce compliment, il voulut luy alleguer des
raisons pour excuser son retardement : mais le
Duc l'empescha de passer outre par les caresses
extraordinaires qu'il luy fit. Son dessein estoit de
se l'acquerir à quelque prix que ce fust, voyant
bien que de luy dependoit en partie le succés de
tous ses desseins: C'est pourquoy il employa à
cét abord, outre ce qu'il auoit d'agreable en l'ex-
terieur, toute la force & l'adresse de son esprit.
Aussi ne falloit-il pas faire de petits efforts pour
gagner la volonté d'vn homme né dans vn païs
extrémemét libre, & qui auoit promis aux Estats
de faire tout le contraire, de ce qu'à la fin le Duc
l'obligea d'entreprendre. Il est vray que naturellement ce Seigneur auoit des graces, ou pour
mieux dire des charmes dont les gens d'esprit ny
les stupides ne pouuoient se deffendre: & quand
l'Admiral de Holande eust esté beaucoup moins
sociable qu'il n'estoit, il n'eust pas laissé d'en ressentir les effets. Apres s'estre quelque temps en-
tretenu auec luy, il voulut voir & connoistre particulierement tous ses Capitaines. Il s'informa de
l'estat de leurs Nauires & sçachant qu'ils auoient
besoin de rafraichissemens; non seulement il les
accommoda de tout ce qui peut se recouurer

dans l'Ifle, mais enuoya achepter le long de la cofte les prouifions qui leur manquoient, & fur tout vne grande quantité de vins, comme l'a-uictuaillement qui leur eftoit le plus neceffaire & le plus agreable. Ces prefens qui fembloient venir de la profufion d'vn Roy, pluftoft que de la liberalité d'vn General d'Armée, verferent l'abondance dans leurs vaiffeaux où la neceffité commençoit à fe faire fentir; & leur firent croire que rien ne leur pouuoit manquer fous la conduite d'vn Chef fi genereux, & dont la bource eftoit également ouuerte aux matelots & aux foldats. Ainfi fe conformant auec vne extréme accortife à l'humeur de cette rude Nation, il gagna en peu de temps vne authorité auffi abfoluë parmy eux qu'il l'auoit toufiours euë dans les Armées du Languedoc.

Pour entretenir la bonne humeur où fes bienfaits les auoient mis, il refolut de n'abandonner point la flotte, & pria le Marquis de Breffieux auec les autres Gentils-hommes qui ne pouuoient eftre auprés de luy fans receuoir de grandes incommoditez, d'aller attendre de fes nouuelles aux Sables d'Olone : Son Maiftre d'Hoftel y faifoit feruir fort delicatement vne table de quatre-vingts couuerts pour ceux qui y feiournoient, en attendant la bataille. Cependant il reprefentoit à l'Admiral la confiance que le Roy prenoit en luy : l'opinion qu'il auoit de fon experience ; & luy remettoit tous les iours dans l'efprit l'affront qu'il venoit de receuoir , dont le coup rejalliffoit contre les Eftats , l'affeuroit qu'en cette occafion il ne s'agiffoit point de la liberté de confcience, que fa Maiefté laiffoit toufiours à fes fubiets, mais feulement de la fidelité & de l'obeïffance qu'ils luy deuoient ; & en fin que toute l'Europe auoit les yeux fur l'action qu'il alloit faire pour luy en donner du blâme ou de la loüange. C'eft ainfi qu'il l'anima contre les Rochelois au delà de ce que l'on pouuoit attendre d'vn homme de mefme Religion qu'eux , & enuoyé par des Maiftres qui euffent efté bien marris de leur ruine, quoy qu'en apparence ils en procuraffent les moyens.

La flotte eftoit à l'ancre à l'Ifle-Dieu, où le Duc apprit que fept vaiffeaux Anglois eftoient arriuez à Dieppe, dont les deux plus grands eftoient de cinq cens tonneaux, les autres de quatre cens ; qu'ils n'auoient que du canon de fer, portant tout au plus fix liures de balle ; & qu'on trauailloit auec diligence à les mettre en eftat de feruir.

Le lendemain qui eftoit le iour de la Noftre

Dame d'Aouſt, le Comte de Bouteuille, auec
le Marquis de Breſſieux le vinrent viſiter, pour
luy dire que les bruſleaux, les chalouppes armées, & les autres preparatifs, qu'il auoit or-
donnez pour la bataille, eſtoient acheuez, &
l'obligerent de mettre pied à terre pour ſe rafraichir. Mais ayant eu auis que les Rebelles a-
uoient fait vne embuſcade pour le ſurprendre,
il ſe ietta dans la premiere chaloupe qu'il pût
trouuer, & ayant regagné l'Armée, ne ſortit
plus de ſon bord. Toutes les choſes neceſſaires
pour la bataille eſtant preſtes, il fit reſoudre
dans le Conſeil, que l'on iroit chercher les Ennemis pour les attirer au combat. Mais à peine
l'Armée fut à la voile, qu'on luy rapporta que
le Nauire du Vice-admiral Vrb eſtoit encore à
l'ancre, & qu'on luy auoit oüy dire qu'il n'e-
ſtoit pas venu pour combattre non plus que ſes
compagnons, mais pour moyenner vn accommodement. Ces diſcours ſeditieux furent d'autãt
plus ſenſibles au Duc, que celuy qui les tenoit luy
eſtoit particulierement obligé: car quelque temps
auparauant il l'auoit fait accommoder d'vn vaiſſeau à la place de celuy qu'on luy auoit bruſlé,
& luy auoit donné ſuiet de ne pas regretter
ce qu'il auoit perdu à l'attaque des Rochelois.
L'Admiral Houſtain vouloit qu'il fuſt traité a-
uec la rigueur que ſa faute meritoit : mais luy

qui en semblables rencontres ne suiuoit ny son
propre ressentiment, ny la passion d'autruy, se
contenta de luy faire dire, que si au troisiesme
coup de canon il ne se mettoit à la voile, il luy
courroit sus comme ennemy. Cette menasse le
fit obeïr, mais bien mollement, tant pour la
mauuaise intelligence qui estoit entre l'Admiral
Houstain & luy, que pour les raisons que nous
verrons cy-apres.

Le Duc de la Rochefoucaut, le Comte de
saint Luc, & Toyras s'embarquerent auec leurs
troupes pour descendre en Ré à la faueur de nostre Armée Nauale ; mais il se leua vne si grande tempeste qu'ils furent contraints de regagner la terre, & le Duc de Mont-morency de
s'eslargir en haute mer auec toute la flote. Le
mauuais temps dura quelques iours, & donna
non seulement de la peine, mais aussi de la crainte aux matelots qui faisoient tout ce qui leur
estoit possible pour y resister, & qui sentoient
redoubler leurs forces, voyant auec quelle resolution il souffroit le trauail de la mer qu'il n'auoit
pas accoustumé. Auant que la tourmente fust
du tout appaisée, il reçeut des Lettres, par
lesquelles le Roy luy deffendoit de combattre,
si la chose estoit apparamment douteuse, iusques à ce que les Nauires Anglois eussent ioint
le corps de l'Armée. Le Conseil de guerre

eſtant aſſemblé pour ce ſuiet il fut reſolu par la
pluralité des voix , que l'on attendroit vn ſecours , qui eſtoit ſi proche : & puis qu'il s'a-
giſſoit du repos de l'Eſtat & de l'honneur des
Armes de ſa Maieſté, qu'il falloit ſe ſeruir de tous
les auantages qu'on pouuoit prendre ſur les Ennemis , & les chaſſer pluſtoſt en Maiſtres, que
diſputer auec eux la ſouueraineté de la mer.
Pendant que l'on debattoit ces raiſons , nos
gens deſcouurirent vn Nauire de quatre à cinq
cens tonneaux, que les Ennemis enuoyoiẽt pour
auoir des nouuelles de noſtre Armée. Gadancour Capitaine des Gardes du Duc de Mont-
morency fut commandé pour l'aller reconoiſtre
auec deux petits vaiſſeaux Olonnois. Celuy
des Rebelles le reçeut à coups de canon, auſſi bien que le Cheualier de Cangeay qui s'eſtoit
auancé pour le ſouſtenir , & ſe deffendit auec
tant de reſolution , que nos trois vaiſſeaux n'o-
ſerent iamais l'acrocher. Il eſt vray qu'ils eſtoient
ſi prés qu'vn ſoldat des Gardes du Duc nommé la Ramée , ſe ietta dans la chalouppe du
Nauire ennemy , & s'approchant par le moyen
de la corde , alla détacher le timon auant que
le Pilote s'en apperçeuſt. Cette action hardie
reüſſit à ſon autheur qui en reçeut de l'honneur & de la recompence ; mais elle fut mal-
heureuſe à vn de ſes freres , qui ayant pointé vn

canon pour fauoriſer ſa retraite contre ceux qui
luy tiroient des mouſquetades , eut le bras emporté en le hauſſant pour y mettre le feu.

Le combat pourtant fut fort obſtiné , bien
qu'on ne vinſt pas aux mains , & ſans la nuit
qui le ſepara , les Ennemis n'auoient plus dequoy
tenir. La pluſpart de leurs ſoldats & de leurs
matelots eſtoient morts ou bleſſez , & le vaiſſeau en ſi mauuais eſtat , que l'ayant à toute
peine ramené vers leur flotte , ils furent contraints de le laiſſer eſchoüer contre la rade ſaint
Martin. C'eſtoit vn des plus beaux Nauires
des Ennemis , & le plus leger qu'ils euſſent.
Les noſtres n'y furent guere mieux traittez.
Ils y perdirent quantité de ſoldats ; & ce qui
eſt plus déplorable ; Gadancour meſme apres
auoir combattu vaillamment tout le iour , fut
tué du dernier coup de canon qui ſe tira. Le
Duc de Mont-morency le regretta infiniment,
& donna la charge qu'il auoit de Capitaine
de ſes Gardes à Soudeilles. Cependant le Cheualier de Cangeay ne reuenoit point , pource que ſes gens eſtoient ſi occupez à vuider
l'eau que la tourmente iettoit dans ſon Nauire , ou qui eſtoit entrée par les ouuertures du
canon, que tout ce que les matelots pouuoient
faire, c'eſtoit d'empeſcher qu'il n'allaſt à fonds;
&

& de fait l'orage estoit si grand qu'on le crût
perdu iusques au lendemain qu'il parut, aussi
fatigué du trauail de la nuit, que du combat du
iour precedant. Le Duc suiuant la deliberation
du Conseil, qu'il auoit fait tenir en receuant
la dépesche du Roy; s'en retourna à l'Isle-Dieu,
bien fasché de voir ses desseins retardez par
l'opposition des vents, & par les ordres de la
Court, ausquels il estoit également contraint
d'obeïr.

Le douziesme Septembre, sur la nouuelle
qu'il reçeut des Nauires Anglois, il fit commander au Marquis de Bressieux, & au Comte de
Bouteuille, de faire sortir d'Olone les vaisseaux
à feu; ce qui fut executé la nuit du lendemain.
Le quatorziesme les troupes qui deuoient faire
la descente en Ré, s'embarquerent pour la seconde fois; les vaisseaux Anglois conduits par
le Commandeur de Riz, se ioignirent aux nostres, & redoublerent la ioye de toute l'Armée.
Sur la my-nuit le Duc commanda de leuer l'ancre
afin d'estre au iour à la pointe du banc de l'Or-
delais, qui est à la coste du Poitou, & d'auoir
par ce moyen le dessus du vent sur les Ennemis. Le quinziesme enuiron les neuf heures du
matin, il fit mettre l'Armée en bataille, & sçachant que par l'ordre de Hollande, l'Admiral
doit estre à l'auant-garde; il fut bien aise que

cette raison fauorisaſt le deſſein qu'il auoit fait
de combattre à la teſte de l'Armée. Laiſſant donc
la conduite de la bataille à Manry, qui faiſoit
la charge de Vice-Admiral, il demeura à l'auant-
garde, non ſeulement en cette occaſion, mais
auſſi pendant toute la guerre. Apres que les commandemens furent donnez, & qu'on n'attendoit
plus que le retour de la marée; le vent ſe leua
fauorable pour nous, & donna par proüe à l'armée ennemie qui eſtoit à la rade ſaint Martin,
compoſée de vingt-huit bons Nauires. Le Duc
de Mont-morency ſans apprehéder, ny leur nombre, ny leurs forces, alla droit à eux, & les fit canoner ſi furieuſement, qu'ils en furent en quelque
façon eſtonnez. Le bon ordre de l'Armée, &
particulierement la valeur du Chef qui comba-
toit à la teſte ſur le vaiſſeau de l'Admiral Houſtain, les firent penſer aux moyens de ſe retirer
pluſtoſt qu'à l'eſperance de vaincre. Ils ſe défen-
dirent pourtant auec aſſez de reſolution durant
trois heures: mais en fin ils furent preſſez ſi viuement auec quatre vaiſſeaux que le Duc faiſoit marcher deuant le ſien pour s'accrocher à
leurs grands Nauires, qu'ils furent contraints
d'entrer dans la foſſe de l'Oye, où ils ne croyoient pas qu'on ſe hazardaſt de les ſuiure. Mais
noſtre Admiral les mena touſiours battant, auec
vne telle conduite, que ſans engager trop auant

l'Armée dans ce Détroit où elle euſt eſté en grand deſordre , il les contraignit d'eſchoüer contre le lieu meſme qu'ils auoient choiſi pour leur retraite. Comme il les vit en cét eſtat , il moüilla l'ancre à la portée de leur canon, & enuoya commander à ſes quatre Nauires d'auant-garde de s'arreſter. Celuy du Cheualier de Ville-neuue où eſtoit le Comte de Bouteuille auoit touché : le Comte de Vauuert qui auoit pouſ-ſé les Ennemis iuſques au fonds de la foſſe, couroit la meſme fortune auec les autres deux qui le ſuiuoient, s'ils n'euſſent eſté rappellez par ſa preuoyance. Toutefois quoy que depuis le commencement du combat il euſt auec vn ſoin extréme preuenu toute ſorte de deſauantage, il ne pût empeſcher que des Bruſleaux qui s'e-ſtoient trop auancez contre ſon expreſſe deffence ne ſe conſumaſſent ſans aucun effet ; le meſme mal-heur arriuant à ceux des Rochelois en rendit la perte moins conſiderable. Il ne ſem-bloit pas que noſtre Admiral commençaſt l'ap-prentiſſage d'vn ſi penible meſtier; il ſçeut pren-dre ſes auantages , donner ſes ordres , & faire ſes attaques auſſi iudicieuſement , que ſi vne longue experiance luy euſt appris toutes les fineſſes de la mer. L'Admiral Houſtain & les Capitaines qui eſtoient prés de luy, furent plu-toſt ſes admirateurs que ſes conſeillers , & re-

M ij

connurent que les perſonnes que Dieu deſtine
aux actions extraordinaires, viennent au monde auec les vertus qu'il faut pour les acheuer,
& n'ont pas beſoin de l'eſtude ny de l'exercice
qui ruinent bien ſouuent le corps auant qu'ils
ayent formé l'eſprit des autres hommes. Sur les
quatre heures du ſoir on ordonna la retraite en
la rade ſaint Martin, que les Ennemis auoient
eſté contraints d'abandonner ; la mer eſtoit fort
agitée, de ſorte que de quelque adreſſe que les
Pilotes ſe ſeruiſſent, ils furent contraints en ce
Détroit d'approcher la terre de ſi prés que le
canon des Ennemis portoit dans les Nauires de
noſtre Armée, qui moüilla l'ancre nonobſtant
toutes ces incommoditez. Sur les cinq heures
du ſoir l'Admiral commanda ſix vaiſſeaux auec
les galiottes, & les chaloupes armées pour aller eſcorter les gens de guerre deſtinez pour deſcendre en Ré, qui faiſoient en tout dix-ſept à
dix-huit cens hommes. Il fit partir au meſme
temps trois forts Nauires, deux Anglois, vn
de Razilli, ſa patache, & huit Olonnois, pour
aller entre Chef-debois & la pointe de Cou-
reille, afin d'empeſcher la communication
de la Rochelle auec les Iſles de Ré & d'O-
leron. Ce commandement fut fait & executé ſi à propos, que la nuit meſme le
Comte de Laual, & de Loderiere ſortans du

port de la Rochelle auec plufieurs Capitaines, & quinze cens hommes pour empefcher la
defcente de Ré , furent repouffez à coups de
canon, & contraints de rentrer dans la ville.
Par ce moyen on facilita la conquefte de cette
Ifle, qui auec vn fi notable fecours euft efté,
finon impoffible, au moins beaucoup plus mal-
aifée. La nuit eftant arriuée , Launay Razilly
demanda les chalouppes armées de chaque Nauire, & les galiottes de Broüage, pour conduire
à mi-marée ce qui reftoit de vaiffeaux à feu, en-
chainez deux à deux , afin qu'ils fiffent plus
d'effort fur les Ennemis. L'on approuua fon deffein , mais il ne fut pas executé , pource que
nos galiottes ne peurent arriuer affez à temps.
La defcente qu'elles fauorifoient auec les
vaiffeaux qui eftoient partis le iour auparauant,
fe fit à fept heures du foir à la faueur de la fumée des canons de noftre Armée, qui tiroient inceffamment. Et les Sieurs de la Rochefoucaut,
de faint Luc , & de Toiras , apres auoir mis
leurs troupes à terre, fe faifirent du bourg d'Ars,
où il y eut vn combat affez opiniaftré. Le fieur
de Soubize voyant la déroute des fiens fe ietta dans vne chalouppe , auec neuf ou dix qui le
fuiuirent , & fe fauua dans l'Ifle d'Oleron ; les
autres fe retirerent au Fort faint Martin. Le Duc
ayant eu cette nouuelle, fit affembler le Confeil

pour deliberer du secours qu'il pouuoit donner sans trop affoiblir l'Armée : Les Pilotes auec les Capitaines les plus experimentez, demeurerent d'accord que les Nauires des Ennemis estoient eschoüez si auant qu'il estoit impossible qu'ils se releuassent iusques à la marée de Mars. Sur cette asseurance l'on forma vn Regiment, commandé par le Marquis de Bressieux, & le Comte de Bouteuille:les Gentils-hommes volontaires voulurent aller à cette occasion, & tous eurent ordre d'attaquer le bourg saint Martin d'vn costé, cependant que les trouppes qui auoient fait la descente donneroient de l'autre. Les chalouppes remplies des gens de guerre commençoient desia de voguer vers l'Isle, lors qu'on vit les Ennemis à la voile ; si bien qu'à peine eurent-elles le loisir de regagner leurs vaisseaux, particulierement celles qui estoient parties de l'auant-garde. La marée fut si haute, & le vent si bon, qu'ils s'estoient releuez contre toute sorte d'apparence. Cette faueur inesperée, & leur perte qu'ils voyoient ineuitable, les firent resoudre de retourner au combat pour essayer de passer le long de la terre. Mais ils ne furent pas plustost sortis de leur fosse, que le vent les abandonna ; & se tournant de nostre costé, fit voir par l'euenement qu'il ne les auoit tirez d'vn peril que pour les ietter dans vn autre; & rendre leur fin plus glorieuse en mourant dans le combat, que s'ils eussent pery de faim comme ils en estoient menassez. Ie dis que le succés tesmoigna cette merueille, car ils estoient encore si forts que l'Admiral Houstain redoutoit extrémement le choc de leurs grands vaisseaux, & s'il en eust esté crû nous n'eussions iamais recueilly les fruits de cette fameuse victoire.

Le Duc de Mont-morency qui auoit desia par deux fois mandé que l'on fist auancer le reste de l'Armée ; iugea bien au peu de diligence qu'elle faisoit, que les apprehensions de l'Admiral n'estoient pas du tout sans fondement. Il est vray qu'elles estoient excessiues ; car outre qu'il s'escria qu'il y auoit de la trahison, il refusa mesme sa chalouppe, que le Duc de Mont-morency luy demandoit pour faire porter ses derniers commandemens à Manty. Il dit pour toute responce ; Que dans le danger où ils estoient, il la croyoit trop vtile pour s'en dessaisir. C'estoit vne necessité bien dure, que le Chef d'vne armée nauale, dont l'authorité doit estre si absoluë, n'eust pas le credit de disposer des choses appartenantes au vaisseau sur lequel il combattoit. Toutes ces difficultez qui sembloient estre autant de mauuais presages, n'ébranlerent point la resolution du Duc. Il fit faire le signe qu'on a accoustumé de pratiquer lors que l'Ad-

miral court fortune; qui eſt de monſtrer des eſpées nuës à ceux qui ne peuuent entendre les
autres aduertiſſemens. Mais en vain les fit-on
luire ſur ſon vaiſſeau : Ceux qui par les loix de
la mer eſtoient obligez d'aller incontinent à ſon
ſecours, ne s'émeurent point pour cela. L'admiral Houſtain en blaſma fort ſes Capitaines
apres le Combat ; & parce qu'ils s'excuſoient,
que le vent n'auoit pas ſecondé leurs deſirs, il
leur repliqua; Que pour teſmoigner qu'ils e-
ſtoient gens de bien, ils deuoient mettre toutes les voiles ; & ſe décharger par ce moyen
des iuſtes reproches qu'il eſtoit contraint de leur
faire.

Le Duc de Mont-morency diſpoſa ſon auant-
garde preſque au meſme ordre qu'elle eſtoit le
iour precedent, & le vent qui s'eſtoit rangé
de ſon coſté, luy donnant le meſme auantage,
il attaqua ſi furieuſement les ennemis, qu'apres
deux heures de combat il força le ſaint Michel
d'échoüer ſur vn banc prés de ſaint Martin ; la
Vierge penſant le ſecourir tourna ſur l'autre
bord : mais de quelque adreſſe que le Pilote ſe
ſeruiſt, il ne pût empeſcher qu'elle ne touchaſt.
Ces deux Nauires de huit cens tonneaux chacun, eſtoient capables de paſſer ſur le ventre à
tous les noſtres ; neantmoins, quoy qu'ils euſſent des bruſleaux qui marchoient deuant, ils

n'oferent pourfuiure leur route lors qu'ils virent
la refolution auec laquelle noftre Admiral alloit
à eux. Le iugement leur manqua , & leurs efcueils mefme dont ils cognoiffoient fi bien les
deftours, furent la caufe de leur perte. Il n'y
eut que deux vaiffeaux qui firent quelque femblant de les dégager; le refte fe mit en fuite coftoyant l'Ifle, & croyant furprendre en leur retraite ceux qui auoient efté enuoyez à Chef-debois le iour auparauant : mais le Duc preuint
leur deffein , & laiffant le Marquis de Breffieux
auec dix vaiffeaux pour canoner, la Vierge fe mit
à pourfuiure les fuyards. Ceux que nous auions
en garde aupres de la Rochelle , ayant reconu
les fignes qui leur auoient efté faits , fe mirent
à la voile, & l'on enferma par ce moyen la plus
part des forts Nauires des ennemis , qui eftant
preffez de toutes parts s'échoüerent à la cofte
de Ré , & vindrent la nuit mefme en noftre
pouuoir. Le lendemain dix-feptiefme , on vit
le faint Michel & la Vierge à vne portée de
moufquet l'vn de l'autre : celle-cy particulierement auoit efté fort mal traitée du canon. Le
Comte de Bouteuille eftant fur le vaiffeau du
Cheualier de faint Iulien aborda le S. Michel, &
par fa prudence, autant que par fon courage,
obligea ceux qui eftoient dedans à rendre la
vie fauue. Le Comte de Vauuert attaqua la

Vierge auec vn fuccés bien different , quoy
qu'il y employaſt toute la conduite qui ſe pouuoit obſeruer en cette rencontre. Il auoit en-
uoy.é deux chalouppes du coſté de la terre , afin
d'oſter toute eſperance de retraite aux Rebelles , & pour les obliger à ſe rendre ; le Cheualier de Ville-neuue qui l'aborda le premier, Veil-
lon & Iuſſay, qui l'inueſtirent de l'autre bord,
leur voulurent donner la vie. Ces deſeſperez
faiſant ſemblant de l'accepter mirent le feu aux
poudres , & par vne brutalité familiere aux Anglois , & fort extraordinaire parmy nous , attirerent dans leur ruine la plus part de ceux qui
les auoient abordez. Les quatre Nauires furent
bruſlez auec la Vierge , pluſieurs volontaires,
Officiers & ſoldats y moururent : mais toutes
ces pertes ne ſont pas conſiderables au prix de
celle du Comte de Vauuert , dont l'adreſſe , ny
la valeur ne peurent empeſcher la mauuaiſe de-
ſtinée. Le feu s'eſtant mis aux poudres de ſon
vaiſſeau , il fut enleué comme les autres , &
tomba ſi mal-heureuſement , que ſa cheute fut
iugée auſſi mortelle que ſa bruſlure. Vn Pilote
l'ayant reconnu, le mit dans vne chalouppe qui
ſe trouua là par hazard , & luy ſauua ce peu de
vie qui luy reſtoit pour penſer , comme il fit,
fort Chreſtiennement au ſalut de ſon ame.

　Le Duc de Mont-morency le fit porter dans

fon vaiſſeau , & fut ſi affligé de le voir en cét
eſtat, qu'il paroiſſoit bien qu'il ne regrettoit
pas ſeulement vn nepueu, mais encor vn parfait amy : Il mourut enuiron la mi-nuit, auec
vn regret general de toute l'Armée. C'eſtoit
vn ieune Seigneur qui donnoit de grandes eſperances de ſoy , adroit, courtois, liberal, vaillant, doüé d'vn fort bel eſprit , & de toutes les qualitez neceſſaires pour faire vn grand
homme.

Cependant les Ennemis barricadez à ſaint
Martin auoient eſté tellement eſpouuantez de la
deffaite de leur Armée nauale, que dés la pointe du iour ils enuoyerent demander compoſition. Parc d'Archiac qui commandoit dans le
Fort, en fit de meſme , & la Foreſt de Toyras en ſortit pour aller faire la paix de ceux qui
l'auoient retenu priſonnier pendant quelques
mois ; il mena les Deputez du Bourg & du
Fort ſaint Martin , aux Lieutenans Generaux,
& par leur Ordre les alla preſenter au Duc de
Mont-morency, qui leur accorda cette Capitulation.

NOVS HENRY DE MONT-
morency, Pair & grand Admiral de
France, Gouuerneur & Lieutenant

General pour le Roy en Languedoc : Auons accordé & accordons
aux gens de guerre, Habitans de la
Rochelle & de l'Ifle de Ré, & autres
lieux, tant par l'interceſſion de Monfieur l'Admiral Houſtain, que par
l'aduis de Meſſieurs les Lieutenans
Generaux, & de Monfieur de Toyras Marefchal de Camp des Armées
de fa Maiefté.

PREMIEREMENT,

*V'IL ſera accordé pendant le
Traitté, ceſſation d'armes, tant
d'vne part que d'autre, & demeurant les gens de guerre ; ſçauoir, ceux
des Armées du Roy, commandées tant
par Nous que par Meſſieurs les Lieutenans generaux ; les noſtres dans nos
vaiſſeaux, & ceux qui ſont à terre, au
moulin du Prieur, appellé le Martray :
& ceux de l'Armée de Monſieur de*

Soubize, au Bourg & Parroisse de saint Martin.

II. *Que la vie & la liberté de tous ceux de l'armée de Monsieur de Soubize, & ses adherans, estant à present en l'Isle de Ré, pour quelque cause & occasion que ce soit, de quelque lieu, qualité, condition, & profession qu'ils soient, leur sera accordée; & pouuoir de se retirer en toute seureté, où bon leur semblera, excepté en l'Isle d'Oleron; faisant au prealable serment deuant Dieu, & entre nos mains, de ne porter de six mois les armes contre le seruice du Roy, sur peine de la vie: & pourront emmener leurs cheuaux, armes, bagage & equipage, pour les Capitaines, Lieutenans, Enseignes, & Noblesse volontaire seulement; & pour les Soldats, auec leurs espées, sans nulles autres armes.*

III. *Que tout ce qui se treuuera de l'equi-*

page & train de Monsieur de Soubize
sera compris au present Traitté , pour
estre deliuré à celuy qui commande les
gens de guerre.

IV.　Et pour ce qu'ils demandent concer-
nant la liberté de leur conscience , les E-
dicts du Roy y ont suffisamment pouruû , lesquels il entend estre maintenus à
ses Subiets de la Religion pretenduë reformée. Comme aussi la continuation de
leurs Priuileges , souz le bon plaisir de
sa Maiesté , & l'entiere iouïssance de leurs
biens immeubles & heritages.

V.　Sera donné telle quantité de vaisseaux
pour les conduire & transporter , & tout
ce qui leur est accordé , auec l'equipage
des matelots ; & sera deliuré passe-ports
à ceux qui s'en voudront seruir.

VI.　Que les Prisoniers sortiront en payant
rançon , selon leur qualité & condition,

qui sera par nous moderée ; & ioüiront
du benefice du present Traitté.

VII.   Leur sera permis de mettre des viures
dans les bateaux qui leur seront accor-
dez, tant que bon leur semblera, à leurs
despens.

VIII.   N'entrera aucun homme de guerre de
l'armée du Roy, qu'au prealable ils ne
soient tous sortis dudit Bourg saint
Martin.

IX.   Que les Habitans, gens de guerre &
Rochelois, rendront ce qui se trouuera
en nature dans ladite Isle, pris par eux,
tant aux Subiets du Roy, qu'aux alliez
de la Couronne.

X.   Que le present Traitté sera executé
dans Samedy à dix heures, pour ce qui
regarde l'embarquement & escorte donnée pour leur conduitte.

Fait & accordé à nostre Bord, estant dans

la rade de S. Martin ce dix-huictiefme Septembre mil fix cens vingt-cinq.

Il leur eft accordé que dans quinze iours on leur fournira d'vne Declaration de fa Maiefté pour demeurer en toute liberté en leurs maifons.

Il eft pareillement accordé aux Habitans de la ville de la Rochelle de fe retirer dans ladite ville, auec permiffion d'y demeurer, fans pour cela qu'ils puiffent s'exempter du ferment de ne point porter les armes contre fa Maiefté durant ledit temps. Et en confideration de ce ils font tenus de mettre en liberté tous les prifoniers, qui font quant à prefent dans ladite ville de la Rochelle, fans bayer aucune rançon. Fait comme deffus. Signé, MONT-MORENCY.

Apres auoir figné cette Capitulation, & laiffé les ordres neceffaires dans l'Armée, il mit pied à terre à faint Martin ; vifita vne partie de
l'Ifle,

l'ifle, dont il trouua l'affiete fort auantageufe, &
fit defarmer les Ennemis. Le lendemain il les fit
embarquer & paffer à la Rochelle auec tant
d'ordre que iamais Traité ne fut obferué plus religieufement : Ceux à qui il donna la charge de
les conduire, craignoient fi fort de faillir au com-
mañdement qu'ils auoient reçû, que le vent ayāt
emporté le chapeau d'vn foldat dans la mer, ils le
firent promptement reprendre par vne chaloupe;
de forte que les Rochelois qui n'auoiét pas accouftumé d'eftre fi bien traitez par les Generaux qui
leur auoient fait la guerre, refolurent d'enuoyer
des Deputez pour luy faire les remercimens
qu'ils deuoient à fa iuftice & à fa courtoifie. Le
refte du iour, & vne partie de la nuit fe pafferent,
ou à rendre graces à Dieu, ou à fe rfioüir de cette double victoire. Les gens d'Eglife furent re-
ftablis, & la Proceffion Generale fe fit auec vn
extréme contentement de tous les Habitans Catholiques. Le foir apres qu'on eut chanté le *Te
Deum*, le feu que l'on alluma deuant les Capucins, & les canons de l'ifle & de l'Armée qui tirerent en mefme temps firent efclatter par tout
la ioye publique. Mais elle fe faifoit encore mieux
connoiftre dans les voix & dans les acclamations du peuple, qui parmy les autres loüanges
qu'il donnoit à l'Admiral, l'appelloit hautement
le *Reftaurateur de la France*. Cela fait il fe remit

à la voile auec toute la flotte, & prit la route d'O-
leron d'où le sieur de Soubize estoit party pour
aller à la coste d'Angleterre auec neuf ou dix vaisseaux qui eschaperent du combat naual: La plage qui est fort platte, en rendoit l'abord si incommode, qu'on ne pouuoit sans beaucoup de peine
& de danger mettre en terre le canon, & les autres preparatifs d'vn siege. Il faut certes attribuer
à vn particulier bon-heur, la foible resistance des
Ennemis; & la facilité qu'il y eut à les faire rendre ; car quand mesme ils eussent esté priuez de
toute esperance de secours; leur Fort estoit en tel
estat qu'ils pouuoient amuser nostre Armée plus
de quinze iours, & obtenir apres cela vne composition honorable: Celle qu'ils eurent leur fut
gardée de mesme qu'à ceux de saint Martin; l'Admiral voulant luy mesme accompagner les gens
de guerre iusques à l'embarquement, de peur que
ceux à qui il en remettroit la conduitte, n'eussent
pas assez d'authorité pour empescher que nos
soldats ne leur fissent du déplaisir.

Le Roy apres auoir reçeu auec grande satisfaction la nouuelle de la victoire nauale, & de la
prise de Ré, apprehendoit fort pour cette derniere action, & auoit escrit au Mareschal de Praslin, qui estoit deuant la Rochelle, de tirer du fort
Louys, ce qui seroit au dessus de mil hommes,
& de prendre de son Armée, les Regimens ne-

ceſſaires pour le ſiege d'Oleron : de ſorte qu'il a-
prit la reduction de cette Iſle, au moment preſque qu'il enuoyoit ſes ordres pour en commencer l'attaque ; & cette ſurpriſe luy fut ſi agreable,
que pendant quelques iours il ne fit que parler
du courage & de la bonne fortune du Duc de
Mont-morency. Toute la Court qui l'auoit re-
gardé comme vn homme qui s'alloit perdre, le
conſideroit apres ſa victoire auec des ſentimens
bien contraires, & les enuieux de ſa vertu a-
uoient autant de peine à diſſimuler leur eſtonnement, & leur ialouſie, que ſes amis à exprimer leur ioye, & leur admiration. L'heureux
ſuccés de ſes conqueſtes partagea non ſeulement
la France, mais toute l'Europe en affections differentes. Ceux qui auoient intereſt à la conſeruation de la Rochelle, s'affligerent de la perte de
ces Iſles, d'où elle tiroit pour la plus part ſa force
& ſa nourriture : Au contraire ceux qui deſiroiét
ſa ruine ſe reſioüirent d'en voir de ſi grands commencemens, iugeant bien qu'elle demeureroit
touſiours aſſiegée par des Forts, qu'aucun Traité ne feroit démolir. En effet elle perdit auec le
Combat naual vne partie de ſa liberté ; & la paix
dont elle fut obligée d'accepter les conditions,
luy laiſſa des chaines qu'elle n'a iamais pû rompre, non pas meſmes auec le ſecours de toutes
les forces d'Angleterre.

Apres que noſtre Admiral ſe fut aſſeuré de l'iſle d'Oleron, qu'il eut mis garniſon dans le Fort; donné ordre qu'on acheuaſt les endroits l s moins fortifiez, & generalement pouruû à tout ce qui eſtoit neceſſaire au long de la coſte; il ſe remit à la voile, & alla moüiller l'ancre à la rade ſaint Martin. Ceux de la Rochelle luy enuoyerent des Deputez ſouz le ſauf-conduit qu'il leur accorda pour le remercier du fauorable traittement que leurs ſoldats auoient reçeu, & pour le coniurer de s'employer auec autant d'affection au reſtabl.ſ-ſement de la Paix, comme dans la guerre il leur auoit fait paroiſtre ſa generoſité. C'eſtoient les termes de leur Lettre, de laquelle ie n'ay pas voulu charger mon Hiſtoire, non plus que de pluſieurs autres pieces inutiles que la plus part des Eſcriuains de ce temps là ont recueillies auec ſoin pendant que leur malice, ou leur negligence a laiſſé perdre des choſes beaucoup plus remarquables. Les Deputez s'en retournerent fort conter s de la reſponce qu'il leur fit, & à ſa recommandation les Rochelois mirent en liberté Picolomini, qu'ils retenoient priſonier depuis quelque temps. Il fut bien aiſe d'obliger vn homme de cette condition, dont le Cardinal Barberin faiſoit vne eſtime particuliere; & donnant huit cens eſcus aux ſoldats qui l'auoient pris, il les renuoya auſ-

ſi ſatisfaits de ſa liberalité, que Picolomini l'e-
ſtoit de ſa courtoiſie.

Auant que de receuoir l'ordre que le Roy
vouloit eſtablir dans les iſles qu'il venoit de con-
querir, ſes amis luy conſeilloient de demander
le Gouuernement de celle de Ré, qui ſembloit eſtre deû à ſa charge auſſi bien qu'à ſes
ſeruices En effet, la rade eſtoit fort commode
pour l'Armée; & l'Admiral n'y pouuoit eſtre a-
uec bien-ſeance, ny auec ſeureté, ſans auoir le
commandement de la terre : Mais voyant par
la Lettre que le Roy eſcriuit apres le combat naual, qu'il deſiroit que Toyras y demeuraſt auec
les Regimens de Champagne & de la Bergerie;
il creut que ſa Maieſté auoit eſté deſtournée
par ſes ennemis de luy faire cette iuſte gratifi-
cation, & ſouffrit ſans murmurer que celuy-là
meſme à qui il auoit laiſſé tous les autres ad-
uantages de ſa victoire, en recueilliſt encore ce
dernier fruit. Le preſent qu'il luy auoit fait,
des ſels & des autres prouiſions qui ſe trouuerent dans l'iſle n'eſtoit pas ſi peu conſiderable,
qu'il ne valuſt plus de quatre cens mille liures;
& il n'y eut perſonne de ceux qui eſtoient de ſon
Conſeil, qui ne deſapprouuaſt cette generoſité.
Toutefois il ne voulut point qu'aucune tache
d'intereſt, ou d'vtilité particuliere ſoüillaſt la

pureté de son action, qu'il eust crû moins glorieuse si elle luy eust esté profitable.

Il demeura quelques iours dans l'Isle de Ré,
pour y reconnoistre les endroits les plus auantageux ; ordonner les fortifications necessaires, &
satisfaire aux autres commandemens qu'il auoit
reçeus du Roy. Apres qu'il eut asseuré la con-
queste qu il venoit de faire, il pensa aux moyens
d'affoiblir & d'incommoder ceux qu'on ne pouuoit vaincre entierement. Pour cét effet il fit tenir des vaisseaux en garde à Chef-debois, &
des galiotes auec des chaloupes armées au vieux
port de la Rochelle, afin que rien ne peust sortir, ny entrer dans la ville. Cependant il esperoit de la presser bien dauantage ; & s'il eust
esté crû l'on auroit espargné trois années de trauail, & plusieurs milions de despence. Car a-
pres auoir fait reconnoistre le Port neuf de la
Rochelle, il donna à la Court, l'aduis, & les
moyens de le combler, & par cette extréme incommodité reduire les Ennemis à vne pleine &
entiere obeissance. Sa proposition fut reçeuë
dans le Conseil du Roy, qui sur la fin du mois
de Ianuier y enuoya Regnier Gens l'Ingenieur,
celuy mesme qui auoit fait construire la Digue
de Calais. Il fut conduit par Sodeilles Capitaine des Gardes du Duc, & renuoyé apres auoir
reconnu la possibilité & l'importance du dessein:

mais la paix qui se traitoit en retarda l'execution, dont la gloire estoit reseruée à la Personne du Roy.

Le lendemain du combat naual, outre la Vierge, & quelques autres Nauires qui furent brûlez ou coulez à fonds, il en fut pris neuf des meilleurs & des plus forts, que les Rebelles eussent dans leur flotte L'Admiral les fit distribuer aux Cheualiers de Malte qui estoient aupres de luy, selon que le Roy en auoit voulu disposer, auec l'argent que sa Maiesté auoit accordé à chaque Capitaine pour les mettre en estat de seruir. Ce renfort estoit necessaire à l'Armée affoiblie par le départ de ceux qui estoient allez apres le sieur de Soubize : Car il faut sçauoir que sur la nouuelle que l'on eut à la Court, qu'il s'estoit retiré auec dix-sept Nauires à l'Isle d'Vvic, d'où il incommodoit les Marchands qui passoient à la manche d'Angleterre ; Manty auoit esté commandé de partir auec neuf vaisseaux Holandois, & trois autres. L'ordre du Roy portoit d'attaquer les Ennemis si on les rencontroit en pleine mer, & d'aller moüiller à la portée de leur canon, s'ils s'estoient arrestez en quelque rade d'Angleterre. Cependant le Baron de Blainuille Ambassadeur extraordinaire, estoit chargé de prier le Roy de la grande Bre-

tagne de ne fauorifer point leur retraite dans fes
ports , & de trouuer bon que les vaiffeaux du
Roy fon Maiftre les attaquaffent où ils les ren-
contreroient. Ce voyage au lieu de produire
l'effect qu'on s'eftoit promis à la Court, fut caufe de la retraite du Vice-Admiral Cras , qui
fur le premier commandement qu'il reçeut des
Eftats, ramena fes vaiffeaux en Holande.

Le Duc ayant de cette forte fuiuy ponctuel-
lement tous les ordres qui luy auoient efté enuoyez, & ne pouuant plus remedier aux incommoditez qui s'augmentoient tous les iours dans
l'Armée ; creut que fa prefence y eftoit moins
neceffaire qu'à la Court. Il efperoit d'y agir plus
puiffamment enuers les Miniftres , que ne faifoient ceux qui y eftoient de fa part , & de reprefenter à fa Maiefté des chofes qui vray-fem-
blablement ne paruenoient point à fa connoiffance. Il rencontra le Roy à S. Germain, qui a-
pres l'auoir affez bien reçeu luy fit connoiftre
qu'il le iugeoit plus vtile pour fon feruice dans
l'Armée qu'aupres de fa Perfonne. Le Chancelier luy tint prefque les mefmes difcours, ce qui
le toucha tres-fenfiblement, & luy fit dire; Qu'il
„ eftoit bien fafcheux apres auoir feruy auec la fi-
„ delité & le fuccés que tout le monde auoit vû;
„ d'eftre en peine de iuftifier vn voyage , que la
necef-

neceſſité des affaires du Roy luy auoit fait entre- «
prendre, & qui outre les raiſons, que perſonne «
n'ignoroit, auoit de certains motifs qui ne ſe pou- «
uoient expliquer que par luy meſme : que bien «
qu'il viſt les choſes aſſez mal diſpoſées à ſon deſ- «
ſein, il ne laiſſeroit pas de luy propoſer comme «
au principal Miniſtre: Et apres luy auoir com- «
muniqué les auis certains qu'il auoit de la neceſ- «
ſité de viures où les Rochelois eſtoient reduits, «
& l'ordre qu'il auoit eſtably pour empeſcher qu'il «
ne leur en vinſt du coſté de la mer ; Il adiouſta, «
que ſi on luy donnoit le commandement de l'Ar- «
mée de terre par où ſeulement ils en pouuoient «
receuoir ; il croyoit que l'on viendroit bien toſt «
à bout de leur obſtination, & qu'il s'obligeoit de «
faire les auances neceſſaires à vne ſi haute entre- «
priſe: laquelle ne reüſſiſſant pas ; le preiudice que «
ſon bien & ſon honneur en receuroient, ſeroit «
la punition de ſa temerité ; & ſi le ſuccés en e- «
ſtoit tel que toutes ſortes de raiſons luy faiſoient «
eſperer, il ne demandoit point d'autre recom- «
pence que celle qu'il s'eſtoit touſiours miſe de- «
uant les yeux, à ſçauoir la gloire d'auoir bien ſer- «
uy le Roy.   «

La hardieſſe de ce langage fut admirée : mais
la paix qui ſe traitoit touſiours, ou peut-eſtre
quelques autres raiſons, empeſcherent que l'on
n'acceptaſt des offres ſi genereuſes. Il ne fut donc

P

que fort peu de iours à ce voyage, qu'il auoit fait
en poſte auec vne extréme diligence. La nuit a-
uant ſon départ il eut vn grand vomiſſement,
accompagné de douleur de teſte, & d'autres accidens qui faiſoient craindre que dans les feſtins
où il auoit eſté inuité, les ennemis de ſa vertu
n'euſſent eu quelque mauuaiſe intention. Il voulut neantmoins ſe mettre en chemin auec la fiévre; qui s'augmentant par l'agitation du caroſſe,
l'obligea de s'arreſter quatre iours à Bourges. On
le ſaigna deux fois pendant le peu de ſejour qu'il
y fit; mais cela ne l'empeſcha pas de cótinuer ſon
voyage, & de ſe rendre à l'Armée au commencement de l'année 1626. Il y trouua l'Admiral Houſtain, reſolu de ſe retirer, comme il l'auoit deſia
fait ſçauoir au Roy par ſes Lettres ; les Eſtats l'a-
yant rappellé pour s'oppoſer aux courſes que les
Dunkerquois faiſoient tous les iours ſur eux. Les
raiſons qu'il luy allegua; l'adreſſe dont il ſe ſeruit,
auec le pouuoir que la douceur de ſa conuerſatió
luy auoit acquis depuis long temps, le diſpoſe-
rent en fin à demeurer ; ſur l'eſperance qu'il luy
donna, que l'on feroìt reuoquer le commandement qu'il auoit reçeu. Le Duc l'auoit obligé en
toutes les occaſions qui s'eſtoient preſentées ; &
le Roy à ſa recommandation luy auoit donné
l'ordre de Cheualier de S. Michel, qu'il auoit té-
moigné de deſirer auec paſſion. Il auoit meſme

obtenu pour luy vn breuet de fa Maiefté d'vne
penfion de quatre mille liures qu'il ne voulut pas
accepter fans la permiffion de fes Maiftres, & a-
uoit apporté de Paris de riches prefens pour luy
& pour fa femme. Tous ces tefmoignages d'amitié & de franchife augmentant l'opinion que
l'Admiral auoit de fa bonté naturelle, luy arrache-
rent ces difcours vn iour qu'ils s'entretenoient de
leurs auãtures. I'auouë, Monfieur, qu'il faut eftre «
bien méchant pour vous haïr; neantmoins il eft «
vray que voftre vertu a des ennemis auffi bien «
que des admirateurs. I'en ay vû qui n'ont demeu- «
ré dans nos vaiffeaux, que pour me diffuader de «
combattre; & la focieté qu'ils faifoient auec mes «
Capitaines, au lieu de vous les acquerir, comme «
voftre generofité le croyoit, ne tendoit qu'à les «
débaucher de voftre feruice; c'eft de là que pro- «
cedoit particulierement la mauuaife volonté de «
l'Admiral Vrb, & la froideur de ceux que vos «
foins & vos liberalitez auoient tant de peine à ef- «
chauffer. Vôtre vertu me force par ie ne fçay quel «
mouuement de vous dire ce fecret que i'auois re- «
folu de taire, afin d'éuiter les mal-heurs qui en «
pouuoient arriuer. Soyez, ie vous prie, plus e- «
xact au choix de vos amis, & admirez le bon- «
heur qui vous accompagne, fans vous foucier de «
connoiftre plus particulierement les enuieux de «
voftre gloire. Le Duc s'eftonna de ce langage, «

ne pouuant foubçonner en autruy les vices dont
il n'eſtoit point capable ; & apres auoir obtenu
par les charmes de ſa douceur, à laquelle rien
ne pouuoit reſiſter, qu'il luy diſt le nom de ceux
qui auoient voulu retarder ſa victoire, il en gagna vne ſeconde ſur ſoy meſme par le meſpris
qu'il fit de cette iniure, & par le pouuoir qu'il
eut de n'en teſmoigner aucun reſſentiment. S'e-
ſtant aſſeuré de la bonne volonté de l'Admiral
Houſtain, il pourueut aux viures de l'Armée
pour le mois de Ianuier, comme il auoit fait
pour les precedents. Le Roy luy permettoit
de ſe rembourcer ſur la montre des Capitaines; ce que ne pouuant faire ſans les ietter dans
des plaintes & dans des incommoditez capables de retarder le ſeruice de ſa Maieſté, il aima
mieux en receuoir tout le dommage, & que les
choſes demeuraſſent en eſtat d'attendre le ſecours qu'on luy auoit promis. Outre la neceſſité d'argent il n'y auoit point de poudre, que celle qu'il faiſoit achepter, dont il fit les plaintes
au Roy, voyant qu'on auoit negligé d'enuoyer
celle qui auoit eſté ordonnée dés le voyage qu'il
auoit fait à la Court. Il demeura encore quelques iours à l'Armée, pendant leſquels ſon indiſpoſition s'augmentant par le trauail des affaires, & par la mauuaiſe qualité de l'air, les Medecins iugerent que le changement en eſtoit

neceſſaire pour ſa gueriſon : mais il s'y diſpoſa
bien moins par leur ordonnance, que par l'auis
de l'Admiral Houſtain, à qui ſon eſloignement
donnoit les moyens de prolonger le temps qu'il
auoit promis, pour attendre des nouuelles des
Eſtats ; car le Roy n'ayant enuoyé que depuis
peu de iours Botru en Holande, pour empeſcher qu'ils ne le rappellaſſent, il eſtoit vray-ſem-
blable, que le premier ordre qu'il receuroit ſeroit conforme aux precedans, qui luy ordon-
noient de partir Ils auoient donc concerté enſemble que le Duc s'éloigneroit, afin que l'Admiral ayant la charge de toute l'Armée, fuſt engagé par ſon honneur & par ſa promeſſe de ne
point quitter iuſques à ce que l'on y euſt pourueu ; & qu'ainſi ſans crainte de reproche, il
peuſt differer l'effet de l'obeïſſance qu'il deuoit à
ſes Superieurs. Les choſes ainſi reſoluës, il en
donna l'aduis au Roy, & partit pour ſe retirer à
Fontenay, auec cette ſatisfaction de voir, que non
ſeulement ſa ſanté, mais ſes maladies meſmes
eſtoient en quelque façon vtiles aux affaires du
Royaume. Sur ſon chemin il reçeut vn Bref du
Pape, par lequel ſa Saincteté ſe réjoüiſſoit de
l'heureux ſuccés de ſes Armes. En voicy les termes exprés.

VRBANVS VIII. P. M.

Dilecto filio nobili viro Duci Montmo-
rancio, Salutem & Apostoli-
cam benedictionem.

Ceani fluctus naufragio & fuga
perduellium Hæreticorum trium-
phantes, loquuntur hoc tempore
gloriam nobilitatis tuæ, ipsis vocibus a-
quarum multarum : colluuiem perdito-
rum militum, Gallico Regno cædem mi-
nitantium, in pelagi indignantis abyf-
fum propulisti ; & maritimas Hærefis
fœrocientis arces exterres, domitor fcele-
rum, nec minus Cœli vindex, quam Re-
gni. Cantemus Domino, gloriofe enim
magnificatus eft tui victoria Nobilitatis tuæ. Claffem & afcenforem eius pro-
fligauit in mari : viderunt te aquæ, Deus
viderunt te aquæ Rocellenfes, in brac-
chio Montmorancij Ducis tonantem :

impietas vero, quæ Pontificum fulmina, & cœli minas contemnit, didicit scopulorum latibula, & fluctuum vortices, esse infirma munimenta, contra ea tela, quæ in sacrilegos desertores fortitudinis tuæ vis, & Christianissimi Regis potentia contorquet. Illuxerunt in hoc certamine, dilecte fili, corruscationes tuæ, orbi terrarum, & nomini tuo consiliantes plausum Christianitatis, tibi immortalitatem famæ, & historiarum encomia pollicentur. Non erat autem minori laudum accessione augendum patrimonium gloriæ, cuius hæreditatem adiisti; in ea familia, quæ in Galliæ regno dicitur priscis temporibus exemplum veræ fidei amplectandæ cæteris præbuisse; atque ita solet de ea nobilitate gloriari, per quam mortales in terra fiunt filij Dei, & cohæredes Christi: Nos autem qui hæreticorum clades existimamus esse victorias Ecclesiæ; non solum Christianissimo Regi, sed

*nobis etiam ipsis tam optati triomphi fœ-
licitatem gratulamur. Te vero cuius
dexteram Bellator omnipotens esse hoc
tempore voluit proditionis, ac impietatis
flagellum: Apostolicæ vocis laudatione vo-
luimus decorare. Perge nobilis Vir, &
quantum mouere Consilio, & eniti authoritate poteris, da operam, ne Regiam
animam à tam pio bello conficiendo eo-
rum consilia auocent, qui insanias falsas
& cupiditatum ludibria saluti Regno-
rum & Ecclesiæ votis anteferunt. A nobis vero ea solatia semper expecta, quæ
(vel nobilitate tua tacente) ab Apostoli-
ca authoritate, petit tanti triumphi de-
cus. Iam vero non parum ad volunta-
tem nostram demerandam valuerunt ea
officia quibus dilectus filius Ascanius
Picolominæus se vitam & libertatem de-
bere profitetur: Non solum enim eius
viri liberatione obstrinxisti tibi Cardina-
lem Barberinum cui illum Charissimum*

esse

*esse scis, sed nos etiam mirificè consolatus
es, qui eum generis claritudine, & meritorum suffragatione commendatum,
nimis ægre ferebamus, contra ius fasque,
Hæretico carcere detineri, ac Nobilitati
tuæ quæ nobis solatium hoc optatum
procurauit Apostolicam benedictionem
impartimur, & patrocinium nostrum
permanenter pollicemur. Datum Romæ
apud sanctum Petrum sub Annulo Piscatoris, die XXX. Decembris M.DC.
XXV. Pontificatus nostri, Anno tertio.*

En voicy la Verfion.

VRBAIN VIII. S. P.

A NOSTRE CHER ET BIEN
aimé fils le Duc Mont-morency,

Salut.

Es vagues mefmes de l'Ocean triomphantes du naufrage, & de la fuite des Heretiques Rebelles, publient hautement voftre gloi-

re ; Vous auez pouffé dans leurs abyfmes cét
amas d'hommes perdus , qui menaçoient la
France d'vne entiere defolation , & auez mis la
terreur & la confufion dans les fuperbes forte-
reffes de la mer , où l'Herefie s'eft il y a long
temps cantonnée : C'eft ainfi que vous attirez
fur vous les benedictions du Ciel & de l'Eftat,
par la vangeance que vous prenez de leurs com-
muns ennemis. Donnons, mon fils , des loüanges
immortelles à Dieu pour la glorieufe victoire
que vous auez obtenuë , & reconnoiffons que la
déroute de tant d'hommes & de vaiffeaux eft vn
œuure de fa main , auffi bien que de voftre valeur. Il eft vray, grand Dieu , que les eaux de
la Rochelle vous ont vû combattre par le bras
de ce vaillant Heros de Mont-morency, & que
l'impieté qui fe moque de vos menaffes en mé-
prifant les foudres de l'Eglife , a connu combien foible eft la deffence qu'elle peut oppofer
à voftre courroux : Ses efcueils ny fes gouffres
n'ont pû garantir les facrileges & les deferteurs
des traits que voftre iuftice & la puiffance du
Roy tres-Chreftien leur ont lancez. Et pour
vous, mon tres-cher & bien-aimé Fils , vous
auez également donné de l'amour & de l'admiration à toute la Chreftienté ; l'Hiftoire ne vous
déniera pas la recommandation eternelle qu'elle
doit à voftre vertu. Et certes il ne falloit pas vne

moindre acquifition de loüange pour rehauffer l'efclat de cette illuftre Maifon dont vous eftes forty. C'eft elle qui la premiere monftra par fon exemple à ceux de voftre Nation, comme il faloit embraffer la vraye Foy ; & qui parmy les anciens titres de fa Nobleffe n'en reconnoift point encore auiourd'huy de plus illuftre que celuy par lequel les hommes font faits enfans de Dieu, & coheritiers de Chrift. Quant à nous qui croyons que les deffaites des Heretiques font des fuiets de triomphe pour l'Eglife, nous ne felicitons pas feulement le Roy tres-Chreftien, mais auffi nous mefme, d'vne victoire fi defirée. Et puifque le Dieu des Armées s'eft feruy de voftre bras pour chaftier la trahifon & l'impieté, Nous auons voulu vous honorer de cét Eloge Apoftolique. Continuez, grand Duc, & empefchez autant qu'il vous fera poffible que l'efprit du Roy ne foit point diuerty d'vne guerre fi fainte, par le mauuais confeil de ceux qui preferent leurs folles vanitez au bien de l'Eftat, & aux vœux de l'Eglife ; Pour cét effect vous deuez attendre de nous toute l'affiftance que la gloire de voftre action nous demande affez d'ailleurs d'elle mefme. Les bons offices que vous auez rendus à noftre bien-aimé fils le fieur Picolomini, & aufquels il confeffe deuoir fa liberté & fa vie, n'ont guere moins contribué que vo-

ſtre victoire, à vous acquerir noſtre bien-veil-
lance ; par ce moyen vous auez non ſeulement
obligé le Cardinal Barberin, qui eſt ſon bon A-
my, mais encore vous nous auez fort conſolez,
nous qui ſouffrions auec vn extréme regret,
qu'vn homme ſi conſiderable pour ſon extra-
ction, & pour ſon merite, fuſt retenu priſonnier par les Heretiques contre toute ſorte de
droit & de raiſon. Ce contentement que vous
nous auez procuré, merite bien que nous vous
donnions noſtre benediction Apoſtolique, &
que nous vous promettions à iamais noſtre protection & aſſiſtance. Fait à Rome ſous l'anneau
du Peſcheur le trentieſme Decembre mil ſix
cens vingt-cinq.

Ces nouuelles de Rome furent ſuiuies d'vne
dépeſche, que la Roche Dagou ſon Eſcuyer
luy porta le iour meſme, par laquelle le Roy
luy recommandoit de ne s'éloigner point de la
flotte. Ce commandement l'obligea de s'arreſter
à Luſſon, d'où il pouuoit eſtre dans trois heures à l'Armée, ayant ordonné des ſignaux le
long de la coſte iuſques à l'Aiguillon, afin d'e-
ſtre plus promptement aduerty de tout ce qui
paroiſtroit ſur la mer. Il fit partir bien toſt apres
Myrman Intendant de ſa Maiſon, pour repreſenter au Roy les neceſſitez extrémes où l'Armée naualle eſtoit reduitte, & le danger où

ſes Miniſtres iettoient l'honneur de ſes Armes, «
par l'aueugle confiance qu'ils prenoient ſur ſon «
credit, en l'obligeant de faire continuellement «
les auances de toutes ſortes de frais; Que c'eſtoit «
bien aſſez d'auoir pouruû depuis deux mois aux «
munitions de guerre & de bouche, ſans le preſ- «
ſer de ſuruenir aux choſes extraordinaires, com- «
me d'armer les pataches & les galiottes qu'on «
luy demandoit; Qu'il falloit luy donner le temps «
de vendre vne Terre, tant pour remedier aux «
deffauts qui eſtoient dans l'Armée, que pour «
reparer les deſordres que ſes ſoins & ſes ſerui- «
ces auoient apportez à ſes affaires particulieres. «
Que bien loin de cela, il n'auoit pas meſme le «
loiſir de ſonger à ſa ſanté, qui empiroit tous «
les iours par le mauuais air de la marine; Que «
cette raiſon pourtant ne l'auoit pas eſloigné de «
la flotte, mais qu'il auoit concerté ce petit «
voyage auec l'Admiral Houſtain, comme il l'a- «
uoit fait ſçauoir par ſes precedantes dépeſches; «
Et en fin, que la nouuelle du départ du ſieur «
de Soubize ſe trouuoit fauſſe par l'aduis cer- «
tain qu'il auoit reçeu d'vn homme enuoyé ex- «
prés en Angleterre. Auec ces inſtructions, & «
d'autres ſecrets qu'il ne pouuoit confier à vne
perſonne dont la fidelité & l'experience luy
fuſſent mieux conuës. Il enuoya Myrman à la
Court, où il trauailla long temps auec beau-

coup plus d'affection que d'vtilité pour le seruice de son Maistre.

Quelques iours apres son départ , le Duc
reçeut vne autre lettre du Roy, qui l'asseuroit
que le sieur de Soubize s'estoit mis à la voile,
& luy donnoit ordre de se retirer à la fosse de
Loye , s'il n'estoit pas assez fort pour luy resister. Ce commandement & cette nouuelle meritoient bien qu'il en donnast aduis aux Capitaines de l'Armée : mais parce que le Courier estoit chargé de s'en retourner en diligence,
il fut contraint d'enuoyer ses sentimens particuliers en cette sorte.

„ Qu'il n'y auoit pas d'apparançe que le sieur
„ de Soubize, battu & affoibly comme il estoit,
„ reuinst attaquer ceux qui l'auoient vaincu, sans
„ estre assisté du Roy d'Angleterre ; Qu'en ce cas
„ il croyoit l'armée plus asseurée & plus vtile à
„ Morbian qu'au lieu où elle estoit ; Que les En-
„ nemis feroient grande consideration de la lais-
„ ser derriere , s'ils venoient auec dessein d'atta-
„ quer l'Isle de Ré, parce que le mesme vent qui
„ les y porteroit , seroit fauorable à ceux qui les
„ voudroient suiure ; Qu'on ne pouuoit mettre les
„ vaisseaux dans la fosse de Loye, comme sa Ma-
„ iesté l'ordonnoit sans deffendre la terre : c'est à
„ dire, sans y mettre les gens de guerre, l'artille-
„ rie, & les munitions necessaires ; & que pour

garder l'Isle dénuée de fortifications, & de l'e- «
stenduë dont elle estoit, il falloit par le iugement «
de tous ceux qui l'auoient reconnuë, six mille «
hommes de pied, cinq cens cheuaux, & vingt «
canons; Que si apres ces iustes raisons sa Ma- «
iesté luy commandoit de demeurer; il la sup- «
plioit tres-humblement de luy enuoyer vn or- «
dre par escrit; protestant qu'il luy seroit tou- «
jours aussi agreable que glorieux de se perdre, «
pourueu qu'vn commandement absolu le dé- «
chargeast de la honte & du dommage que son «
seruice en pouuoit receuoir. «

Les auis de toute l'Armée, qu'il fit recueillir
par le Cheualier de Rouuray se trouuerent conformes à son opinion; il les fit porter au Roy,
signez comme ils estoient de tous les Chefs: &
Messieurs du Conseil s'estonnerent que l'experience n'ust point enseigné de raison à tant de
sages & de vieux Capitaines, qu'ils n'eussent
delia veuë dans la responce de ce ieune Seigneur.
Il donna charge au Cheualier de Mailly, qui
portoit cette depesche, de representer comme
il les voyoit, les necessitez de l'Armée, qui e-
stoit sur le point de s'affoiblir par le départ de
l'Admiral Houstain; Que l'on n'estoit pas assez «
fort pour le retenir contre sa volonté; & que la «
douceur & la persuasion ne seruoient de rien en- «
uers vn homme qui estoit dans l'ordre, & dans «

„ la crainte de l'auoir outrepaſſé aux dernieres oc-
„ caſions ; Qu'il n'eſtoit pas croyable qu'il vouluſt
„ adiouſter la deſobeïſſance à la mauuaiſe ſatisfa-
„ ction qu'on auoit de luy en ſon païs ; Que la
„ difficulté qu'il faiſoit de le venir trouuer depuis
„ quelques iours à l'Aiguillon, comme il luy auoit
„ promis , luy donnoit ſuiet d'apprehender qu'il
„ ne vouluſt plus attendre.

Au meſme inſtant que le Duc luy donnoit
ces Memoires, il luy ſuruint vne Lettre, qu'il
enuoya au Roy , par laquelle l'Admiral luy faiſoit voir les veritables neceſſitez qui le preſſoient,
& qui l'obligerent à partir ſept ou huit iours a-
pres. Le Duc de Mont-morency en fit incoti-
nent porter la nouuelle à la Court, & alla pouruoir à la ſeureté de l'Iſle.

Les choſes cependant s'acheminoient à la paix,
qui fut concluë à Paris le ſixieſme Feurier mil
ſix cens vingt-ſix ; le Duc en eut la nouuelle,
auec ordre de ſa Maieſté, d'accorder la Tréve
aux Rochelois, en attendant l'arriuée de leurs
Deputez. Mais pour éuiter toute ſorte de ſurpriſe, il alla moüiller l'ancre deuant la Rochelle,
& rangea ſon Armée en forme de croiſſant, dont
les pointes ſe renuerſoient du coſté du port. Les
Deputez furent long temps à venir, parce qu'ils
attendoient la reſponce de ceux qui auoient porté les conditions de la Paix generalle, que le Roy
accor-

accordoit aux Rebelles du Languedoc. Dans cét
interualle il ne se passa rien de remarquable. Le
sieur de Soubize dont on faisoit tant de bruit à
la Court demeura paisible en Angleterre; & il
n'y eut autre suiet de crainte, que celuy que l'Admiral donna deux fois à ses seruiteurs. A la premiere, il courut fortune d'estre pris en reuenant
de voir les Nauires de saint Malo qui s'estoient
arrestez par son commandement à vne rade prés
de la Rochelle : Il s'estoit mis dans vne chaloupe pour descendre le plus prés du fort Louis
qu'il seroit possible. Les Ennemis estans sortis
du port à la mesme heure, faillirent à le surpren-
dre ; & sans l'obscurité de la nuit ils se fussent
saisis peut-estre aussi bien de sa personne, comme ils firent de ceux de sa chaloupe, qui ne furent pas assez diligens. Le succés de cette auanture se passa en raillerie , & fut vne agreable
matiere durant le souper que Toyras luy auoit
fait preparer. Quelques iours apres il faillit à se
perdre auec le Mareschal de Themines , qui a-
uoit succedé au Mareschal de Praslin pour
commander l'Armée de terre. Le Duc de Mont-
morency l'auoit traité dans son vaisseau auec les
ceremonies & les somptuositez qui se pratiquent sur la mer. Le canon des deux bords
tira continuellement souz leurs pieds tant que
le repas dura ; tout le reste de la flotte fit les

R

honneurs qui se deuoient à vn homme que l'Admiral vouloit regaler. Il n'y eut en fin ny coustume ny compliment oubliez en semblables ré-
joüissances. Apres le disner le vent se leua, tellement que pour éuiter l'incommodité de la
tourmente, le Duc le fit mettre auec les Capitaines qui l'auoient accompagné, dans vn vaisseau des plus legers, qui neantmoins ne pût
aller plus auant qu'à la portée de deux mousquetades de la terre. Il fut donc question de se
seruir de la chaloupe; les plus hastez y descen-
dirent sans ceremonie. Le Duc de Mont-morency voyant qu'elle estoit desia pleine, & que
le Mareschal differoit de s'y mettre à sa consideration, se ietta dans vn esquif, où il fut bien
estonné de le voir aussi tost que luy, & obsti-
né à n'en point sortir. Le bateau estoit si petit
qu'à peine vn Matelot y pouuoit demeurer auec
eux. Le vent qui par bon-heur chassoit à terre,
diminua l'apprehension de leurs amis, & le peril qui estoit ineuitable si le temps eust changé. En fin les Deputez de la Rochelle se rendirent à son bord pour prester le serment de fidelité entre ses mains, & faire l'acceptation des
Articles suiuans.

ARTICLES DE PAIX
accordez par le Roy aux Habitans de la ville de la Rochelle.

LE Roy defirant donner la paix à fes fub-iets de la ville de la Rochelle de la Re-ligion Pretenduë Reformée, qui la luy demandent auec toutes fortes d'inftances, de fubmiffions & de refpects, la leur accorde aux conditions qui s'enfuiuent.

I. *Que le Confeil & Gouuernement de ladite ville fera remis & reftably és mains de ceux qui font du corps d'icelle, en la forme qu'il eftoit en l'année* 1610.

II. *Qu'ils receuront vn Commiffaire pour y faire executer les chofes qui feront ar-reftées pour l'execution de la Paix, & y demeurer tant qu'il plaira à fa Ma-iefté.*

III. *Qu'ils n'auront aucuns vaiffeaux ar-mez en guerre dans leur ville, & ob-*

ſerueront pour le trafic , les formes eſta-
blies & vſitées au Royaume , ſans déro-
ger , pour ce qui concerne ledit trafic, à
leurs Priuileges.

IV.   Qu'ils reſtituëront tous les biens Eccle-
ſiaſtiques qui ſe trouueront par eux poſ-
ſedez , conformément à l'Edict de l'année 1598. & execution d'iceluy.

V.   Qu'ils laiſſeront ioüir plainement &
librement les Catholiques, de l'exercice
& fonction de la Religion Catholique,
Apoſtolique & Romaine , & des biens
qui leur appartiendront en ladite ville,
& leur reſtituëront ce qui ſe trouuera e-
ſtre en nature , & raſeront le Fort de Ta-
don par eux nouuellement conſtruit.

VI.   Sa Maieſté ne pouuant accorder le
razement du Fort Louis , dont ceux de
ladite ville de la Rochelle font inſtance ,
promet par ſa bonté de faire eſtablir vn

tel ordre dans les garnisons qu'il luy plaira laisser audit Fort : comme aussi dans les Isles de Ré & d'Oleron ; que les Rochelois n'en receuront aucun trouble ny empeschement en la seureté & liberté du commerce qu'ils voudront faire suiuant les loix, Ordonnances & Coustumes du Royaume, non plus qu'en la ioüissance des biens & perceptions des fruits qu'ils ont dans les Isles. Fait & arresté au Louure le cinquiesme iour de Feurier 1626.

Apres la Paix, le Duc de Mont-morency ayant eu la permission de se retirer, prit son chemin droit à Bourges, pour faire baptiser auec Madame la Princesse Doüairiere de Condé, au nom du Roy & de la Reine, Monsieur le Duc Danguien, fils aisné de Monsieur le Prince. Il y fut reçeu auec de grands honneurs, comme representant sa Maiesté qui en estoit le veritable Parrain. La ceremonie du Sacrement se fit le sixiesme de May, apres laquelle il continua son voyage, & fut reçeu à la Court plus fauorablement qu'il n'auoit esté sur la fin de l'année pre-

cedente. Le Cardinal de Richelieu qui eſtoit a-
lors Chef du Conſeil , & qui formoit deſia le
deſſein d'auoir la Sur-Intendance de la Marine,
luy conſeilla , ou pour mieux dire, l'obligea de
remettre entre les mains du Roy la charge
d'Admiral , de laquelle il eut neuf cens mille
liures de recompenſe. Les deniers deuoient
eſtre comptans, pour les employer à l'acquitte-
ment de ſes debtes : mais cette diſpoſition fut
changée au voyage de Bretagne qui ſe fit quinze iours apres , & au lieu de l'argent on luy aſ-
ſigna vne rente conſtituée ſur la Maiſon de Ville de Paris.

Au retour de ce voyage , qui eſt remarquable dans l'Hiſtoire, par les mal-heurs qui arriuerent des perſonnes de grande condition, & par
les dangers que quelques autres y coururent ; le
Duc de Mont-morency partit de la Court pour
aller faire tenir les Eſtats du Languedoc. Il n'a-
uoit iamais reçeu d'honneurs pareils à ceux
qui luy furent rendus à ſon arriuée. Le Parlement de Toulouze luy fit vne deputation celebre , pour luy teſmoigner la ioye que tout
leur Corps reſſentoit de la gloire qu'il auoit ac-
quiſe au combat naual. Toutes les autres Com_
pagnies de la Prouince, luy firent les meſmes
complimens , parmy leſquels il fit aſſembler les
Eſtats à Beziers ; & comme il auoit accouſtumé,

fit en forte que dans toutes les deliberations qui
fe prirent, les volontez du Roy furent pon-
ctuellement fuiuies. Les plus apparens de la
Nobleffe qui s'eftoient rendus auprés de luy
y pafferent l'Hyuer, & les diuertiffemens qui
s'eftoient vn peu efcartez de fa Court depuis
la guerre, y reuinrent auec la mefme douceur qu'auparauant, & ne furent troublez
que par le bruit du dernier combat du Comte de Bouteuille, qui fe fit le douziefme May
à la place Royale. Cette mauuaife nouuelle fut
bien toft apres fuiuie de celle de fa prife, à la
frontiere de la Lorraine, & de fa conduite à la
Baftille. Alors il fut veritablement capable d'v-
ne infirmité qu'il n'auoit iamais euë : il craignit
pour vn homme que la Nature, le merite, & l'affection luy rendoient fi cher, & fi confiderable.
L'apprehenfion du mal-heur qui luy deuoit arriuer le toucha fi viuement qu'il fut fur le point
d'aller fe ietter aux pieds du Roy, pour ioindre fes
tres-humbles fupplications à celles que Madame la Princeffe, auec les autres parens faifoient
tous les iours à fa Maiefté. Il dépefcha deux cou-
riers ; il efcriuit des lettres, & employa des foins
pour conferuer la vie de ce genereux parent, qui
ne fe peuuent mieux comprendre que par l'affliction qu'il eut de fa mort. Mais les mefmes refpects qui luy auoient deffendu de fortir de la

Prouince pour aller satisfaire à son affection, re-
tindrent encore les mouuemens d'vne si iuste
douleur ; & la lettre de consolation que le Roy
luy enuoya par la Saledie , fit vn effet dans son
ame, que l'on ne pouuoit esperer, ny de l'eloquen-
ce, ny de la pieté des Religieux qui l'assisterent.
Mais ie ne sçaurois mieux representer sa parfaite submission aux volontez du Roy, que par les
„ termes de la responce qu'il luy fit ; où apres
„ luy auoir ingenuëment auoüé la douleur qu'il
„ auoit ressentie de la perte de son cousin de Bou-
„ teuille, dont il eust desiré que le sang eust esté
„ respandu plus vtilement pour son seruice, & l'es-
„ perance qu'il auoit euë que le nom de Mont-mo-
„ rency qu'il portoit luy feroit obtenir de sa bonté
„ la Grace que les Loix de l'Estat refusoient à sa fau-
„ te. Il protestoit à sa Maiesté que l'honneur qu'el-
„ le luy auoit fait de prendre soin de son affliction
„ extréme , auoit eu assez de force pour la retenir
„ dans des bornes qu'aucune autre sorte de con-
„ solation n'eust pû luy donner; & que pour tes-
„ moigner auec quels sentimens il auoit reçeu vne
„ telle faueur , il ne demandoit qu'vne occasion
„ où il eust moyen de tesmoigner la mesme ar-
„ deur & la mesme fidelité , que luy & ceux de
„ sa Maison auoient eu tousiours pour son seruice,
„ & pour la gloire de son Estat.

Ses

Ses actions furent conformes à ses paroles,
que i'ay tirées de sa lettre ; & les persuasions
que l'on employa, ny l'auantage du party des
Huguenots, qui commença de se former bien
tost apres, ny l'affection de ses amis, ny les offres de quelques mécontans qui tous eussent volontiers couru sa fortune, au lieu de l'ébranler
ne firent que l'affermir dans le seruice du Roy.
Nous verrons des preuues de cette parfaite fidelité dans la continuation de son Histoire.

Fin du second Liure.

SOMMAIRE DV

TROISIESME LIVRE.

L E Duc de Mont-morency s'oppose aux
desseins du Duc de Rohan: l'empes-
che de se saisir de Castres, & de Puy-
laurens. Fait quelques trouppes à ses
despens en attendant les ordres de la Cour. Atta-
que le Duc de Rohan à son passage au Comté de
Foix. Se loge sur son chemin de Montauban pour
le combattre, & l'oblige de retourner aux Seuenes.
Va à la rencontre de Monsieur le Prince, qui a-
uoit le commandement general des Armées du Lan-

guedoc, *Dauphiné*, *Guienne* , & *Lyonnois*. L'accompagne à *Toulouze* , où les *Estats* s'assemblent ;
& quelque temps apres au siege de *Pamyes*. Il
reçoit ordre d'aller commander les trouppes du bas
Languedoc, qu'il fait leuer auec vne diligence incroyable. Va au *Viuarés* ; force le *Chasteau* de
Chomeyras. Surmonte toutes les difficultez qui se
rencontrent au dessein d'attaquer le *Pouzin* ; il l'as-
siege , & l'emporte dans huit iours contre l'opinion
de tout le monde. Cette prise est suiuie de celle du
Chasteau de Mirabel, place forte & bien deffenduë.
Il reçoit les submissions des *Habitans de Vals* auec
le *Chasteau* qu'ils luy remettent , où il laisse garnison. Fait le degast de *Nismes*, & des enuirons, où
il y a quelque combat. Va trouuer *Monsieur le*
Prince pour faire leuer le siege que le *Duc de Ro-*
han auoit mis deuant *Creysselz*. Il force neuf cens
hommes retranchez au grand *Galargues* , de se rendre à discretion deuant l'Armée du *Duc de Rohan*.
Reprend pour la seconde fois le *Chasteau de Lunas*.
Brusle les moulins de *Nismes* en allant attaquer
Soyon sur le *Rhosne*, qu'il prend le septiesme iour
du siege. Va à *Beaucaire*, à *Pezenas*, & à *Va-*
lance, où il rencontre le *Roy*, reuenant de *Suze*.
Accompagne sa *Maiesté* au siege de *Priuas*. Se rend
necessaire pour faire reüssir la negociation de la *Paix*,
vainement entreprise par d'autres. Court fortune
d'estre tué deuant *Alés* , où la *Paix* est concluë.

HISTOIRE
DE LA VIE
DE HENRY
DERNIER DVC
DE MONT-MORENCY.

LIVRE TROISIESME.

V mois de Septembre de
l'année mil six cens vingt-
sept le Duc de Rohan se declara ouuertement. Le Duc
de Mont-morency en aduer-
tit le Roy en diligence, comme il auoit desia fait auparauant de tout ce qui se tra-
moit secrettement contre son seruice , parmy
ceux de la Religion pretenduē reformée. Mais

la defcente que les Anglois auoient faite, occupoient tellement les foins du Confeil, que l'on
negligea de luy enuoyer les ordres & les pou-
uoirs neceffaires pour s'oppofer à la naiffance de
cette troifiefme reuolte.

Voila comme le Duc de Rohan eut loifir de
faire paifilement fes troupes, & de fe porme-
ner dans les Seuenes fans aucune apprehenfion;
ce que le Duc de Mont-morency confideroit de
Pezenas, auec plus de regret qu'il ne fembloit
raifonable, à ceux qui luy remettoient tous les
iours deuant les yeux la memoire du paffé, &
l'obiet prefent du mépris qu'on faifoit de luy.
L'amour qu'il auoit pour le Roy, & pour le
bien de fes affaires, eftouffoit tous les reffentimens qu'on tâchoit de luy donner; & ne permettoit pas qu'il efcoutaft d'autres confeils que
ceux de fa fidelité.

Il continua donc à faire connoiftre fes bonnes intentions à la Court; & que fi le feruice
de fa Maiefté demandoit quelque perfonne pour
auoir le commandement general de fes Armées
dans le Languedoc, & aux Prouinces voifines,
il feroit bien aife d'obeïr à Monfieur le Prince, dont la naiffance & les vertus pouuoient
faire ceffer toute forte de jaloufie. Il fouhait-
toit qu'vn homme fi confiderable fuft rappellé par cette occafion dans les affaires dont il

demeuroit efloigné depuis fon retour d'Italie ;
& fe réjoüit infiniment , lors qu'il fçeut que
par lettres du dixiefme Octobre , expediées à
Niort, on l'auoit fait Lieutenant General des
Armées du Languedoc, Daufiné , Guyenne &
Lionnois.

En attendant fon arriuée, il faifoit tous fes
efforts pour contenir dans l'obeïffance, la Nobleffe & les Villes Huguenottes, du bas Languedoc & des Seuenes : mais les Miniftres &
les factieux s'eftoient rendus Maiftres de l'efprit du peuple , par la vanité des efperances
qu'on luy faifoit conceuoir ; dont celle de voir
leur General à la tefte de vingt mil hommes,
trauerfer la Guyenne , & aller ioindre les Anglois , n'eftoit pas la plus grande , bien que ce
fuft la plus commune. Le Duc de Mont - morency n'ayant pû troubler fes leuées à Nifmes,
Vzés , & aux Seuenes , s'en alla au haut Languedoc , pour empefcher qu'il ne les groffift du
cofté de Caftres & de Puylaurens ; & fit tant
par les foins & l'argent qu'il y employa , que
ces deux villes difpofées auant fon arriuée à receuoir le Duc de Rohan, prindrent deliberation
de luy fermer les portes. De cette forte il commença d'interrompre fon grand deffein , qui
eftoit d'aller à Caftres & à Montauban ; & a-
pres auoir affemblé les forces qu'il en pou-

uoit tirer, recueillir ceux qui l'attendoient en Guyenne ; & auec vne Armée du nombre qu'il la promettoit, & que poſſible il euſt faite ; aller fortifier celle des Anglois.

Sur la fin du mois d'Octobre il arriua à Reuel, & taſcha d'attirer à ſon party ceux de Caſtres & de Puylaurens ; mais comme nous auons dit, l'on y auoit donné ſi bon ordre, que les mutins n'oſerent pas meſme teſmoigner la volonté qu'ils auoient de le ſeruir. Il ſe reſolut donc d'aller au Comté de Foix, où il eſtoit bien aſſeuré d'eſtre reçeu auec plaiſir, & de paſſer ſans beaucoup d'empeſchement : En effet le Duc de Mont-morency n'auoit que 1500. hommes de pied, que d'Hannibal auec le Baron de Caſtres luy auoit amenez du bas Languedoc : il eſt vray que ſes Amis particuliers eſtoient venus le trouuer auec quantité de Nobleſſe, qui iointe à ſa Compagnie, à celles de Vantadour & de Ligneres le rendoit vn peu plus fort en Caualerie que l'Ennemy. Le Duc de Rohan faiſoit camper ſon Armée à demy lieuë de Reuel ; le Duc de Mont-morency eſtoit à ſaint Felix auec ſes troupes & ſa Compagnie de gendarmes, logée à Romains, faiſoit teſte du coſté des Ennemis : La ſeconde nuit de leur campement, il enuoya de Rignac Mareſchal de Logis de ſes gendarmes, pour donner l'alarme & appren-

dre des nouuelles; on ſçeut des priſonniers qu'il
fit, que leur Armée eſtoit compoſée de ſix mille
hommes de pied, & de trois cens cheuaux. La
nuit ſuiuante, vn Capitaine nommé la Deueze
auec ſa Compagnie ſe iettant de noſtre coſté,
confirma ce qu'ils auoient dit, & aſſeura que
le Duc de Rohan eſtoit party pour aller au
Comté de Foix, ayant fait laiſſer le bagage à
Reuel, pour paſſer auec moins de peine. Sur
cét aduis, le Duc de Mont-morency fait aſſembler toutes ſes troupes, donne ſes ordres; &
au point du iour du troiſiéſme Nouembre, ſe
met à ſuiure l'ennemy; le Marquis d'Arpajon
alloit deuant auec quelques volontaires, &
la Compagnie de Ligneres qui le ſouſtenoit;
le Baron de Luc marchoit à ſa gauche, ſuiuy
d'Aunoux qui auoit cinquante Maiſtres auec
luy. Le Duc de Mont-morency venoit apres,
accompagné du Duc de Vantadour, & des
Comtes de Bieules & de Clermont : Manſes
portoit la Cornette blanche arborée; & de Rignac eſtoit à ſa main droite à la teſte de ſa Compagnie de gend'armes, Hannibal & le Baron
de Caſtres conduiſoient les gens de pied. Mais
quelque diligence qu'on pût faire, le Duc de
Rohan eut paſſé la Pomarede auant que nos
gens y fuſſent : c'eſtoit vn lieu où il euſt eſté
forcé de combattre auec deſauantage; le temps

eſtoit ſi couuert , & la pluye rendoit les chemins ſi difficiles que l'Infanterie ne pouuoit a-
uancer. Enuiron vne heure apres midy on deſ-
couurit l'Armée dans vn fonds où noſtre Caualerie ne pouuoit aller. Le Duc de Mont-morency voyant deuant eux vn ruiſſeau que la pluye
auoit groſſi , fit aller ſaiſir le pont où vray-ſemblablement ils deuoient paſſer. Les Ennemis ai-
mant mieux moüiller le pied qu'eſſuyer les mouſquetades de nos ſoldats, firēt vn demy tour à gauche; & apres auoir paſſé l'eau, continuerent leur
chemin à la faueur des foſſez qu'ils auoient d'vn
coſté & d'autre. Le Duc de Mont-morency les
ſuiuoit touſiours; & s'eſtant arreſté ſur vne bu-
te pour les conſiderer, Mouſſoulens & la Cour-
tete luy demanderent qu'eſt-ce qu'il luy en ſembloit, il leur reſpondit qu'ils marchoient en fort
bon ordre. Ces deux vieux Gentils-hommes
qui eſtoient auprés de ſa perſonne pour retenir
l'impetuoſité de ſon courage; le prierent de tourner la teſte, pour voir le mauuais eſtat & la foi-
» bleſſe de ſon Infanterie. Laiſſez moy faire, dit-il,
» ie les attaqueray en vn lieu où les piſtolets &
» les eſpées ſeront plus vtiles que les mouſquets.
En effet il auoit reſolu de les attendre par delà
Caſtelnaudarry, où le païs eſtoit plus fauorable pour la Caualerie. Comme il acheuoit ces
derniers mots , le Marquis d'Arpajon donna

d'vn

d'vn coſté, le Baron de Luc de l'autre; & il vit preſque en meſme temps la déroute de tous les deux; le dernier eſtoit perdu ſans d'Aunoux qui fut le dégager. Le Marquis pouſſa les coureurs de l'Ennemy iuſques à de grands foſſez, où les plus mal montez de ſa troupe s'arreſterent, & les autres y demeurerent engagez; ou furent contraints de ſe retirer en deſordre. Noſtre Infanterie qui s'eſtoit auancée, laſcha bien toſt le pied, tellement que les Ennemis ne ſe contentant pas de nous auoir repouſſez, tournerent teſte pour nous ſuiure. Deſia ils dépoüilloient les morts, & vne partie de leur arriere-garde venoit droit à noſtre champ de bataille; lors que le Duc de Mont-morency, qui dés le commencement de cette charge, faite par la ialouſie du Baron de Luc auec trop de precipitation, auoit donné tous les ordres poſſibles pour reparer le dommage que nous en auions reçeu, dit à vn Gentil-homme d'aller auec cinquante cheuaux qu'il auoit, tailler en piece l'Infanterie des Ennemis, qui eſtoit dans le chemin à la main droite. Celuy-cy s'en excuſe, & allegue des raiſons que l'occaſion preſſante ne luy permit pas d'eſcouter; il ſe tourna vers de Rignac, & luy commande de donner; ce qu'il fit mal-heureuſement pour tout le premier rang de ſon eſcadron, qui y demeura ſur la place, ou s'en retourna

T

bleffé comme luy : mais fi à propos qu'il y demeura quelques vns des Rebelles : les autres def-
cendirent dans le chemin, & n'oferent plus remonter. Sans cette charge il eftoit impoffible
de conferuer le champ de bataille ; & le Duc de
Mont-morency fut obligé de facrifier fa Compagnie pour le falut de fes autres troupes. Cependant noftre Caualerie qui auoit efté mal traitée fe r'allia ; les gens de pied reprirent courage ;
& tous eftant animez par la prefence de leur General, qui venoit d'empefcher leur déroute entiere, fe mirent à pourfuiure ceux deuant lefquels ils venoient de fuir. Il eft vray que ce fut
auec plus de fatigue que de fruit ; parce que la
nuit arriua auant qu'on peuft les attaindre ; &
l'on auoit appris que les Habitans du Comté de
Foix deuoient les receuoir contre la promeffe
qu'ils auoient faite quelques iours auparauant.
Ils fe retirerent à Mazeres, & le Duc de Mont-
morency ayant fait reconnoiftre & emporter les
morts dont le nombre n'eftoit pas grand, fe retira à Caftelnaudarry. Il y eut plufieurs Gentils-
hommes bleffez ; & enuiron quarante-cinq cheuaux des meilleurs de l'Armée y furent tuez. Il
alla quelques iours apres à Ville-franche, où il
demeura pendant que le Duc de Rohan fut au
Comté de Foix, fur l'opinion qu'on auoit qu'il
vouluft paffer à Montauban : mais ayant appris

qu'il s'en retournoit du costé des Seuenes & de
Nismes ; il reprit la route du bas Languedoc,
& alla receuoir Monsieur le Prince, qu'il rencontra à Ayguesmortes. Il accompagna son Altesse iusques à Toulouze, où elle arriua le quinziesme iour de Ianuier 1628. le Duc d'Espernon
qui s'y estoit rendu le iour precedant, fut dans
peu de iours renuoyé dans son Gouuernement
pour s'opposer aux desseins des Rebelles : Et le
Duc de Vantadour en Viuarés, auec vn ordre
semblable. Le Duc de Mont-morency demeura
à Toulouze, & pendant les diuertissemens du
Carneual où il faisoit semblant de s'amuser pro-
iettoit le dessein de Pamyes, & assistoit son Altesse à faire les preparatifs necessaires pour l'attaquer.

Le siege se commença le quatriesme iour de
Mars auec quatre mille hommes de pied, & a-
uec huit canons, tirez de l'Arsenal de Toulouze, & fut pressé si viuement que la ville se rendit le dixiesme. Le second iour du siege, le
Duc de Mont-morency alla l'espée à la main
soustenir le Marquis de Ragny qui s'estoit auancé pour faire quitter aux assiegez vn poste auantageux qui nous empeschoit de loger le canon;
ils le deffendirent courageusement, & ce fut la
seule occasion où il y eut combat opiniastré; le
Marquis de Fimarcon y fut tué auec quelques

autres. Apres le retour de Monſieur le Prince à Toulouze , où les Eſtats du païs eſtoient
aſſemblez , on eut aduis de diuers endroits que
le Duc de Rohan auoit pris le chemin du Viuarés , & mis le canon en campagne auec cinq
ou ſix mil hommes de pied & trois cens cheuaux , & qu'il auoit fait le deſſein de ce voyage , voyant le païs entierement deſpouruû de
troupes par le départ du Marquis de Portes, qui
auoit eu ordre de conduire au haut Languedoc
celles qui eſtoient ſous ſa charge : Monſieur le
Prince attaché en ces quartiers là pour le deſſein
de Realmont qu'il attaqua , & prit peu de temps
apres , fut contraint de ſe ſeparer du Duc de
Mont-morency , & de l'enuoyer , pour generalement pouruoir à toutes les neceſſitez du bas
Languedoc , des Seuenes , & du Viuarés. Le
commandement eſtoit honorable, mais les moyens qu'on luy donnoit pour l'executer eſtoient
bien foibles ; il le reçeut pourtant auec d'autant
plus de ioye qu'il ſembloit eſtre difficile ; & ſes
Amis qui auoient ſouuent reconnu, que l'inega-
lité des forces , & le defaut des choſes neceſſaires auoient rendu ſes victoires , non ſeulement
plus eſclatantes , mais meſme plus certaines , à
cauſe de l'ardeur, de l'impetuoſité & de la diligence qu'il apportoit ordinairement en ſemblables occaſions, attendirent que dans celle-cy ſa

refolution & fa bonne fortune fiffent quelque
noûuueau miracle. Il partit d'auprés de Monfieur
le Prince auec les Regimens de Languedoc &
d'Hannibal, fes Gardes & fa Compagnie de
gendarmes, n'efperant de trouuer au païs où il alloit que les Regimés de Mont-real, & de Peraut,
toutes deux fort foibles, la Compagnie du Duc
de Vantadour, & celle de cheuaux legers, de
du Halier & de Dizimieux. Le Marquis de Portes qui luy fut baillé pour Marefchal de Camp,
s'auança auec ordre de tirer deux canons de Narbonne, & deux autres d'Aiguesmortes.

Le Duc de Mont-morency fit telle diligence, quoy qu'il euft des affaires par toutes les
villes qui fe rencontroient fur fon chemin, qu'il
arriua auffi toft que fes troupes à Montpellier,
où il efperoit de prendre quelques Compagnies
des Regimens de Picardie & de Normandie,
qui y eftoient en garnifon ; mais la feureté & la
jaloufie de cette Place, fur laquelle le Duc de
Rohan auoit entrepris quelques mois auparauant, l'empefcherent d'en tirer aucun fecours.
La peine qu'il y auoit à faire conduire les canons, à recouurer des munitions de guerre, &
à retirer l'argent des affignations qui luy auoient
efté données, apporterent plus de difficulté que
de retardement à fon voyage. Il partit de Montpellier le Dimanche des Rameaux, pour fe ren-

T iij

dre le lendemain à Beaucaire, comme il l'auoit promis au Courrier du Viuarés qui estoit venu le trouuer à Narbonne, & qui s'estoit obligé de luy porter ce iour là des nouuelles de ce qui se faisoit dans son Dioceze. Il passa à la veuë de Nismes, & s'arresta plus de deux heures auec ses deux Regimens, ses Gardes, & quelques Gentils-hommes volontaires, sans que personne sortist de la ville. A Beaucaire il eut nouuelle que le Duc de Rohan auoit esté obligé de leuer le siege de deuant Crüas ; que tous ses soins estoient attachez à fortifier le Pouzin ; & que par le moyen de cette Place, il se promettoit d'establir de grands subsides sur le Rosne, dont la liberté estoit necessaire au commerce de trois ou quatre riches Prouinces. Sur ces aduis, ausquels on adioustoit qu'il y auoit quelques remuëmens en Daufiné, parmy ceux de la Religion Pretenduë Reformée, plusieurs eussent conseillé de ne point s'auancer dauantage, sans auoir pouruû aux necessitez d'vne Armée foible, qui couroit dans vn païs desolé, & particulierement sans attendre le canon ; mais il desiroit auec tant de passion de rencontrer le Duc de Rohan, en lieu où il peust l'obliger à combattre, qu'il ne se payoit d'aucune raison qui choquast son impatience, & reduisoit les pensées de ses plus fidelles seruiteurs à l'approbation d’vn deſſein qui ne pouuoit eſtre changé.

Il partit donc de Beaucaire, & arriuant à Bagnols il apprit que les trauaux du Pouzin ſe continuoient auec la diligence dont les Rebelles ont accouſtumé d’vſer, & de faire honte à noſtre pareſſe ; le Courier qui portoit cette nouuelle luy dit, que le Duc de Vantadour eſtoit à Ville-neuue de Berg , auec les Regimens de Peraut, de Montreal, & de l’Eſtrange, ſa Compagnie de Gendarmes , & partie de celles du Halier, & de Dizimieux ; & qu’il parloit d’aller aux Boutieres ſecourir le Cheylar, que ceux du païs auoient aſſiegé : c’eſtoit vn Chaſteau qui luy appartenoit , & aſſez fort pour tenir long temps , ſi ceux qui eſtoient dedans y faiſoient leur deuoir : le Duc de Mont-morency le coniure de ne point ſeparer ſes troupes, parce qu’elles eſtoient logées en des lieux où vray-ſemblablement l’Ennemy ne pouuoit éuiter de paſſer ; & de procurer la conſeruation de ſa Maiſon par l’aſſiſtance des Catholiques voiſins qui auoient aſſez d’intereſt & de forces pour empeſcher qu’elle ne fuſt priſe.

Il eut nouuelle preſque en meſme temps que les Commis du Viuarés n’auoient pû donner ordre à la ſubſiſtance des trouppes qu’ils auoient appellées à leur ſecours ; ce qui l’obligea d’enuoyer Montreal au Bourg , où les Deputez du

païs eſtoient aſſemblez , tant pour les aſſiſter de
ſon conſeil , que pour luy porter des nouuelles
des Ennemis qui n'en eſtoient qu'à cinq ou ſix
lieuës. Montreal s'acquitta fort dignement de
l'vn & de l'autre ; il fit reſoudre dans l'Aſſemblée que l'on trauailleroit promptement au pain
de munition pour la nourriture de l'Armée ; ra-
porta que le Duc de Rohan apres que le Pouzin ſeroit en eſtat de défence (ce qui deuoit eſtre
dans fort peu de iours) prendroit le chemin des
Seuenes, & dit que bien que le bruit couruſt dans
ſon Armée que ce ſeroit par le Velay & par le
Geuaudan, ſon opinion eſtoit de loger nos troupes aux meſmes lieux où il auoit paſſé allant de
la Gorſe à Priuas, parce que c'eſtoit le ſeul paſſage pour ſa retraite au bas Languedoc , & où
nous pouuions auſſi le côbattre plus auantageu-
ſement. Le Duc luy ordonna de s'en retourner
auec ſes Gardes, & luy recommanda de le tenir ſoigneuſement aduerty du départ du Duc de
Rohan. Sur les neuf heures du ſoir du lendemain qui eſtoit le iour de Paſques , Montreal
donne aduis que les Ennemis venoient loger aux
granges de Mirabel ; & que le Duc de Vantadour ; ayant (contre ce qu'il auoit fait eſperer)
enuoyé vne partie de ſes troupes au ſecours du
Cheylar , il eſtoit mal-aiſé qu'il rempliſt ce poſte
auec ce qui luy reſtoit. A l'heure meſme le Duc

de

de Mont-morency enuoye l'ordre aux Regimens
de Languedoc & d'Hannibal qui eſtoient à quatre lieuës de Ville-neuue, de battre aux champs
& de marcher ; il commande à Peraut, qui e-
ſtoit prés de luy, d'aller faire auancer le ſien, &
à la Compagnie de Gendarmes logée à S. Mar-
cel d'Ardeche, de ſe rendre à vne heure apres
my-nuit aux portes du Bourg. Celle-cy arriua
au temps prefix, & pour luy qui n'eut iamais
moins de loiſir ny d'enuie de dormir, il fut à
cheual à la meſme heure auec quatre-vingts ou
cent Gentils-hommes volontaires qui l'accompagnoient.

A trois lieuës du Bourg il rencontra ſon Infanterie, & bien toſt apres le Duc de Vantadour
auec Montreal, qui luy dirent que le Duc de
Rohan eſtoit paſſé dés le point du iour à la teſte
de quatre mille hommes de pied, & de trois
cens cheuaux, auec l'ordre & auec la contenan-
ce d'vne Armée qui ne penſoit qu'à faire chemin. Il fut tres-ſenſiblement touché d'auoir
manqué de deux heures vne occaſion qu'il a-
uoit ſi ardamment deſirée, & qu'il ſembloit que
le mal-heur euſt enleuée à ſes ſoins & à ſa diligence. Il fut queſtion de prendre party apres
cette retraite ; ſur quoy il y eut diuers ſentimens : celuy du Marquis de Portes fut conforme au ſien, qui eſtoit de ſe rendre le pluſtoſt

V

qu'il feroit poffible aux enuirons de Bagnols &
d'Vzés, pour s'oppofer aux deffeins de l'Ennemy, qui fembloit prendre cette route.

Auant que de partir de Viuiers il fut refolu
de laiffer dans le païs les troupes qui y auoient
efté formées ; pour l'entretenement defquelles
il y eut vn petit fonds à la difpofition du Duc
de Vantadour, affifté de Montreal, qui luy pro-
mirent de fe faifir de Bays : c'eftoit vn logement
que les Rebelles ne gardoient plus que par forme, & qui neantmoins eftoit bien neceffaire
pour le fiege du Pouzin, dont la reprife n'eftoit
pas moins importante pour le feruice du Roy,
qu'elle eftoit difficile à caufe de fes nouuelles
fortifications, & de la bizarrerie de fon affiette.
Il fut auffi iugé à propos de prendre vn chafteau nommé le Pradel, qui eftoit entre Mirabel & Ville-neuue, & qui incommodoit le co-
merce du Velay, du Geuaudan, & du Viuarés,
auec le Languedoc.

A Bagnols le Duc de Mont-morency fut contraint de faire quelque feiour auec des impatiences qui ne fe peuuent imaginer que par ceux
qui les ont veuës. Car outre les difficultez qui
arreftoient le canon, il eftoit impoffible de tirer
de l'argent des affignations de Monfieur le Prince, ny mefme de trouuer du pain pour faire viure les Soldats. En fin fon credit remedia à tous

ces defordres , & donna les premieres difpofi-
tions au proiet qui auoit efté fait d'attaquer le
Pouzin. Apres auoir ietté les fondemens d'vne
entreprife , qui felon l'apparance furpaffoit les
forces qu'il auoit entre fes mains, il fongea au
fecours qu'il pouuoit retirer des Villes , & des
Prouinces plus voifines , & les plus intereffées,
afin que ce dernier fiege euft vn meilleur fuccés
que les autres qui auoient efté mis deuant cette
Place. Il enuoya donc le Comte de Dizimieux
auec le Prefident Faure deuers le Marefchal de
Crequy pour mefnager les offres qu'il auoit faites des troupes du Dauphiné; & le Baron de la
Reole à Lyon , pour demander des canons &
des munitions de guerre. Cependant pour ne
perdre point de temps , il alla au Viuarés, où il
ne fut pas fi toft arriué , qu'vn Courrier de la
Reine Mere luy porta le Commandement d'affieger le Pouzin , & de prendre du Dauphiné
les troupes & les autres chofes qui luy feroient
neceffaires. Cét ordre luy fit redoubler fes foins,
auec cette fatisfaction de l'auoir receu dans les
preparatifs bien auancez de ce qui luy eftoit
commandé. Pour les hafter dauantage, il dépefcha encore vn Gentil-homme deuers le Marefchal de Crequy , auec lequel il fut conuenu
qu'il bailleroit les Regimens de Saut, d'Aiguebonne, de Maruoifon, & de Grignan; fa Com-

V ij

pagnie de Gendarmes, auec quatre canons, &
des Officiers de l'Artillerie dont on auoit grande neceſſité ; Monſieur le Prince ayant retenu
auprés de ſoy les principaux & les meilleurs de
la Prouince. En attendant l'arriuée de ce ſecours
il fit prendre & garder le logement de Bais par
le Regiment de Logeres, & par la Compagnie
de ſes Gardes.

Les Chaſteaux de Grenoux & de Mauras qui
eſtoient aſſez bons, reçeurent auſſi ſans reſiſtance la garniſon qu'on y voulut mettre : & pour
ne perdre point de temps, Montreal eut ordre
de faire les approches de Chomeyras auec ſon
Regiment, celuy de l'Eſtrange, cinq Compagnies d'Annonay, & cinq de Tagenat. Il y a-
uoit apparance que cette place que le Duc de
Rohan venoit de prendre auec aſſez de facilité
n'attendroit pas le canon; & ſa reduction eſtoit
vtile pour empeſcher le ſecours qui pouuoit venir de Priuas au Pouzin. Mais ceux qui eſtoient
dedans, la pluſpart ſcelerats & factieux, firent
connoiſtre d'abord qu'ils n'auoient pas enuie
d'accepter la compoſition qu'on leur euſt donnée : & ſoit que la grandeur de leurs autres crimes leur deffendiſt de rien eſperer, ſoit que le
ſecours qu'ils attendoient du coſté de Priuas
leur oſtaſt tout ſuiet de crainte ; ils s'opiniaſtre-
rent de ſorte qu'il fallut enuoyer le Regiment de

Peraut pour acheuer de les inueſtir. Le Duc de
Mont-morency arriua deux iours apres ſes
troupes à Bais; & apprenant leur inſolence, reſolut d'y faire mener deux canons par le Regiment de Languedoc, & voulut luy meſme auoir
ſa part de la peine qu'il y auoit à les conduire
par les mauuais chemins de ce païs là. Ceux qui
eſtoient dans Chomeyras voyent arriuer le canon, reconnoiſſent fort bien le General; & au
lieu de ſe ranger à la raiſon, tirent ſur luy, &
ſe rendent indignes de toute ſorte de Grace.
Pendant qu'il ordonnoit la batterie, il vit paroiſtre les Ennemis qui ſembloient venir auec beaucoup de reſolution; c'eſtoient ſix cens hommes
ſortis de Priuas, à qui la rudeſſe du païs preſque
inacceſſible aux gens de cheual, auoit donné la
hardieſſe de venir ſi auant. Il commanda au Vicomte de Beaune & à du Cros, d'aller les reco-
gnoiſtre de plus prés. Le Marquis de Portes va
les ioindre auec Clauſtre-vieille, & fait auancer
le Regiment de Languedoc. Le Duc de Mont-
morency les ſuit auec quarante ou cinquante
Gentils-hommes. Les Ennemis teſmoignent de
vouloir combattre, & tirent inceſſamment ſur
nous; ce qui obligea le Marquis auec les autres
de faire vne charge en vn lieu où les cheuaux
pouuoient à peine marcher. Et toutefois apres
pluſieurs mouſquetades dont l'vne bleſſa Clau-

ſtre-vieille, ils ſe mettent en deſordre, & y laiſ-
ſent des morts & des priſonniers. Là deſſus noſtre Infanterie arriua, tellement qu'ils ne com-
battirent plus qu'en ſe retirant : mais les chemins leur eſtoient ſi fauorables que bien ſouuent ils faiſoient teſte ; & nos Enfans perdus
les voulant vn peu trop preſſer à vn paſſage, ils
les repouſſerent ; & le Marquis de Portes allant
les ſouſtenir y perdit Clopet ſon Eſcuyer, qui
fut tué d'vn coup de fuzil. C'eſt là où le Duc de
Mont-morency courut fortune; ceux qui eſtoient
prés de luy n'ayant pû empeſcher qu'il ne ſe
precipitaſt tout deſarmé comme il eſtoit à tra-
uers les cailloux & les rochers de ce mauuais
paſſage : Les Rebelles le voyant venir à toute
bride l'eſpée à la main, auec ceux qui l'accompagnoient, quitterent leur retranchement naturel, & ſe mirent à fuir tout de bon par des
endroits où il n'y eut que l'Infanterie qui peuſt
leur faire du mal. Ils furent ſuiuis iuſques à vn
grand bourg bien barricadé & retranché, que
les noſtres emporterent neantmoins apres y a-
uoir tué grand nombre d'ennemis, & le bruſle-
rent entierement. En pourſuiuant ceux qui ſe
ſauuoient, les vilages qui ſe rencontrerent ſur
le chemin paſſerent par les flammes; & tout fut
deſolé iuſques à Priuas, où la nuit borna cette
victoire, & mit les fuyards en ſeureté. Le len-

demain matin les affiegez apres auoir enduré quelques coups de canon, fe rendirent à difcretion. Le Duc de Mont-morency qui eftoit retourné à Bays, en eut auffi toft la nouuelle, & fe difpofoit à leur faire mifericorde, fi on ne luy euft reprefenté l'obftination, & l'infolence extraordinaire qui les en rendoient indignes ; les crimes dont ils eftoient coupables, & la neceffité qu'il y auoit de faire quelque exemple de punition. Toutes ces iuftes confiderations neantmoins n'euffent pû le vaincre, fi on n'euft adioufté l'artifice à la raifon, & fi on ne luy euft promis de diminuer le nombre des mal-heureux que toutes fortes de Loix condamnoient à mourir.

Chomeyras eftant pris, le Duc de Mont-morency ne penfa plus qu'à bien inueftir le Pouzin, ce qui eftoit auffi mal-aifé à caufe de l'irregularité de fon affiette, qu'il eftoit neceffaire pour empefcher le fecours qu'il pouuoit receuoir de diuers endroits. Les canons de Lyon, ceux du Dauphiné, auec les Officiers de l'Artillerie, & les troupes qui auoient efté promifes, arriuerent prefque au mefme temps, qu'vn Courier exprés que le Roy luy enuoyoit pour luy confirmer le Commandement qu'il auoit reçeu de la Reine ; de forte que rien ne retardant plus ce deffein, Montreal eut ordre de faire les approches du

Pouzin du cofté de Priuas, auec fon Regiment, ceux d'Annonay, de l'Eftrange & de Tagenat : Ce qui fe fit en diuers iours, & auec diuers combats, iufques à la portée du moufquet du Château; Le Regiment de Grignan qu'on luy enuoya, eut fa part de la peine que les autres prirent, & de l'honneur qu'ils en rapporterent; celuy de Logieres occupa vne montagne, nommée la Graille, Languedoc & Peraut firent leurs approches du cofté de Bays, qui eftoit le plus difficile & le mieux fortifié : & le faux-bourg deuers la Voûte, comme eftant le meilleur & le plus commode fut referué pour les Regimens de Saut & d'Aiguebonne. Auant que de fe loger de ce cofté là, il fut iugé neceffaire d'ofter aux Rebelles vn rocher prefque inacceffible, nommé Chamredon, ce qui fut hardiment executé par le Regiment de l'Eftrange, qui alla en plain midy les en déloger l'efpée à la main. Le foir mefme, le Comte de Saut auec Aiguebonne s'eftant auancez iufques à la tefte du faux-bourg, en eftimerent la prife fi importante & fi facile, qu'ils la refolurent fur le champ, & l'executerent auec peu de perte de leurs hommes, ne doutant pas qu'ils ne fuffent auoüez d'vne action que l'opportunité leur auoit fait entreprendre fans ordre. Du cofté de Bays, on s'eftoit auancé iufques à la portée du piftolet ; la

mefme

mefme emulation d'honneur, faifoit faire la mefme diligence aux autres quartiers. Les dehors
eftant fi bien gardez, les batteries furent refo-
luës, l'vne dans le faux-bourg, fort aifée &
fort proche; l'autre de plus grand nombre de
canons du cofté de Bays, laquelle donna des
peines incroyables, parce qu'il fallut faire monter trois pieces à force de bras, en lieu tres-dif-
ficile, mais auffi tres-propre à incommoder les
affiegez : Enfin au fixiefme iour le canon eftant
par tout en eftat de tirer, on les fit fommer de
fe rendre, ce que les affiegez reiettant auec raillerie & auec infolence, la batterie commença,
& ayant continué auec la mefme furie durant
vingt & quatre, fit du cofté du Bays vne grande
bréche, mais l'accez en eftoit vn peu mal-aifé,
de forte qu'il fallut l'agrandir, en attendant que
celle du faux-bourg fuft raifonnable, afin de
donner l'affaut de deux endroits en mefme temps.
Il y eut de ce cofté là tant de longueurs & de
difficultez, que tout le iour fe paffa prefque fans
effet. Le lendemain qui eftoit le huictiefme du
fiege. Le Duc de Mont-morency s'impatien-
tant de voir les chofes moins difpofées au quartier où il les croyoit plus faciles, paffa au faux-
bourg, & apres auoir fait redoubler la batterie
& reconnoiftre la bréche; il commanda que l'on
fift des auances dans la nuit d'vn cofté & d'au-

tre pour fauorifer l'attaque qu'il ne vouloit faire qu'en plain iour, ny differer que iufques au
matin du fuiuant. Les Ennemis voyant qu'on
fe preparoit tout à bon à vn affaut general,
changerent les rodomontades en prieres, & demanderent qu'il leur fuft permis de parler au
Marquis d'Annonay, qui promit de leur aider
à obtenir vnehonnefte compofition. Le Duc de
Mont-morency la leur accorda d'autãt plus librement, qu'eftant huit cens hommes pour fe défendre, la perte de plufieurs perfonnes de merite &
de condition eftoit ineuitable; & qu'ayant beaucoup d'autres chofes à executer, il valoit mieux
fe relafcher de quelque chofe, que courre la fortune de quelque accident inopiné. Les gens de
guerre fortirent auec les armes, à condition de
ne plus les porter contre le feruice du Roy, &
les Habitans la vie fauue. Ils laifferent cinq drapeaux, trois petites pieces de campagne, &
quelques petards. La compofition fut obferuée
religieufement, felon la couftume du General ;
& le feu qui par mégarde, ou par deffein fe mit
à vn quartier de la ville, ne luy donna pas moins
de peine pour en defcouurir les Autheurs, que
pour faire ceffer l'embrafement : fix Compagnies du Regiment de Languedoc furent laif-
fées dans la place pour la garder; & les troupes
du Daufiné s'en retournerent fort glorieufes, &

fort fatisfaites du bon traitement qu'elles a-
uoient reçeu. Les approches du Pouzin furent
commencées le vingt-cinquiefme de May , &
la compofition fe fit le troifiefme de Iuin , de
forte que la place fut prife dans huit iours,
comme le Duc de Mont-morency l'auoit dit au
commencement ; ce qu'il fit fçauoir au Marefchal de Crequy , lequel voyant la difficulté de
l'entreprife , & la confiance qu'il auoit d'en venir à bout en fi peu de temps ; l'auoit prié en
raillant, de luy dépefcher vn Courrier, s'il faifoit
en quinze iours , ce qu'il fe promettoit de faire dans huit. Ce grand Capitaine fut furpris par
la promptitude de cette action , & auoüa qu'il
n'y auoit point de iugement ny de preuoyance que la bonne fortune du Duc de Mont-morency ne fuft capable de tromper ; il eft vray
qu'elle l'accompagnoit en la plufpart de fes deffeins. Mais il faut dire auffi que bien fouuent
elle y eftoit forcée par l'ardeur & par la refolution qu'il y apportoit ; & en effet les foins qu'il
eut en cette occafion de vifiter à toute heure
les quartiers qui eftoient fort efloignez les vns
des autres ; le mépris qu'il fit de toute forte de
perils , la fatigue qu'il fupportoit auec plaifir,
pour empefcher le fecours qui fe prefenta deux
ou trois fois , & qui l'obligea de paffer quafi toutes les nuits à cheual ; enfin les careffes & les li-

beralitez dont il animoit les Capitains & les foldats, feruirent de beaucoup à l'auancement de
ce dernier & glorieux fuccés. La nouuelle en
fut portée au Roy & à la Reine Mere, & reçeuë auec d'autant plus de fatisfaction qu'il fembloit qu'il euft preueuû leurs penfées, & leurs
defirs.

Les canons furent conduits à Viuiers, où le
Duc de Mont-morency refolut d'attaquer Mirabel; c'eftoit vne place affez forte d'affiette &
de trauail, où le canon ne pouuoit aller qu'auec
grande difficulté, & qui feruoit de retraite aux
rebelles pour paffer du bas Languedoc à Priuas
& aux Boutieres depuis qu'ils auoient perdu
Ville-neuue; le Gentil-homme qui en portoit le
nom, & qui la poffedoit entierement, quoy qu'il
n'en fuft Seigneur qu'en partie; non feulement
refufa les conditions auantageufes que le Duc
luy fit propofer pour la remettre entre fes mains;
mais refpondit auec infolence à ceux qui furent
le trouuer de fa part. Montreal s'auança pour
commencer de l'inueftir auec les troupes du Viuarez: le Regiment de Logieres le fuiuit; & le
Marquis de Portes vint apres auec ceux du Languedoc & de Peraut; le canon qu'ils condui-
foient leur donna tant de peine depuis S. Iean
iufques à la montagne du Cairou, qu'il falut
employer trois iours à faire vn peu moins de

demy lieuë. Le Duc de Mont-morency y arriua en mefme temps, & reconnut bien que la
place eftoit beaucoup meilleure que ne luy a-
uoient repréfenté ceux qui defiroient qu'elle fuft
prife; c'eft pourquoy il changea le deffein qu'il
auoit fait de loger à Ville-neuue, apres qu'il eut
confideré l'affiette du lieu, & la facilité qu'il y
auroit à le fecourir, & refolut de n'abandonner
point le fiege. Les Regimens de Montreal & de
Logieres firent les approches du cofté du Chafteau, où l'on dreffa les batteries. Peraut eftoit
attaché à vn petit baftion de terre du cofté de la
montagne; les Regimens de l'Eftrange, d'Annonay, & de Tagenat attaquoient la ville: Languedoc eftoit en garde continuelle contre le
fecours; la Compagnie de Dizimieux, & les
gardes du Duc de Mont-morency s'auançoient
tous les foirs dans la montagne, par où vray-
femblablement il deuoit venir; & la Compagnie de Vantadour battoit l'eftrade du cofté de
la Gorfe, où il y auoit des trouppes de l'Ennemy. Le Duc fit defcendre vn canon pour aba-
tre les défences de la ville, & faire quelque ouuerture pour y entrer; les affiegez qui faifoient
femblant de vouloir la deffendre, y mirent le
feu; ce qui n'empefcha pas que les noftres ne
l'emportaffent auec perte de cinquante Soldats,
& quelques Officiers bleffez: le plus grand com-

bat fut à coups de pierre ; les Ennemis difputant vne maifon apres l'autre, iufques au Chafteau, imprenable de ce cofté : mais fi ébranlé de l'autre par trois cens coups de canon qu'il auoit fouffert, que Mirabel commença de parlementer. Les auis que l'on auoit que le Duc de Rohan fortifioit fes troupes aux Seuenes pour venir au fecours de cette Place, & le mauuais eftat de nos canons, dont il n'y en auoit plus qu'vn qui peuft feruir, firent que le Duc de Mont-morency donna la vie & les armes à trois cens hommes, qui fortirent de Mirabel le quinziefme iour de Iuin, & le cinquiefme du fiege. Iamais il n'eut plus de peine à faire obferuer capitulation qu'à celle-là, & à retenir les Soldats qui croyoient que ces miferables feroient immolez à leur rage ou à la rigueur de la Iuftice: ils ne reçeurent pourtant aucun defplaifir, & ne furent trompez que par l'opinion qu'ils auoient eüe de n'eftre point attaquez ; ou en tout cas d'eftre promptement fecourus. Le Baron de la Roche qui eftoit Seigneur de la plus grande partie du lieu y fut laiffé pour le garder auec la Compagnie qu'il auoit au Regiment de Montreal.

Le Duc auant que de partir de ces quartiers, vouloit chaftier l'infolence de ceux de Vals qui faifoient des courfes & des voleries, dont tout le païs fe reffentoit ; c'eft vne petite ville à vne

lieuë d'Aubenas, qu'il auoit conquife aux premiers mouuemens, & qui par cette recheutte
s'eftoit renduë indigne de grace ; il fut pourtant contraint de la leur faire, & de remettre
la place entre les mains de du Cros, pour aller au
fecours du Chafteau de Vezenobre, que le Duc
de Rohan auoit affiegé. La nouuelle qu'il en
reçeut luy faifant efperer d'y eftre à temps, l'o-
bligea auec beaucoup de regret de fufpendre
fes autres deffeins : mais la lafcheté ou la trahifon des affiegez, qui ne tindrent que vingt-
& quatre heures, luy enleua encore vn coup
l'occafion d'obliger le Duc de Rohan à combattre. S'eftant donc retiré à Beaucaire, il eut
ordre peu de iours apres de faire le degaft de
Nifmes, & de prendre des troupes de Daufiné,
les Regimens de Grignan, & de Montoifon.
Sur cét aduis, le Duc de Rohan fit couper &
retirer en diligence les bleds qui eftoient entre
Nifmes & la riuiere du Viftre, dont il fortifia
les paffages, & y logea vne partie de fon Armée
pour les garder. Le quinziefme iour de Iuillet, le Duc de Mont-morency fut loger à Marguerites : Il auoit fait prouifion de viures pour
fix iours, pendant lefquels il brufla les bleds, &
defola toute la campagne qui fourniffoit de nourriture ou de contribution à l'Ennemy : En partant de Marguerites, il laiffa Nifmes à gauche,

che,& alla loger à la Calmette sur le chemin d'A-
lés & d'Anduze, d'où il fit porter le feu par tout
à trois lieuës à la ronde. Il entra apres dans la
Vaunage qui est la pepiniere des soldats, & le
meilleur fonds du païs des Rebelles. L'auant-
garde estant à demy lieuë de Montpezat, on
vit paroistre quatre ou cinq cens hommes, vn
peu au deça de Clarensac. Le secours qu'ils attendoient du Duc de Rohan, qui n'estoit qu'à
deux mousquetades, auec quatre mil hommes
de pied, & trois cens cheuaux, leur auoit donné le courage de sortir des retranchemens, &
des barricades qu'ils auoient faites dans le bourg,
Le Duc de Mont-morency commanda à ses
Gardes de les reconnoistre, à vne brigade de
ses Gendarmes de les soustenir auec les carabins
de saint Martin, & d'aller tous ensemble l'espée à la main déloger les Ennemis des postes
qu'ils auoient occupez, cependant qu'il les feroit suiure par le Regiment du Languedoc.

Ces commandemens furent si bien executez,
que les Rebelles apres s'estre quelque temps dé-
fendus, lascherent le pied croyant se retirer au
village & se mettre à couuert derriere leurs retranchemens. Mais Aunoux estant descendu d'v-
ne eminence où il estoit auec trente Maistres,
leur coupa chemin, & entra pesle mesle a-
uec eux dans Clarensac. Ceux qui pensoient se
sauuer

fauuer de l'autre cofté, furent pouffez iufques
au pied du coftau de la Boiffiere, où le Duc de
Rohan eftoit auec fon Armée, qui laiffa tuër
plus de cent hommes, & prendre prefque autant de prifonniers, fans branler pour les fecourir. Si le refte de la noftre qui eftoit fort
efloignée euft pû arriuer à temps, le Duc de
Mont-morency fuft allé l'attaquer dans fon camp
mefme; ce qu'il tefmoigna bien d'apprehender,
car il fit déloger fon infanterie; & pour couurir
fa retraite, laiffa toute la Caualerie fur le coftau,
auec le defplaifir, & la honte de voir brufler
leurs villages, & porter le feu iufques à cinq
cens pas de leur campement. Il n'y eut point
de combat aux iours fuiuans, qui furent employez, tant à defoler entierement la Vaunage,
qu'à faire quitter au Duc de Rohan le logement
de Bernis, & le contraindre de s'enfermer dans
Nifmes. Comme il y fut de retour il eut peine
à appaifer les plaintes que les plus factieux des
Rebelles faifoient contre luy, de ce qu'il n'auoit
iamais voulu attaquer le Duc de Mont-morency à la campagne, & de ce qu'il auoit laiffé
perdre, non feulement les auantages qu'il pouuoit prendre, mais encore les vies & les biens
de ceux qu'il eftoit le plus obligé de proteger.
C'eft vn des plus grands mal-heurs qui fuiuent

Y

la condition des Chefs de Party , qu'il faille
qu'ils rendent compte de toutes leurs actions au
peuple ; c'est à dire à vn Monstre qui de tant de
testes qui le composent , à peine en a vne capable de raison. En effet , bien qu'il leur fist voir
que dans le succés incertain d'vn grand combat, il hazardoit la ruine d'vn Party qui n'auoit
plus de ressource , sa prudence ne laissoit pas
d'estre accusée des particuliers , à qui elle apportoit du preiudice. Ceux de Millaut au Roüergue l'auoient souuent sollicité de leur oster v-
ne espine qui les piquoit tous les iours , & d'attaquer Cressels , dont la garnison tenoit assie-
gée depuis long temps , vne partie de leur ville : Il promit alors de les mettre en liberté ; entra secrettement dans les Seuenes, y grossit ses
troupes , & s'estant rendu à Millaut sur la fin
d'Aoust , en tira quatre canons , & alla mettre
le siege deuant cette place. Pour empescher son
dessein , le Duc de Mont-morency le suit auec
les Regimens qui luy restoient , apres auoir renuoyé ceux du Dauphiné qui l'auoient seruy au
degast de Nismes ; estant à la Saluetat Monsieur
le Prince luy mande de s'auancer en diligence
iusques à saint George , où il auoit donné le
rendez-vous general à ses troupes.

Les Ennemis apres vn assaut, dont ils furent
repoussez auec grande perte , voyant le secours

fi prés d'eux, & craignant qu'on ne les fift retirer auec defordre, leuerent le fiege & allerent fe camper au pied des baftions de Millaut. On iugea bien qu'ils n'y demeureroient pas long temps: mais la route qu'ils deuoient tenir eftoit fort incertaine. Sur les diuers aduis que Monfieur le Prince receuoit à tous momens, il refolut de leur empefcher le chemin de Montauban ; le Duc de Mont-morency eut ordre de leur couper celuy de Caftres, & de les fuiure à cofté, s'ils faifoient retraite dans les Seuenes. A la faueur de ces bruits, que le Duc de Rohan faifoit courir, il deflogea la nuit du douziefme de Septembre, paffa la montagne, & arriua à fainte Frique, fans trouuer aucun empefchement. Cependant la Caffagne qu'il enuoyoit à Nifmes, paroiffant à la pointe du iour fur le chemin de faint Iean du Breüil auec fa Compagnie ; fit croire que toute fon Armée alloit de ce cofté là.

Defia le Duc de Mont-morency faifoit marcher fes troupes pour le fuiure, lors que de Rignac, qu'il auoit enuoyé aux nouuelles, reuint au galop, l'aduertir que les Ennemis auoient pris la route de Caftres ; deux prifonniers qu'il faifoit conduire confirmerent cét aduis, & dirent l'endroit où ils les auoient laiffez. Il falut donc rebrouffer chemin, & s'arrefter ce foir là à saint Iean de la Caualerie, & le lendemain à Fayet ; le iour suiuant le Mareschal de logis qui alloit deuant auec sa Compagnie de Gendarmes, estant sur le haut de la montagne, vit entrer leurs dernieres troupes dans le pont de Camarez ; tellement qu'on ne douta plus qu'ils n'allassent à Castres, & qu'il ne fallust prendre le logement de la Caune, comme le plus important pour les combattre.

Le Duc de Rohan voyant la difficulté du passage, retourne vers Millaut, laisse son Infanterie aux enuirons ; se rend à Nismes auec vne diligence incroyable, en tire le canon auec les troupes que l'on y auoit assemblées par son ordre, & va attaquer Aymargues. Le Duc de Mont-morency ayant cette nouuelle, part de la Caune pour aller au secours de cette Place qui estoit assez bonne pour tenir long temps, & qui fut neantmoins renduë par la lascheté de ceux qui estoient dedans auant qu'il arriuast à Montpellier.

Comme il estoit dans la pensée de reparer cette perte par quelque action considerable, il eut aduis que neuf cens hommes des Seuenes, commandez par la Roque & par Valescure estoient logez à Galargues : c'est vn grand bourg qui occupe vne petite colline, au sommet de laquelle il y a vn reduit fort facile à retrancher,

& qui deffend tout le reſte du lieu; il n'y a qu'v-
ne heure de chemin de là iuſques à Lunel , où
le Duc de Mont-morency eſtoit auec douze
cens hommes de pied ſeulement, & quatre cens
cheuaux. La connoiſſance que les Rebelles a-
uoient de ce petit nombre , le voiſinage d'Aymargues , & de l'Armée du Duc de Rohan , les
fit reſoudre à prendre ce logement ; & l'aduis
que le Duc de Mont-morency auoit reçeu, que
c'eſtoient des gens de Milice , qui n'obſer-
uoient point d'ordre , & que la laſſitude ou l'i-
gnorance du danger auoit fait arreſter en ce lieu,
le fit reſoudre à les enleuer. Il partit enuiron la
mi-nuit apres auoir donné tous les commandemens neceſſaires pour cette attaque , mais il les
trouua beaucoup plus eſueillez & plus reſolus
que l'on ne luy auoit figuré. La peine qu'ils a-
uoient prinſe à faire des barricades , & à s'a-
commoder de tous les auantages que l'aſſiette
du lieu leur fourniſſoit , luy fit bien iuger qu'il
eſtoit impoſſible de les emporter de force. Ils firent pourtant vne grande faute d'abandonner ſi
toſt le village , parce que s'ils l'euſſent gardé
nous n'auions pas aſſez de gens pour les inueſtir. Le Duc s'en ſaiſit fort à propos , tant pour
couurir la foibleſſe de ſes troupes, aux Ennemis
qu'il taſchoit de gagner par la perſuaſion ; que
pour les y contraindre enfin, lors qu'il vit qu'ils

respondoient auec railleries,& à coups de mouf-
quets à ceux qui leur parloient de fe rendre ; les
maifons qu'il fit faifir d'abord enuironnoient les
deux tiers du lieu où ils s'eftoient retirez , de
forte qu'il ne reftoit qu'vne ouuerture , laquelle il fe refolut de remplir , & d'attaquer à découuert ceux qu'il n'auoit pû furprendre. Lef-
ches Capitaine duRegiment d'Annonay fut tué
auec quelques foldats , aux approches qui fe firent de ce cofté-là.

Le Duc ayant ainfi logé fes troupes, enuoya
en diligence pour faire venir deux petits canons
qui eftoient à Lunel, & pour demander fecours
aux Communautez & aux Villes qui luy en pouuoient donner. Tilladet qui eftoit alors Capitaine au Regiment de Picardie, luy mena quatre cens hommes de la garnifon de Montpelier,
auec lefquels il acheua d'inueftir la Place ; tous
fes amis y accoururent auffi toft qu'ils eurent de
fes nouuelles , non pas tant auec efperance de
forcer les ennemis, qu'auec deffein de le retirer
du peril où tout le monde le croyoit engagé:
mais pas vn n'y pût eftre à temps, excepté le
Comte de Rieux qui vint fur la fin du fiege.
Les canons ne furent pas fi toft arriuez qu'ils
commencerent à tirer , & les Rebelles s'efton-
nerent bien plus de la hardieffe & de la promptitude de la batterie qui fe fit de fort prés fans

embrazures ny gabions, que du dommage qu'ils en receuoient. Le mefme iour le Duc de Rohan apres auoir affemblé fes forces à la plaine de Cauuiffon, parut du cofté d'Aigues-viues. Alors les plus hardis du Confeil eftoient d'auis de faire retirer le canon au pont de Lunel : Le Duc de Mont-morency y refifta , & contre les fentimens de Montreal qu'il ne pouuoit foubçonner de timidité ny de faute d'experience, les fit tourner du cofté par où l'Ennemy pouuoit venir , prit fon champ de bataille, & partagea fes troupes en telle forte qu'il rendit également dangereufe l'entrée du fecours , & la fortie des affiegez ; cependant ceux qu'il auoit enuoyez pour reconnoiftre , rapporterent qu'ils auoient vû deux gros efcadrons & deux bataillons, qui faifant vn grand front couuroient ceux qui eftoient derriere , & empefchoient de bien difcerner le nombre des Ennemis ; que toutefois il eftoit aifé à iuger qu'ils ne pouuoient eftre moins de quatre mil hommes de pied, & trois cens cheuaux. L'on vit prefque auffi toft leurs coureurs fur vne butte, où d'Aunoux fut les charger auec quarante Maiftres, & les pouffa iufques auprés de leur gros. ce qui fit croire qu'ils n'auoient pas enuie de combattre ce iour là. Ils reuindrent pourtant bien toft apres occuper la coline auec toute leur Armée, & firent couler

des moufquetaires le long d'vn foſſé, qui contraignirent la Compagnie de du Halier, auec celle
de Vantadour de ſe retirer pour ſe mettre à couuert de leurs coups.

Le Duc de Mont-morency fut toute la nuit
à cheual pour viſiter & renforcer les quartiers
qui en auoient beſoin, & qui eſtoient gardez
auec plus de reſolution que de moyen, d'empeſcher que les Ennemis n'en forçaſſent quelqu'vn ; ce qu'il y auoit apparence qu'ils entre-
prendroient, ayant vne Armée ſi proche qui leur
tendoit les mains. Cependant ils n'ozerent iamais ſortir, croyant que leurs amis n'eſtoient
pas venus iuſques là pour les abandonner. A my-
nuit comme il alloit par tout changer l'ordre,
de peur de ſurpriſe, ou de quelque trahiſon ; vn
volontaire qui l'accompagnoit laſcha vn piſtolet ſans y ſonger, & luy bleſſa ſon cheual. Ceux
qui eſtoient prés de ſa Perſonne furent d'autant
plus alarmez de ce coup, que celuy qui l'auoit
tiré auoit vn frere auec le Duc de Rohan ; il
n'en teſmoigna pourtant ny colere ny ſoubçon ;
& s'eſtant fait donner vn autre cheual, continua d'éveiller & d'animer tout le monde par ſon
exemple.

Enuiron ce temps là l'on entendit vn bruit
confus de tambours, de trompettes, d'hommes
& de cheuaux, qui s'augmentoit touſiours en

s'approchant de Galargues, pour donner à ceux
qui eſtoient dedans, le ſignal & la commodité
de ſortir à la faueur de cette alarme. Le Duc de
Mont-morency croyant que c'eſtoit tout à bon,
eut bien toſt repris le champ de bataille du iour
precedent, qui eſtoit dans vn fonds où il y auoit
quelques mazures qui ſeruoient de redoutes à
noſtre Infanterie, vn peu eſtonnée du grand
nombre des Ennemis. Ils pouuoient venir à couuert iuſques à vne eſplanade releuée, & fort
proche, au bout de laquelle les ſentinelles perduës de noſtre Caualerie furent logées, auec
ordre de ſe retirer à vn eſcadron que de Rignac
deuoit ſouſtenir auec cinquante Maiſtres. Le
Duc de Montmorency ſuiuy des volontaires,
faiſoit front d'vn autre coſté, ayant à ſa gauche les cheuaux legers de du Halier auec les
Gendarmes de Vantadour, & deuant luy ſes
Gardes auec d'Aunoux à la teſte du reſte de ſa
Compagnie. Mais bien qu'il donnaſt ſes ordres
auec vne promptitude nompareille, le Baron
de Melay qui faiſoit la charge de Mareſchal de
Camp ne croyoit pas auoir aſſez de temps pour
les receuoir : En effet, auſſi toſt apres le premier bruit que les Ennemis auoient fait, l'on
entendit les mouſquetades qu'ils tiroient ſur les
Vedettes auancées de noſtre Cauallerie, &
qu'ils redoubloient en montant ſur l'eſplanade,

lors que Varfous Lieutenant des Carabins de
faint Martin, qui eftoit à la main gauche de de
Rignac ; apres auoir fait tirer fur eux, fut les
charger l'efpée à la main, tua quelques vns des
auancez, & pouffa le refte iufques aux foffez
par où ils eftoient venus. Apres cette charge,
ils ne tirerent plus, les Tambours & les Trompettes cefferent, & l'Armée s'en retourna à Cauuiffon. Le Duc de Rohan voyant que fa prefence donnoit auffi peu de courage aux affiegez, que d'apprehenfion aux noftres, crût qu'il
y auoit moins de danger à laiffer perir ceux qui
negligeoient les moyens de fe fauuer, qu'à combattre nos gens qu'il voyoit en eftat de fe bien
deffendre, & fe retira enfin également eftonné de la lafcheté des vns, & de la refolution
des autres. Ceux de Galargues fe voyant fans
efperance, apres fa retraite fe rendirent à difcretion, fauf qu'ils pourroient rachepter leurs
vies & leurs libertez en faifant remettre Aymargues entre nos mains, ee qu'ils s'affeuroient que
le Duc de Rohan ne refuferoit pas, comme il
fit, lors que Valefcure, l'vn de leurs Chefs, luy
porta la Capitulation qu'ils auoient fignée l'on-
ziefme iour d'Octobre.

C'eftoit vne chofe digne de pitié & d'admiration, de voir fortir plus de huit cens foldats,
attachez deux à deux, & cinquante Officiers

fans efpées , pris par vn nombre qui n'eftoit
guere plus grand ; & à la veuë d'vne Armée
de quatre mil hommes : on ne fçauoit à qui attribuer plus de blafme ou à ceux qui n'auoient
ofé forcer quelque quartier pour fortir, dont le
plus fort n'eftoit pas de trois cens hommes,
ou aux autres qui auoient perdu l'auantage que
noftre foibleffe leur donnoit, & qui ne pouuoit eftre fuppleé, que par la bonne fortune,
& par la valeur extraordinaire du General.

Quelques iours apres, les Ennemis attaque-
rent Mons auprés d'Alez ; & Hannibal à qui
ce Chafteau appartenoit , eut le déplaifir de le
voir prendre fans y pouuoir conduire le fecours
qu'il auoit preparé à caufe du débordement de
la riuiere du Gardon qui l'empefcha de paffer.
Le Duc de Rohan croyoit qu'vne Compagnie
de gens de pied qui fe rendirent à luy , & qu'il
menaçoit du mefme traitement que l'on feroit
fouffrir à ceux de Galargues , deliureroit ceux-
cy de la peine où ils s'eftoient foubmis , & que
par ce moyen il fe defchargeroit du blafme d'a-
uoir refufé les conditions qui pouuoient fauuer la vie , & la liberté d'vn fi grand nombre de perfonnes. Mais le Roy ayant enuoyé
fes volontez par efcrit à Monfieur le Prince,
l'Intendant de la Iuftice qui eftoit auprés de
luy , fut à Montpellier pour les faire executer.

Z ij

La mort de soixante-quatre paya pour le reste, & attira celle de pareil nombre de prisonniers, qu'vne Assemblée qui se tenoit à Anduze, condamna au mesme supplice. Le Duc de Montmorency eust volontiers contribué de son sang pour garantir la vie de ces miserables ; & s'il n'eust falu pour cela que diminuer l'honneur de la prise de ceux de Galargues, il y eust non seulement consenty, mais mesme il eust voulu qu'elle ne fust pas arriuée si le seruice de sa Maiesté luy eust permis de faire vn tel souhait. N'estant donc pas raisonable qu'il murmurast contre sa Iustice qui demandoit des exemples, & ne pouuant aussi empescher la cruauté des Rebelles, qui desiroient des victimes, il fut contraint de mettre au rang des victoires mal-heureuses vne des plus belles actions de sa vie.

Pour consoler Hannibal de la perte de sa Maison, il luy proposa vne entreprise qu'il faisoit entretenir sur le Chasteau de Lunas, dont il vouloit qu'il fist l'execution, & qu'il retirast le principal auantage. Le Roy auoit ordonné en l'année mil six cens vingt-cinq, qu'il fust remis au Baron de Fougeres qui en estoit le Seigneur, sur l'asseurance que ses parens luy auoient donnée de la fidelité de ce Gentil-homme, qui n'auoit pas laissé neantmoins de se ietter dans la rebellion. Il y auoit desia long temps que le Duc de Mont-morency taſchoit de retirer cette Place: ce que ne pouuant faire par les moyens qu'il y auoit employez autre fois, à cauſe du ſoin que l'on auoit eu de la mettre en eſtat de reſiſter à vn long ſiege; il auoit eu recours à l'adreſſe, & y auoit fait entrer deux Soldats pour reconoiſtre s'il y auoit le défaut de viures dont on luy auoit donné aduis. Les Soldats apres y auoir demeuré quelque temps, vindrent luy rapporter qu'il n'y auoit des munitions de bouche que pour vn mois. Il falut donc empeſcher qu'il ne leur en arriuaſt point ; & pour cét effet les Regimens de Buſſi & d'Hannibal qui eſtoient aux enuirons de Lunas, allerent ſe ſaiſir du Bourg; & firent garder les paſſages par où l'on pouuoit entrer au Chaſteau. Le Baron de Puiol qui donnoit les ordres, fit tenir ſur la montagne de l'Eſcandolle vne brigade des Gendarmes du Duc, auec la Compagnie de cheuaux legers de Dizimieux, & les Carabins de ſaint Martin, pour battre l'eſtrade, & s'oppoſer à ce qui paroiſtroit ſur le chemin du Roüergue. Le Baron de Fougeres qui voyoit perir ſa Maiſon auſſi miſerablement qu'elle s'eſtoit perduë pendant la vie de ſon pere, preſſoit le Duc de Rohan d'y enuoyer du ſecours. Aſſas du Cauſſe eut ordre de le conduire auec mille hommes de pied, qui s'auancerent iuſques à Cornus, & s'en retournerent ſans

Z iij

ozer paſſer plus auant; ce qui fut cauſe que ceux qui eſtoient dans Lunas furent contraints de ſe rendre cinq ſemaines apres qu'ils furent inueſtis , & Hannibal y entra le 16. Feurier 1627. & en eut le Gouuernement comme le Duc le luy auoit fait eſperer.

Cependant le Marquis de Portes qu'il auoit enuoyé à la Court , lors que le Roy paſſoit en Italie , reuint auec ordre d'attaquer Soyon, & d'employer pour ce deſſein les Regimens qui eſtoient dans Montpellier, auec quelques Compagnies de Caualerie que le Baron de Biron auoit autour de Montauban : Le Marquis auoit rencontré le Roy à Grenoble , qui luy auoit commandé de retourner pour ſeruir dans l'Armée que ſa Maieſté faiſoit entrer en Piedmont; Apres auoir rendu conte de ſon voyage , il fut obligé d'aller ſecourir ſa maiſon de Portes, que le Duc de Rohan menaçoit d'aſſieger. Deſia ſaint André de Montbrun luy auoit pris celle de ſaint Iean, & s'auançoit du coſté de Ville-fort lors qu'il y arriua : le paſſage de cette petite ville eſtoit aſſez important , mais fort mal aiſé à deffendre; n'y ayant point d'autres murailles, que celles des maiſons ſans fortification ny foſſé. Il y laiſſa Cruſſolles, auec ce qui pût ſe ramaſſer promptement dans le voiſinage; & alla pouruoir à la ſeureté de la Garde, qui n'en eſt qu'à

vne petite lieuë ; c'eſt vn Chaſteau qui ferme le
paſſage des Seuenes d'vn coſté, & deffend la
montagne des courſes que les Rebelles du païs
y pourroient faire : Morangez qui en eſt Seigneur l'a conſerué pendant tous les mouuemens
de la rebellion ; & ſouuent il a eſté contraint de
s'eſloigner du Duc de Mont-morency, qui l'employoit dans la conduite des principales affaires
de la guerre, pour aller remedier au repos du
Geuaudan & du Vellay, qui dépendoit en partie de la conſeruation de cette place. La nuit
que le Marquis de Portes y arriua, les Ennemis
vindrent attaquer le faux-bourg de Ville-fort,
où Cruſſoles auec quelques autres fut les receuoir l'eſpée à la main : dis ou douze des plus
hardis y demeurerent ; les autres furent repouſſez, & pourſuiuis par les païſans Catholiques,
iuſques aux terres de ceux de leur party. Le lendemain le Duc de Rohan fit retirer ſes troupes, voyant bien que la preſence du Marquis
l'empeſchoit de faire reüſſir les deſſeins qu'il a-
uoit en ce païs là.

Pendant ce voyage, le Duc de Mont-morency, à qui le Baron de Biron s'eſtoit ioint, fut
bruſler les Moulins de Niſmes qui eſtoient ſur
vn coſtau, au port du piſtolet des fortifications
de la ville ; & ſelon la couſtume il alla ſi auant
dans le peril, que ſes ſeruiteurs en furent eſton-

nez auffi bien que les Ennemis. Les Habitans
& les gens de guerre fortirent ; vne partie s'arrefta à la contr'efcarpe des baftions, dont ils nous
tirerent force moufquetades : Ceux-cy furent
plus heureux que leurs compagnons , qui voulurent s'approcher dauantage , dont les vns demeurerent fur la place , les autres fe retirerent,
fans pouuoir empefcher le feu que l'on mit à la
plufpart de leurs moulins. Apres ce combat (que
l'honneur des Armes du Roy, paffant auprés de
la principale Place de la Rebellion fit entreprendre, & que la prefence du General fit reüffir) les
troupes prirent le chemin du Pont S. Efprit, &
le Duc de Mont-morency celuy d'Auignon; où
le Marquis de Portes qui auoit eu ordre du Roy
d'aller feruir dans l'Armée de Piedmont, vint
receuoir fes commandemens. D'Auignon , le
Duc fut à Valence pour voir le Garde des Seaux
de Marillac , auec lequel ayant conferé des
moyens de prendre Soyon, il alla à la Voûte,
où eftoit le rendez-vous general de l'Armée. Le
iour qu'elle y arriua , il voulut aller reconnoiftre
fi la riuiere de Charmes eftoit fi débordée , que
la pluye des iours precedans le faifoit apprehender: Douze ou quinze cheuaux des Ennemis,
& cinquante ou foixante foldats parurent de
l'autre cofté qui le voyant à la portée du moufquet, commencerent à tirer fur luy : Marfillas
qui

qui estoit son guide, se iette dans l'eau pour aller à eux; ses Gardes le suiuent, & le Teil qui en estoit Enseigne, s'y noya miserablement. Marsillas estant passé auec quelques autres, poussa les Ennemis qui se retirerent du costé de Boischastel, & fit quelques prisonniers, desquels on apprit des nouuelles de ceux de Soyon.

Le lendemain la riuiere fut gayable pour la Caualerie; l'on eut des batteaux pour les gens de pied; de sorte que toute l'armée estant passée sans aucun danger, prit son premier logement à Charmes, d'où on alla inuestir Soyon: Aux approches il y eut combat, où les Rebelles que l'on auoit inutilement sommez de se rendre, firent paroistre qu'ils estoient gens de cœur & de conduitte. Le Regiment de l'Estrange estant arriué, fit vne attaque fort hardie, où Maison-seule, premier Capitaine fut tué, auec quelques soldats : les Ennemis y perdirent du Terrain, & des hommes. Mais pour estre plus foibles & plus pressez, ils ne tesmoignerent pas moins d'obstination. La principale force de Soyon consistoit en deux Tours, basties sur vn grand Rocher, qui s'esleue au bord du Rosne, & dans la pante duquel la Nature auoit laissé vn chemin, dont ils firent vne ligne de communication pour aller à vne cauerne presque inaccessible. Cette situation également fauora-

ble pour la deffence & pour la retraite des affiegez, leur donna le courage de refifter iufques
au bout : Le canon tiroit furieufement, tant
pour les incommoder, que pour le plaifir des
Meffieurs du Confeil qui fortoient fouuent de
Valence pour venir voir l'Armée. Tous les foirs
on eftoit à cheual pour empefcher le fecours des
Boutieres d'où l'on eftoit fort proche, à la grande diminution de nos troupes qui ne voyoient
point reuenir les foldats qui s'efcartoient de ce
cofté-là. Enfin le feptiefme iour du fiege la
bréche fut iugée raifonnable, & l'affaut refolu
pour le lendemain. Mais le Chambonet baftard
de Brifon & Chef des Rebelles, n'ofa pas le fouftenir : il fe fauua à la faueur de la nuit & de
la mauuaife garde d'vne Compagnie, dont le
Capitaine fut fort blafmé, & eut mefme befoin enuers le Roy de l'interceffion de fon General. La Place fut rafée, & le Duc de Mont-
morency apres auoir mis le Rofne en liberté
deux fois dans vne mefme année; alla vifiter fa
femme qu'il auoit laiffée malade en partant de
Beaucaire. Lors qu'il y fut, il trouua que fa maladie, dont la connoiffance fembloit au commencement plus difficile que la guerifon, eftoit en
fin deuenuë d'autant plus mal-aifée à guerir,
qu'elle eftoit trop clairement conuë : Tous les
Medecins demeuroient d'accord, que c'eftoit

vne fiévre hectique, caufée par les viues & con-
tinuelles apprehenfions de fon efprit , & dont
le mauuais fuccés ne pouuoit eftre empefché
que par la ieuneffe, iointe à la vertu des remedes : mais par mal-heur, les plus capapables de
la foulager n'eftoient pas en leur puiffance. Car
pour mettre en repos l'ame qui communiquoit au
corps ces dangereufes impreffions, il falloit mettre hors de danger ce qu'elle cheriffoit plus que
la vie ; & les occafions où le Duc expofoit tous
les iours la fienne , la priuant de cette tranqui-
lité, rendoient inutiles tous les foins qu'on prenoit pour fa guerifon. Enfin l'on eut recours au
changement d'air, & on la fit porter le plus com-
modément qu'il fut poffible à Pezenas. Apres
fon départ, le Marefchal d'Eftrée vint faire vn
logement à faint Gilles , auec les troupes qu'il
auoit ramenées de Piedmont. Le Duc de Mont-
morency qui eftoit demeuré à Beaucaire en eut
quelque ialoufie, parce qu'en mefme temps le
Marefchal de Schomberg luy enuoya demander de la part du Roy toutes celles qui eftoient
fous fa charge pour des deffeins qui ne luy furent point communiquez. Il fouffrit pourtant
l'vn & l'autre auec la mefme patience qu'il auoit
euë quelques mois auparauant, de voir que l'on
traittoit la paix des Rebelles du Languedoc fans
l'en aduertir. Il auoit appris des feruiteurs qu'il

entretenoit parmy eux , que le Marquis de Foffez Gouuerneur de Montpellier auoit enuoyé du
Cros à Nifmes pour en conferer auec le Mini-
ftre Chauue , & tous deux auec le Duc de Rohan ; & quoy que cette negociation ne fuft pas
en eftat de reüffir , il fçauoit que le Cardinal de
Richelieu la faifoit continuer par les mefmes
perfonnes qui auoient reçeu commandement
exprés de ne luy en donner aucune connoiffance. Toutes ces marques de mefpris ou de foub-
çon ne l'empefcherent pas de feruir le Roy a-
uec fon affection accouftumée : & ie ne puis
que ie ne faffe icy comparaifon de la conduite
des Rebelles auec la generofité de la fienne. Les
mauuais traittemens qu'il leur auoit faits en diuerfes occafions deuoient auec apparence les
auoir animez contre luy : neantmoins plus on
tafchoit de le leur rendre odieux , plus ils a-
uoient pour luy de l'amour & de la confiance.
La Paix auantageufe qu'on leur offrit , lors que
le Roy paffoit en Piedmont leur fut fufpecte,
& toutes les Conferences que depuis on eut fur
ce fujet , furent inutiles , iufques à ce que le
Duc de Mont-morency leur enuoya des Ne-
gociateurs. Cette verité eftant enfin connuë à
la Court, il euft efté bien difficile de luy nuire
auprés de fa Maiefté qu'il fut trouuer à Valence , à fon retour de Suze. En effet le Roy le re-

çeut auec vn accueil digne des seruices qu'il venoit de luy rendre, & qu'il eut ordre de continuer, particulierement en ce qui regardoit la
Paix, dont la direction luy fut commise. Le siege
de Priuas fut resolu & pressé si viuement, que
cette Place, qui au iugement de tous ceux qui
l'auoient reconnuë, estoit capable de tenir plus
de deux mois, fut forcée en moins de quinze
iours.

La scituation de la ville, bastie sur vn costau
en rendoit l'accés dangereux par tout, & impossible en quelques endroits ; les approches
neantmoins se firent de tous costez auec vne
égale hardiesse, quoy que ce ne fust pas en
mesme temps. Il est vray qu'au quartier du Duc
de Mont-morency, qui commença de les inues-
stir, il y eut plus de peine & plus de combat
qu'ailleurs, à cause des postes aduantageux d'où
il faloit déloger les ennemis. Les approches e-
stant faites auec moins de perte qu'on ne croyoit, il ne restoit plus qu'à faire monter le canon:
les Officiers de l'artillerie en trouuoient la conduite fort mal-aisée, & demandoient du temps
& des recompences, qu'il n'estoit raisonable, ny
possible de leur accorder ; lors que Polargues
Gentil-homme de la suitte du Duc de Mont-morency sçachant le plaisir qu'il feroit à son Maistre,
de rendre ce seruice à sa Maiesté, offrit de mettre

le canon en batterie auec tant de promptitude,
& à ſi peu de frais, que ceux qui ſe moquoient
de ſa propoſition, furent contraints d'admirer
ſa diligence : En moins de deux iours la batterie du Roy , & celle du Duc de Mont-morency furent en eſtat ; & continuerent de tirer ſi
furieuſement , qu'au quatrieſme iour, qui e-
ſtoit le vingt-ſixieſme de May , il y eut bréche raiſonable. Le ſoir l'aſſaut fut donné, fort
hardiment , & ſouſtenu de la meſme ſorte. Il
y demeura beaucoup de gens de noſtre coſté:
mais quoy que les Ennemis euſſent repouſſé l'aſſaut, & conſerué le baſtion qu'on attaquoit, il
ſe trouua le lendemain que leur perte eſtoit plus
grande que la noſtre , parce qu'ils y perdirent
le courage & la reſolution de ſe deffendre. On
dit que Cheurilles fut cauſe de ce refroidiſſe-
ment , & qu'il fit croire au peuple, que Saint
André de Montbrun leur Gouuerneur traitoit
en particulier pour luy , & pour ceux qu'il a-
uoit menez dans Priuas. Quoy qu'il en ſoit, les
Habitans entrerent en défiance ; & abandon-
nant la ville obligerent les gens de guerre de ſe
retirer au fort de Toulon. Le lendemain qu'ils
y furent, la neceſſité de viures les fit rendre à
diſcretion , & ſouffrir de la fureur des ſoldats
les meſmes cruautez qui furent exercées aux autres quartiers de cette mal-heureuſe place. Tous

les iours prefque de ce fiege font remarquables
par la perte de quelque perfonne de commandement : deux Marefchaux de Camp y moururent, à fçauoir le Marquis d'Vxelles d'vne blef-
fure qu'il reçeut aux approches, & le Marquis
de Portes d'vne moufquetade à la tefte. Le iour
mefme qu'il fut tué, il deuoit eftre fait Marefchal de France : on le regretta à la Court comme vn homme de grand feruice, & qui pouuoit pretendre par fon merite aux plus belles
charges du Royaume. Enuiron le temps de fa
mort, le Duc de Mont-morency dormant dans
fa tante, fut efueillé par vne voix femblable à
celle du Marquis qui luy difoit triftement adieu;
l'amour qu'il auoit pour vne perfonne qui luy
eftoit fi proche, fit qu'il attribua l'illufion de ce
fonge à la force de fon imagination ; & le trauail de la nuit qu'il auoit paffée felon fa couftume dans les tranchées, fut caufe qu'il fe rendormit fans aucune crainte : mais la mefme voix
qui auoit troublé fon fommeil, l'interrompit encore vn coup, & le phantofme qu'il n'auoit vû
qu'en dormant, le contraignit de s'efueiller, &
d'oüir diftinctement les mefmes mots qu'il auoit
prononcez, & qu'il repeta auant que de difpa-
roiftre: alors il fe reffouuint qu'vn iour qu'ils en-
tendoient difcourir le Philofophe Pitart fur la
feparation de l'Ame d'auec le corps, ils s'eftoient

promis de ſe dire adieu l'vn à l'autre, ſi le premier qui viendroit à mourir en auoit la permiſ-
ſion, & ne pouuant s'empeſcher de craindre la
verité de cét aduertiſſement, il enuoya promptement vn de ſes domeſtiques au quartier du
Marquis qui eſtoit aſſez eſloigné du ſien : auant
que ſon homme fuſt de retour on vint le querir
de la part du Roy qui luy fit dire par des perſonnes propres à le conſoler, l'infortune qu'il a-
uoit apprehendée. Ie laiſſe à diſputer aux doctes
ſur la raiſon de cét euenement que i'ay pluſieurs
fois oüy reciter au Duc de Mont-morency, &
dont i'ay crû que la merueille & la verité eſtoient
également dignes de mon Hiſtoire.

L'exemple de la deſolation de Priuas eſtonna
les villes Rebelles du bas Languedoc; neantmoins
la cauſe qui auoit auancé ſa ruine ne pût eſtre
empeſchée par quelque ſoin particulier qu'on y
apportaſt ; la diuiſion ſe gliſſa dans l'eſprit des
peuples au meſme temps qu'ils déploroient les
mal-heurs qu'elle venoit d'attirer ſur leurs amis.
Il eſt vray qu'au lieu d'y produire l'effet qu'on
en deuoit eſperer, elle les porta au deſeſpoir
pluſtoſt qu'à la repentance. Ils commencerent à
ſe défier de tout ; & n'eſperant point de ſalut
rendirent leur perte d'autant plus dangereuſe
qu'ils la croyoient inéuitable. Les ſeruiteurs que
le Duc de Mont-morency auoit parmy eux ſe

ſeruirent

feruirent de ce defordre, pour leur perfuader de rechercher en particulier la paix qu'il leur eſtoit impoſſible d'obtenir en general. Il leur fit repreſenter ; Que le ſecours qu'ils pouuoient attendre d'vn Chef qui eſtoit la cauſe de tous leurs maux, eſtoit bien petit : & que la rebellion ayant quelque choſe de contagieux, deuoit eſtre traitée comme les maladies peſtilentes, qui ſe gueriſſent d'autant mieux que ceux qui en ſont attaints ſont plus eſloignez les vns des autres ; & que c'eſtoit la vraye poſture où il failoit ſe mettre pour obtenir Grace, puis qu'il n'eſtoit point en eſtat de demander autre choſe à ſa Maieſté. Il ſçeut en fin ſi bien ménager l'occaſion de leur crainte, que non ſeulement il les détacha des intereſts du Duc de Rohan : mais il obligea les villes à receuoir ſeparément la miſericorde du Roy. Ayant mis ces bonnes diſpoſitions dans l'eſprit des plus factieux Habitans des villes Rebelles il partit auec l'auant-garde de l'armée pour d'vn coſté leur repreſenter le pardon, & de l'autre les menacer de la punition de leurs crimes. Le premier reüſſit ſi heureuſement, par la confiance que tout le monde prenoit en luy, que ſa Maieſté trauerſa les montagnes du Viuarez, paſſa la riuiere d'Ardeche; trouua dans l'obeïſſance Valons, Barjac, ſaint Ambroiſe, auec toutes les autres villes qui eſtoient ſur ſon chemin; & ſans aucun retardement arriua deuant

Alez, que ſes troupes auoient commencé d'inueſtir. Le Duc de Rohan y eſtant allé quelques
iours auparauant, auoit emmené auec luy le Baron d'Alez qui en auoit le Gouuernement, &
qui en eſtant Seigneur en partie, pouuoit diſ-
poſer des gens de guerre & des habitans, auec
vne authorité abſoluë; c'eſt pourquoy il ne voulut pas luy donner vne ſi belle occaſion de ſe
repentir de la faute qu'il auoit faite de quitter
le ſeruice du Roy, où il a depuis acquis tant
d'eſtime, & y laiſſa Mirabel pour commander
à ſa place. Ce changement de Gouuerneur ne
fit que retarder de quelques iours la concluſion
de la paix. La ville eſtoit aſſez bien fortifiée excepté du coſté de la riuiere, les approches ſe
firent la nuit du neufieſme de Iuin, & il y eut
combat opiniaſtré à vn poſte que les Ennemis
deffendirent courageuſement. Le Duc de Mont-
morency le leur faiſant enleuer le lendemain,
faillit à eſtre tué d'vn coup de fauconneau de
la ville, & fut bleſſé d'vn coup de pierre au bras,
dequoy il reçeut plus de deſplaiſir que d'incommodité, parce que le Roy en eſtant aduerty, luy
fit des reproches de ce qu'il hazardoit trop ſa
perſonne. En effet il n'auoit iamais eſté ſi neceſſaire à ſon ſeruice qu'il eſtoit lors; car outre qu'il
auoit toute la charge de l'Armée, que les Mareſchaux de Schomberg & de Baſſompierre luy

auoient laiſſée apres le ſiege de Priuas ; on ne pouuoit ſe paſſer de luy dans les negociations qui ſe faiſoient par ſes ſeruiteurs auec des peuples qui ne vouloient prendre confiance qu'en ſa parole. Nauez acheua heureuſement celle d'Alais auant que noſtre canon y arriuaſt, & diſpoſa Mirabel à rendre la ville le dix-ſeptieſme de Iuin. Toutes les autres places ſuiuirent cét exemple, & reuindrent dans l'obeïſſance de la meſme ſorte que le Duc auoit promis à ſa Maieſté, de les y ramener : ce qui eſt d'autant plus conſiderable que tous les autres moyens que l'on auoit employez pour cét effet n'auoient pas reüſſi. La Paix eſtant reſoluë de cette ſorte à l'Edignan, & publiée pendant le ſejour du Roy à Niſmes par l'Edict de Grace du mois de Iuillet 1629. ſa Maieſté prit la route de Lion, & le Cardinal de Richelieu celle de Montauban. En paſſant par Montpellier il fit vnir la Cour des Aydes auec la Chambre des Comptes, & verifier l'Edict de la Creation des Eſleus du Languedoc. Les Eſtats du païs qui auoient demeuré long temps aſſemblez à Pezenas y euſſent formé des oppoſitions, que la liberté de leurs priuileges leur permettoit, ſi le Duc de Mont-morency ne les euſt obligez de rendre cette ſubmiſſion aueugle aux volontez du Conſeil. Ce n'eſt pas qu'il ne connuſt bien que la perte des

libertez de la Prouince attiroit celle de ſon authorité; mais il voyoit auſſi que tous les ſeruices qu'il venoit de rendre, n'empeſcheroient pas
que ſes Ennemis ne priſſent auantage de cette
derniere eſpreuue où l'on mettoit ſa fidelité, &
que l'on ne luy imputaſt le blaſme de tous les
obſtacles qui s'oppoſeroient à l'eſtabliſſement
des Eſleus.

Fin du troiſieſme Liure.

SOMMAIRE DV

QVATRIESME LIVRE.

LE Duc de Mont-morency ayant faict le premier voyage du Piedmont, où il demeura iusques à la prise de Pignerol en qualité de volontaire, s'en retourne en France auec le Cardinal de Richelieu. A Grenoble le Roy luy commande de repasser les Monts, pour aller commander l'Armée, qu'il trouua en fort mauuais estat. Les soins qu'il prend auec le Mareschal de la Force pour la faire subsister. Leur sortie de Pignerol, où ils sont contraints de ramener l'Armée apres auoir pris Iauenne. La peste & les autres incommoditez qu'il souffre; dont le Roy en estant aduerty, luy mande d'aller à saint Iean de Morienne. Sa Maiesté luy ordonne de passer pour la troisiesme fois en Piedmont auec de nouuelles forces. Particularitez du combat de Veillane. La prise de Salusses, de Reuel, & de la Valée du Po. Allant au secours de Cazal il est arresté à Carignan par les troupes du Duc de Sauoye, iointes à celles des Alemans & des Espagnols, & par la foiblesse des nostres, que la peste

B b iij

deſtruiſoit tous les iours. La reſolution qu'il fait
prendre, d'emporter les trauaux des ennemis, qui
eſtoient en eſtat de deffence. L'heureux ſuccés de
l'attaque qu'on fit à leur demy-lune : le nombre &
la condition de leurs morts, & de leurs priſonniers : Et enfin la gloire & l'auantage que nous en
receuſmes. Son retour en France. La confiance que
le Roy prend en luy, pendant ſa maladie à Lyon,
& les honorables Commandemens qu'il luy fait. La
generoſité du Duc de Mont-morency enuers le Cardinal de Richelieu. Son voyage en Languedoc, &
à la Cour, où il eſt fait Mareſchal de France.

HISTOIRE
DE LA VIE
DE HENRY
DERNIER DVC
DE MONT-MORENCY.

LIVRE QVATRIESME.

E s contrauentions au Traité de Suze obligeant le Roy
d'enuoyer vne Armée au
secours de Cazal, le Car-
dinal de Richelieu fut choisi pour en auoir la conduite. Le Duc de Mont-mo-
rency resolut de faire ce vo-
yage ; & l'on disoit tout haut à la Court, que
la promesse qu'il auoit reçeuë de la charge de

Mareſchal de Camp general, eſtoit le ſeul mo-
tif qui le luy faiſoit entreprendre. Ce bruit, de
quelque cauſe qu'il procedaſt, s'eſpandit ſi loin,
qu'en arriuant à Lyon il y trouua toute la Nobleſſe du Viuarez qui eſtoit accouruë pour receuoir ſes Commandemens ; il retint Montreal,
Clauſtre-vieille, & quelques autres Gentils-hommes conſiderables. Le Comte de Clairmont s'e-
ſtoit engagé depuis Paris à le ſuiure ; tellement
qu'on peut aſſeurer que depuis les premieres
guerres d'Italie il n'y eſtoit point paſſé de Volontaire ſi bien accompagné que luy. Il auoit
pourtant reſolu de quitter bien toſt cette qualité, & de s'en reuenir, apres auoir tiré l'eſpée
à la premiere occaſion qui ſe rencontreroit ; c'e-
ſtoit le diſcours ordinaire qu'il tenoit à ſes amis:
mais il ne ſçauoit pas les auantures qui l'attendoient en ce païs là, ny que Dieu le reſeruaſt
pour y ſauuer, comme il fit, la reputation de la
France, & l'honneur des Armes du Roy.

Le Cardinal partit de Lyon ſur la fin du mois
de Ianuier de l'année mil ſix cens trente, pour
aller à Grenoble, où il auoit donné le rendez-
vous à ſes troupes. Le Duc de Mont-morency
qui ſe trouuoit mal depuis quelques iours voulut ſe mettre en chemin le lendemain apres luy:
mais l'agitation du caroſſe ayant augmenté ſa
fiévre, il fut contraint de s'arreſter au Chaſteau

de Breſſieux, d'où l'on enuoya toute la nuit à
Grenoble pour le faire aſſiſter. Celuy qui eut cette charge, voyant que chez le Cardinal de Richelieu on parloit de ſon indiſpoſition comme d'vn
pretexte qu'il prenoit pour ſe tenir à l'eſcart, luy
demanda ſon Medecin, au retour duquel on ſçeut
la verité de ſon mal qui eſtoit vne fiévre continuë.
Il demeura ſix iours à Breſſieux, & contre la volonté du Marquis, qui s'efforçoit par toutes ſortes de ſoins de le retenir; ſe fit porter à Grenoble,
où il fut encore quelque temps à acheuer de ſe
guerir; ſi toſt qu'il eut la force de monter à cheual,
il partit, & trouua l'Armée à Ours, par delà le
Mont Genevre. Le Cardinal luy teſmoigna la ſatisfaction qu'il receuoit du recouurement de ſa
ſanté, & luy dit les particularitez de ce qui s'eſtoit
paſſé à Ambrun auec le Nonce de ſa Saincteté, &
auec le ſieur Mazarin, qui a eſté eſleué depuis à la
dignité de Cardinal par les grands ſeruices qu'il
a rendus, comme tout le monde ſçait, à l'Egliſe,
& particulierement à la France. Ils allerent dans
peu de iours à Suze, où apres pluſieurs Conferences qu'on eut auec le Prince de Piedmont, il ne fut
rien conclu, ny pour la Paix generale auec l'Empereur, ny pour l'accómodement particulier auec
le Duc de Sauoye, dont on auoit ſi ſouuent fait les
propoſitions. Pour ménager ce temps inutile, le
Duc de Mont-morency prit l'occaſion d'aller à

C c

Turin, où quoy qu'il euſt fait deſſein d'eſtre comme inconnu, le Duc le reçeut auec les meſmes honneurs que s'il fuſt venu le viſiter auec toute ſa ſuitte. Il fut logé au Palais du Prince de Carignan, & ſeruy par le Maiſtre des Ceremonies de ſon Alteſſe, auquel il donna vn diamant de mille eſcus, & deux cens piſtoles aux autres Officiers. Quelques iours apres ſon retour à l'Armée, qui eſtoit à Cazalete, on fut contraint de rompre auec le Duc, & de paſſer la Doire, pour aller prendre le logement de Riuolle. Le deſſein d'attaquer Pignerol, fut là reſolu, & l'auant-garde au lieu de prendre la route du Po, s'auança le dix-neufieſme iour de Mars iuſques à Piuſaſque. Le Duc de Montmorency voulut la ſuiure pour combattre auec la Caualerie que le Comte d'Alez ſon nepueu commandoit. Le lendemain il fut auec le Comte de Clermont, & quelques autres volontaires, iuſques aux portes de Pignerol, d'où on luy tira quantité de mouſquetades, & des coups de canon de la Citadelle : Parmy les priſonniers qui furent faits, il y en auoit vn qui portoit des lettres à Turin, par leſquelles on ſçeut le mauuais eſtat de la Place. Le iour meſme la ville fut inueſtie, & priſe deux iours apres par Capitulation. Au meſme temps l'on aſſiegea la Citadelle, que la laſcheté du Gouuerneur fit ren-

dre à la veille de Pafques, n'ayant point de honte de fortir auec fix cens hommes d'vn lieu qu'il
pouuoit longuement deffendre fans eftre pref-
fé, ny au dedans ny au dehors d'aucune forte
de neceffité.

Le quatriefme iour d'Auril Briqueras fut pris
fans refiftance, on y traça vn fort pour incommoder les valées de Lucerne, d'Angrogne &
de faint Martin, qui vindrent le lendemain fe
remettre fouz la protection & fouz l'obeïffance du Roy.

Pendant ces conqueftes, les Armées du Duc
de Sauoye, du Colalto, & de Spinola, fe ioignirent pour garder les riues du Po, & empefcher nos progrez de ce cofté-là. Leurs troupes
affemblées eftoient de beaucoup plus fortes que
les noftres, tellement que le plus grand foin que
nous eufmes, fut d'affeurer ce qu'on auoit pris,
par les fortifications de Briqueras, & de Pignerol. Si toft qu'elles furent en eftat de deffence,
le Cardinal de Richelieu partit, & arriua le
neufiefme iour de May à Grenoble. Le Duc de
Mont-morency s'y rendit auffi, & alla le lendemain à la rencontre du Roy, qui dit en le
voyant aborder, *Voicy le plus vaillant homme de
mon Royaume*. Les careffes que fa Maiefté luy fit
ne l'obligerent pas moins que les paroles qu'elle
auoit dites.

Quelques iours apres il eut ordre de repaſ-
ſer les Monts pour aller commander les troupes qui eſtoient reduittes és enuirons de Pignerol , & aſſez occupées à conſeruer ce qu'on a-
uoit pris. Le Mareſchal de Schomberg fut bien
aiſe de ſe retirer d'vn païs où il n'y auoit plus
de conqueſtes à faire, & de luy laiſſer la conduite d'vn Corps qui ne pouuoit plus marcher.

Les François ne ſont bons que dans l'Armée
d'vn Conquerant ; ſi toſt que l'eſperance de
changer de quartier leur eſt oſtée , on leur oſte
auſſi la reſolution de ſeruir : & ſoit que le deſir de l'honneur, ou celuy du profit les faſſe aller à la guerre , tous ſont également portez à
l'impatience. Cette imperfection qui leur eſt ſi
naturelle, iointe à la malignité de l'air du Piémont , qu'on appelloit aſſez iuſtement le cime-
tiere de nos ſoldats, auoit deſia diſſipé vne bonne partie de l'Armée.

Le Duc de Mont-morency n'ignoroit pas ce
deſordre; il repreſenta autant qu'il pût les neceſſitez où il alloit eſtre reduit : mais la volonté du Roy, qui luy demandoit vn ſeruice ſi conſiderable , l'obligea de partir , ſans meſme pouuoir obtenir ſa compagnie de Gendarmes pour
auoir auec ſes cheuaux legers vn corps qui fuſt
entierement à luy. Le Roy la trouua ſi belle
lors qu'il la vit paſſer à Grenoble , qu'il voulut

la retenir pour son voyage de Sauoye.

Le Duc de Mont-morency arriuant à Pigne-rol, trouua que ses apprehensions estoient veri-tables : vne partie des soldats se débandoit tous les iours : il y en auoit beaucoup de malades, & le plus petit nombre de tous estoit ceux qui ne regrettoient point l'air de leur païs natal. Les fortifications mesmes estoient presque au mesme estat qu'il les auoit laissées ; & l'on a-uoit tellement soin de l'Armée de Sauoye, que l'on ne se souuenoit presque plus de celle du Piedmont.

La premiere chose qu'il fit, ce fut de payer de son argent les prests qui estoient deubs en attendant que l'espargne fust arriuée. Apres il resolut auec le Mareschal de la Force de mettre l'armée en campagne, afin de r'animer l'ardeur des soldats, qui s'estoit refroidie au seiour de Pignerol. Le principal dessein estoit d'aller fai-re vn logement à Vigon, & se preualoir des commoditez du lieu, qui estoit assez bon, & que l'on eust bien tost acheué de fortifier : mais l'Ennemy en ayant eu le vent y auoit ietté mil ou douze cens hommes pour le garder ; de sor-te que l'Armée n'estant pas en estat de les for-cer, ny de commencer vn long siege ; tourna sur la main gauche, & alla prendre le Chasteau de Iauenne : c'est vne place située dans la mon-

tagne, qui fauorife la communication de Suze, fans paffer le pas de Feneftrelle, qui eft extrémement incommode; le Regiment du Languedoc y demeura en garnifon.

Apres ce petit voyage l'Armée reuint à Pignerol, où les maladies, auec toute forte d'incommoditez fe renouuellerent. La pefte fut bien
toft aux quartiers de la Cauallerie, & prefque
dans tous les Regimens. Ceux que Hannibal &
Peraut auoit menez du Languedoc, eftoient les
plus entiers: mais ils ne tarderent pas long temps
à fe reffentir de l'infection des autres. Le Duc
de Mont-morency eftoit bien empefché à remedier à tant de maux, & s'affligeoit tous les iours
de fe voir dans vne Armée où la police & les
remedes des Medecins eftoient beaucoup plus
neceffaires que la valeur ny la conduite d'vn General. Les grandes liberalitez qu'il faifoit, auec
la defpence extraordinaire de fa table, ne feruoient qu'à faire admirer fa generofité, & à s'acquerir la volonté des particuliers qu'il obligeoit:
les perfonnes feruoient auec plus d'affection,
mais non pas auec plus de fruit; & le mal ne
laiffoit pas de fe faire generalement fentir, quoy
qu'en quelques endroits il en appaifaft la plainte.

La connoiffance qu'on eut de tant de defordres, fit que le Roy qui eftoit à faint Iean de
Morienne, luy manda fur la fin du mois de Iuin

de le venir trouuer en diligence. Estant arriué, "
il representa l'estat auquel estoient les choses, le "
peu de moyen qu'il y auoit de rien entreprendre; "
supplia le Roy de se contenter des seruices qu'il "
auoit rendus, au grand preiudice de ses affaires, "
quoy qu'ils eussent produit de fort petits auan- "
tages pour celles de sa Maiesté; que de cette der- "
niere & seule consideration, procedoient ses "
plaintes & ses prieres; ayant tousiours tesmoi- "
gné qu'il employoit auec plaisir son bien & sa vie, "
lors qu'il pouuoit signaler sa fidelité par quelque "
action auantageuse pour la gloire de ses Armes. "
Le Roy luy dit que son seruice luy estoit entie- "
rement necessaire dans l'Armée, tant pour executer le dessein de secourir Cazal, que pour arrester la Noblesse, qu'il estoit seul capable de
retenir par sa presence : l'asseura que le Marquis
Défiat auoit dequoy fournir aux principales necessitez, & qu'il luy donneroit vn secours d'hommes assez considerable pour porter ses armes
auec honneur, non seulement dans la plaine de
Pignerol, mais mesme au delà du Po. Apres a-
uoir reçeu les commandemens de sa Maiesté, le
Cardinal de Richelieu ~~en les embrassant~~ luy fit
connoistre par ces mots, la confiance qu'il auoit
en son courage & en sa bonne fortune. *Vn combat au nom de Dieu*, luy dit-il en l'embrassant,
comme s'il eust crû qu'il ne pouuoit l'entrepren-

dre fans remporter la victoire. Son obeiffan-
ce, & fa fidelité l'ayant donc fait refoudre à
fouffrir de nouuelles peines, il repaffa le Mont
Senis; defcendit à Suze auec le Marquis Défiat,
& s'arrefta vn iour aux Capucins, pource que la
pefte eftoit dans la ville. Le lendemain il alla à
S. Ioëre, où le Marquis du Fargis qui auoit charge de receuoir les troupes de Sauoye, luy fit
rapport que le Duc s'eftoit faifi de faint Am-
broife, & qu'il y auoit apparence qu'ayant le
refte de fon Armée à Veillane, il voudroit difputer ce logement. Cela n'empefcha pas que le Duc
de Mont-morency nerefoluft de le prendre; mais
ayant le iour fuiuant fait partir l'auant-garde,
conduitte par le Marquis Défiat, fes coureurs
le trouuerent vuide, & ainfi toute l'Armée fe
logea fans aucune refiftance.

Les troupes qu'on luy auoit données ne
faifoient pas en tout plus de fix à fept mil
hommes de pied, & fept ou huit cens cheuaux. Auec ce petit Corps que la multitude
des Officiers rendoit affez confiderable; il
entreprit de paffer deuant Veillane, où le Duc
eftoit auec vne armée de quinze mil hommes
de pied, & de quatre mil cheuaux. Le Marefchal de la Force qui s'eftoit auancé iufques à
Iauenne, ne pouuoit s'approcher dauantage pour
fauorifer fon deffein. Il y auoit entre les deux

Armées

Armées vne lieuë & demie de chemin qu'il faloit faire dans la montagne; de sorte que pour
les ioindre il n'y auoit guere moins de danger
que de necessité. Il fut resolu par son aduis de
faire filer de nuit le bagage , afin que les troupes qui partiroient à la pointe du iour , ne ren-
contrassent point d'ambaras.

L'ordre estant ainsi pris, le Duc de Mont-morency apporta vne telle diligence pour le faire
executer, que tout le bagage passa, & l'Armée
fut en bataille deuant Veillane enuiron les huit
heures du matin. Elle fit halte quelque temps,
pour considerer celle des Ennemis qui sembloient nous regarder du haut de leurs fortifications , plustost par curiosité qu'auec dessein
de nous attaquer. Comme le Duc de Mont-
morency vit qu'ils ne branloient point , il commanda à l'auant-garde de filer, & fit saisir vne
maison qui estoit à la teste du chemin : Les
Lansquenets la garderent iusques à ce que ce
fust leur rang de marcher auec la bataille. Il ne
restoit donc plus que l'arriere-garde , lors que
les Ennemis parurent. Ils estoient diuisez en
trois corps , dont l'vn alla occuper le pont de
Veillane, l'autre fut à la maison qui fauorisoit
nostre passage, & apres vn furieux combat en
délogea ceux qui auoient pris la place des Lansquenets. Le troisiesme & le plus considerable

eſtoit compoſé de ſix cens cheuaux, & de deux mille hommes de pied d'où l'on détachoit des pelotons pour rafraichir ceux qui eſtoient au combat auec les noſtres. C'eſtoient tous ſoldats choiſis des vieilles bandes de l'Empereur, tellement adroits, qu'ils auoient pluſtoſt tiré trois mouſquetades que les noſtres vne. Pour éuiter ce deſauantage, nos Capitaines ſe reſolurent d'aller à eux l'eſpée à la main, mais la partie eſtoit trop inegale, ſi le Duc de Mont-morency ne fuſt arriué pour les ſouſtenir. Il eſtoit aſſis au pied d'vn chaſtagnier attendant que la bataille euſt acheué de paſſer, lors que le bruit des mouſquetades qu'on tiroit le fit leuer. Il conſidera quelque temps les Ennemis, & auec cette noble fierté, & cette ioye extraordinaire qui paroiſſoient ſur ſon viſage toutes les fois qu'il ſe preſentoit quelque grand peril à ſurmonter. Ie ſuis bien trompé, dit-il à ceux qui eſtoient prés de luy, ſi cette eſcarmouche n'attire quelque combat remarquable.

Apres auoir dit ces mots il fit tourner teſte à quatre Compagnies du Regiment des Gardes, auec leſquelles il regagna la maiſon que les noſtres auoient quittée ; & paſſant outre alla donner du courage & du ſecours au reſte de l'arriere-garde, qui commençoit de laſcher le pied. Les Ennemis qui le reconnurent, firent tirer

sur luy sans intermiſſion ; pluſieurs de ceux qui
eſtoient en ſa Compagnie furent ou bleſſez ou
tuez : cela pourtant ne l'empeſcha pas de donner ſes ordres, & de tenir ſon Conſeil, qu'il finit bien toſt par la proteſtation qu'il fit de vouloir combattre. Il dit à ceux qui n'eſtoient pas "
de ſon aduis ; Que les raiſons qui l'obligeoient "
à cette neceſſité, eſtoient trop claires pour per- "
dre le temps à les déduire ; Qu'il ſe chargeoit de "
l'euenement de cette action. Et ayant baillé les "
cheuaux legers de la Garde au Marquis Défiat,
ſe mit à la teſte des Gendarmes du Roy pour
le ſouſtenir. Mais voyant qu'il faiſoit vn détour
ſur la main droite pour chercher vn paſſage plus
aiſé que celuy qui ſe preſentoit, il partit ; &
ſautant le foſſé fut le premier au combat. Il eſ-
ſuya vn furieux ſalue de mouſquetades en paſſant deuant le gros bataillon dont nous auons
parlé : les Carabins qui couuroient la Caualerie firent leur décharge ſur luy preſque au meſme temps. Tous ces obſtacles ne l'empeſcherent pas de pouſſer iuſques au premier eſcadron,
où il rencontra le Prince d'Oria combattant à la
teſte, & le bleſſa de deux coups d'eſpée, qui le
mirent hors de combat. La chaleur l'empor-
tant touſiours il perça iuſques au cinquieſme rang, auant que ſes Gentils-hommes, ny
les Gendarmes du Roy fuſſent à luy. Cela eſt

croyable , parce qu'il eſtoit monté aduanta-
geuſement ſur vn grand cheual de bataille,
& que la premiere impetuoſité d'vn homme
comme luy , eſtoit aſſez mal-aiſée à ſouſtenir. Mais ce que ie vay eſcrire eſt ſi extraordinaire , qu'il ſemblera que ie quitte le
fil de mon Hiſtoire pour commencer les auantures d'vn Roman. Ayant donc mis ce premier
eſcadron en deſordre, il le laiſſa tailler en pieces
aux Gendarmes du Roy ; & voyant venir la
Compagnie de Monſieur , ſe mit à la teſte, &
alla charger le gros de la Caualerie, qui s'auançoit pour ſouſtenir leurs compagnons : il fit cette charge auec la meſme conduite , & auec le
meſme ſuccés que la premiere : il commença de
rompre les Ennemis , & les laiſſa pourſuiure à
ceux qui eſtoient auec luy. Cependant au lieu
de prendre haleine apres les efforts incroyables
qu'il auoit faits, il alla droit à vn gros bataillon
d'Allemans qu'il enfonça par vne adreſſe accompagnée d'vn bon-heur inimaginable ; les
Ennemis qui croyoient l'auoir tué le voyant
tout couuert du feu de leurs mouſquetades,
rompre leurs rangs , & ietter leurs ſoldats par
terre , furent ſaiſis d'vne telle frayeur, que ſans
regarder s'il eſtoit ſuiuy , ils ſe mirent d'adord
en déroute : l'vn quittoit la pique, l'autre le
mouſquet, & tous ſe preſſoient tellement pour

fuir, que plus de trois cens se ietterent dans vn
grand fossé plein d'eau, où ils se noyerent miserablement. Ceux qui accompagnoient le Duc
de Mont-morency trouuerent les Ennemis dans
cette confusion, & s'estonnerent de voir quatorze ou quinze Compagnies des vieilles bandes de l'Empereur deffaites par vn seul homme.
L'espouuante fut si grande qu'ils ne penserent
iamais à se r'allier ny à regarder ce qui leur faisoit peur. Cependant nos soldats repousserent
ceux qui les auoient attaquez, & les poursui-
uant iusques à ce gros où ils croyoient trouuer
leur azile, acheuerent de reparer la honte qu'ils
auoient failly de receuoir d'vn combat si desa-
uantageux ; leur premiere fureur estant passée,
ils espargnerent le sang des Ennemis, & ne firent point de mal à tous ceux qui voulurent se
rendre.

C'est vne merueille que de tant de coups que
le Duc de Mont-morency reçeut pas vn ne fut
sanglant, qu'vne égratigneure qu'il eut à la lé-
vre ; son cheual y fut blessé en trois endroits,
la garde de son espée, & les tassettes de sa cui-
rasse furent emportées des mousquetades ; son
habillement de teste tout enfoncé, la branche
de fer qui luy deffendoit le visage, à demy
coupée, & ses bras tellement meurtris, que la
noirçeur y parut plus de trois sepmaines apres.

D d iij

Le Prince de Piedmont qui du haut des retranchemens de Veillane, voyoit défaire ceux
aufquels il auoit promis le pillage de noftre Armée, n'oza iamais defcendre pour les fouftenir,
tant il fut eftonné de la refolution auec laquelle le Duc de Mont-morency partit de la bataille : le bon ordre dans lequel il reuint, la promptitude & la facilité d'vne fi grande déroute, luy
firent croire qu'il n'auoit laiffé l'arriere-garde
que pour attirer fes gens au combat ; il con-
noiffoit la hardieffe des François, & fe reffou-
uenoit de ce que le Duc fon pere luy auoit dit,
lors qu'il vouloit difputer le paffage de la Doire,
que leur premier abord ne pouuoit eftre fouftenu. Outre ces confiderations la valeur du Chef
à qui il auoit vû faire des chofes fi extraordinaires, l'empefcha de hazarder vn combat general, & le fit refoudre d'attendre vne autre occafion ; toutefois il eftoit bien mal-aifé qu'il en
rencontraft vne plus fauorable, car le chemin
où nos gens fe trouuerent engagez eftoit fi é-
troit qu'ils ne pouuoient fe deffendre, ny eftre
fecourus de ceux qui eftoient paffez. Le Marefchal de la Force eftoit bien en bataille hors de
Iauenne, mais tout le fecours qu'il pouuoit donner confiftoit à r'allier ceux qui fuffent efchap-
pez du combat, & fi ce mal-heur nous fuft a-
uenu les Ennemis n'euffent eu que la peine de

fuiure leur victoire iufques à **Pignerol**. Mais c'eſt
trop diſcouru ſur les ſuites d'vn accident qui ne
pouuoit arriuer ſous la bonne fortune d'vn ſi
vaillant Capitaine : Conſiderons pluſtoſt le
ſuccés de ſa victoire , & voyons le traittement qu'il fait au Prince d'Oria , que deux cheuaux legers de la garde vinrent luy preſenter.
Cét illuſtre priſonnier le reconnut d'abord, & dit
en Italien ; *queſto è il Signor que m'ha dato le pri-*
me ferite. Le Duc de Mont-morency le conſola
en peu de paroles, commanda à des ſoldats de
le porter à Iauenne le plus doucement qu'il ſeroit poſſible , & à ſes Chirurgiens de le mettre
dans ſon lit, & de le traiter comme ſi c'eſtoit luy
meſme. Apres que tous les autres priſonniers
eurent filé, & qu'il eut fait ſa retraite à la veuë
de l'Ennemy, le Mareſchal de la Force le reçeut
à Iauenne auec la ioye que meritoit vn ſuccés ſi
auantageux à la reputation des Armes du Roy.
Le Duc de Mont-morency luy fit le recit veritable de ce qui s'eſtoit paſſé ; loüa tous ceux qui
le meritoient ; & les Comtes de Cremail & de
Saligny, auec les autres Chefs qui l'auoient aſſi-
ſté, eurent ſuiet de ſe contenter du teſmoigna-
ge qu'il rendit à leur vertu. Il n'y eut que le Marquis Défiat qui n'en fut pas ſatisfait ; au contraire il s'en plaignit , & ce premier reſſentiment de colere ſe changea bien toſt apres en

vne mortelle inimitié. Le Marquis de Villeroy &
Fequieres Mareſchaux de Camp de l'Armée du
Mareſchal de la Force, s'eſtoient auancez ſur
vn carrefour, pour apprendre des nouuelles de
ceux qui venoient du combat. Les Caualiers
qui ſe retiroient des Compagnies du Roy, de
Monſieur, ou de celle de Noailles, diſoient tous
d'vne cómune voix que le Duc de Mont-morency auoit combattu à leur teſte; ce qui leur donnoit de l'admiration, ne pouuant s'imaginer
qu'vne meſme perſonne ſe fuſt trouée en ſi peu
de temps en tant d'occaſions differentes. Cette
merueille pourtant fut verifiée par le rapport de
toute l'arriere-garde. Le Duc de Mont-morency
ne voulut pas que la nouuelle d'vne action qui luy
eſtoit ſi auantageuſe, fuſt eſcrite de ſa main, ny
portée par aucun de ſes Gentils-hommes; il fut
bien aiſe que le Marquis Défiat qui croyoit par-
tager auec luy l'honneur de la victoire, priſt la
charge d'enuoyer au Roy les particularitez de la
bataille, & qu'il ſe donnaſt luy meſme la ſatisfaction qu'il n'auoit pas voulu receuoir des loüanges qu'il luy auoit données; comme à tous les
autres qui s'eſtoient ſignalez en cette occaſion:
cependant le bruit en eſtoit arriué à la Cour auant
la dépeſche, & il euſt fallu que les lettres euſſent bien déguiſé la verité pour y apprendre
quelque nouueauté qui n'euſt pas eſté dite. Le
Roy

Roy en reçeut vn contentement qui ne se peut mieux exprimer que par les propres termes de sa Lettre à la Reine Mere qui estoit à Lyon.

MADAME, Les seruices que mon Cousin le Duc de Mont-morency me rend en toutes occasions, m'obligent à vous faire sçauoir les satisfactions que i'en reçoy : conduisant mes troupes en Piedmont, les Ennemis ont voulu l'attaquer sur le passage, mais il les a si genereusement chargez, qu'il en a fait demeurer huit cens sur la place, pris plus de deux cens prisonniers, mis le reste en fuite, emporté dix-neuf de leurs drapeaux, & demeuré maistre du champ de bataille. Il n'a point esté blessé Dieu mercy, & ie viens de luy dépescher vn Courrier exprés pour luy faire connoistre le gré que ie luy sçay de ses seruices ; Ie vous prie de vous en resioüir auec ma Cousine la Duchesse de Mont-morency sa femme, & de me

croire voſtre tres-humble & tres-obeïſſant
fils. Signé, LOVIS. A Saint Iean, le
douzieſme Iuillet 1630.

Dans celle que ſa Maieſté eſcriuit au Duc de
Mont-morency, il y auoit ces mots, entr'autres,
(*& ie me ſens obligé par cette derniere action au-*
tant qu'vn Roy le peut eſtre enuers ſon ſubiet,) Il
n'en faut pas dauantage, pour montrer combien
elle eſtoit importante. En effet le ſeruice qu'il
auoit rendu meritoit cette honorable reconnoiſ-
ſance ; car ce fut luy qui non ſeulement fit reſoudre de combattre, mais qui par ſon exemple obligea tout le monde à le ſuiure dans vn
peril qu'il falloit ſurmonter par vne hardieſſe
extraordinaire : Son iugement ne fut point emporté par l'impetuoſité de ſon courage ; l'vn &
l'autre parurent également dans la conduitte &
dans la promptitude des combats qu'il entreprit. Le peu de temps qu'il mit à deliberer confirma le Prince du Piedmont, & le Prince
de Carignan ſon frere, dans l'opinion que
leur attaque auoit eſté preueuë, & que l'ordre
de la repouſſer eſtoit donné auant qu'elle fuſt
commencée : mais les raiſons qui porterent le
Duc de Mont-morency à cette prompte reſolution, & que le temps ne luy permit pas d'ex-

pliquer ; eſtoient premierement , la perte de
l'arriere-garde , noſtre Infanterie ne pouuant ſe
deffendre ny eſtre ſecouruë ; & la Caualerie
ayant à faire cinq lieuës de retraite deuant quatre mil cheuaux qu'elle rencontroit ſur le chemin de Suze ; outre ce mal-heur inéuitable, il
eſtoit encore à craindre que le reſte de noſtre
Armée ne fuſt défait auant que d'arriuer à Iauenne , & que ce renfort auquel eſtoit fondé
toute l'eſperance des troupes du Mareſchal de
la Force, n'y apportaſt de l'eſtonnement & du
deſordre , au lieu de l'auantage qu'on s'eſtoit
promis.

Le lendemain du combat , on reconnut les
priſonniers , dont on renuoya au Duc quatre
cens, parmy leſquels il y auoit quarante bleſſez,
le reſte eſtoit des gens de condition qui furent
conduits aux places du Dauphiné. Le Prince
d'Oria comme priſonnier particulier du Duc de
Mont-morency, fut porté au Chaſteau de Beaucaire où il acheua de ſe guerir , & reçeut toute
la courtoiſie qu'il euſt pû eſperer dans ſon païs
meſme. Le Comte de More partit auſſi pour aller preſenter au Roy treize Drapeaux, & ſix Cornettes de Cauallerie qui auoient eſté priſes le
iour du combat.

Auant que l'Armée délogeaſt de Iauenne ,
celle de l'Ennemy ſe trouua affoiblie de plus de

quatre mil hommes , tant de ceux qui furent
bleſſez ou tuez , que de ceux qui ſe débande-
rent. Des Compagnies entieres de Caualerie venoient ſe ranger dans nos troupes , où les ſoldats François eſtoient reçeus ; & les autres ſe
retiroient ſecrettement. Ce ſont les ſuittes ordinaires de la déroute d'vne Armée ; la leur, outre la perte des hommes, demeura tellement ra-
froidie de l'affront qu'elle auoit reçeu , que tant
s'en faut qu'elle vinſt en tirer raiſon au logement
de Cumiane , que meſme elle n'oza pas diſputer celuy de Macé. Nous trouuaſmes le premier
vuide , quoy que l'aduis fuſt venu que le Duc
auoit reſolu de s'en ſaiſir ; au ſecond qui ſe fit
deux iours apres , les ſoldats qui gardoient le
Chaſteau ſe rendirent apres auoir fait quelque
petite reſiſtance. On y ſejourna tout le lendemain ſans qu'on viſt paroiſtre la Caualerie des
Ennemis, qui ſe promettoient de tailler noſtre
Armée en pieces s'ils la rencontroient à la plaine. On ne trouua non plus d'empeſchement ſur
le chemin de Briqueras , où nos troupes furent
loger le dix-ſeptieſme Iuillet. Le dix-huictieſ-
me on marcha droit à Reuel, afin de ſurprendre Saluſſes auant que le Duc y enuoyaſt des
gens de guerre. La peur iointe à la bonne volonté que les habitans conſeruoient encore pour
leurs anciens Maiſtres, les obligea d'eſcouter la

propofition qu'on leur enuoya faire de nous receuoir fans attendre qu'on les y forçaft. Ils prierent nos Generaux de leur laiffer ce iour là feulement, pour dégager la parole qu'ils auoient
donnée au Duc, d'attendre le fecours qu'il auoit
promis de leur enuoyer. La neceffité fit accepter
la condition qu'ils demandoient; noftre Armée
ne pouuât faire vne fi longue traite, de forte que
l'auant-garde s'arrefta au bourg d'Enuy, & força les foldats du Chafteau à fe rendre apres leur
en auoir tué quelques vns. Le lendemain il fut
refolu dans le Confeil, que le Duc de la Tri-
moüille Meftre de Camp de la Caualerie lege-
re, & le Marquis de la Force iroient aux nouuelles auec cinq cens cheuaux. Le Duc de Mont-
morency qui eftoit en fepmaine pour commander, les voyant reuenir fans auoir appris rien de
certain, fit partir Aunoux auec fix vingts Maiftres tirez de fa Compagnie de Gendarmes, & de
celle de Vantadour. Comme nos gens furent vn
peu auancez dans la plaine de Saluffes, ils virent
paroiftre deux Compagnies de Carabins qui
pouffoient quelques foldats efcartez de noftre
Armée : Aunoux qui contre l'ordre de la guerre
auoit voulu mener les coureurs, fut charger les
Ennemis, & les mena battant iufques aux faux-
bourgs de Saluffes, & en prit trois, defquels il
fçeut l'eftat de l'Armée du Duc logée à Sauil-

lan , & les desordres qui estoient dans Salusses. Ces prisonniers luy dirent qu'aussi tost que
l'Euesque en fut sorty auec les Habitans qui a-
uoient esté deputez pour venir traiter auec nos
Generaux ; cinq cens hommes du Duc conduits par vn Mareschal de Camp y estoient entrez , qui taschoient de releuer le courage du
peuple , & menaçoient ceux qui estoient de la
faction Françoise. Aunoux enuoye cette nouuelle au Comte de Cremail, qui auoit eu ordre
de le suiure auec douze cens hommes de pied ;
le Comte la fait porter aux Generaux , & s'a-
uançant à la teste des enfans perdus va se loger
auec plus de peril que de perte dans le faux-
bourg de Salusses ; le reste de son Infanterie arriue, la Caualerie la soustient, & fait garde au
chemin de Sauillan : le Duc de Mont-morency
estant informé de tout ce qui se passoit, ren-
uoye l'Euesque auec les Deputez qui estoient
venus le trouuer. Le Mareschal de la Force les
suit auec l'auant-garde , & arriuant à my-nuit
deuant la ville , renforçe les logemens qui a-
uoient esté faits , & enuoye des gens de cheual
pour garder le chemin de la Mante , qui estoit
l'autre endroit par où les troupes du Duc pou-
uoiét venir nous attaquer. Il se perdit aux approches cinq ou six Officiers des Regimens de Nauarre , & de Champagne, & enuiron six vingts

foldats. Le Duc pour donner du cœur aux Habitans leur faifoit dire qu'il feroit à eux le lendemain auec fon Armée ; & le grand nombre de feux que l'on voyoit à vne demy lieuë de la noftre , faifoit croire que la iournée fuiuante feroit fignalée par quelque grand combat. Le Duc de Mont-morency apres auoir repofé deux ou trois heures , fit affembler le Confeil , & recommanda à tous les Officiers de faire apprefter leurs trouppes en diligence. Au point du iour , il defcendit à la plaine , où il fit mettre l'Armée en bataille , & commanda qu'elle marchaft droit à Saluffes. La campagne plate & découuerte donnoit beaucoup d'auantage aux Ennemis qui eftoient puiffans en Caualerie : toutefois ils ne parurent point , quoy qu'il y euft apparence que le Duc ne voudroit pas laiffer perdre vne fi belle occafion de combattre , ny vne ville fi confiderable fans effayer de la fecourir. L'Armée fe rendit aux bords du Po, au mefme ordre qu'elle eftoit partie , & ne trouua non plus d'empefchement au paffage de la riuiere , qu'au chemin qu'elle auoit fait dans la plaine : A midy les portes de Saluffes furent ouuertes , le Duc de Mont-morency y entra le vingtiefme Iuillet auec le Marefchal de la Force , & le Marquis Défiat , & fut inueftir le Chafteau où la garnifon s'eftoit retirée. Toute la nuit on trauail-

la au canon. Le lendemain il y en eut trois en
eftat, qui abbatirent toutes les deffences du cofté de la ville, & donnerent moyen aux Compagnies du Regiment des Gardes de fe loger
au pied du donjon. Les affiegez furpris de la diligence de noftre artillerie, & de la hardieffe
de nos foldats, furent contraints de fe rendre
prifonniers de guerre. On ne garda que les
Chefs, tous les foldats furent renuoyez au Duc,
pour luy dire des nouuelles du courage de la
courtoifie des François. La Valée, & le Fort
faint Pierre, auec le Chafteau de Brezol, furent les fuittes de la prife de Saluffes, & en
partie les caufes de la maladie du Duc, qui e-
ftant d'ailleurs affez chargé de chagrins, ne pût
fupporter ces dernieres pertes. Il tomba malade à Sauillan, & mourut quelques iours apres.

Il faloit efpargner Saluffes, & la conferuer
comme vne ville qui deuoit feruir de magazin
à la place de Pignerol, dont la pefte nous empefchoit de retirer aucune commodité; c'eft
pourquoy apres toutes ces conqueftes l'armée
retourna en arriere pour fe faifir de la ville de
Reuel. De cette forte on conurit la Caualerie,
qui fe rafraichiffoit dans la valée du Po; & l'Infanterie fe mettant vn peu au large eut moyen
de feparer les malades, dont le nombre eftoit
defia bien grand. Cependant le Duc de Mont-
morency

morency penfoit au grand deffein qui auoit attiré les Armes du Roy en Italie; c'eft à dire au
fecours de Cazal; l'entreprife fembloit eftre
bien perilleufe, tant pour la longueur du chemin que pour les viures, qu'il eftoit auffi difficile d'affembler, que de faire conduire. Il fut
neantmoins refolu d'aller faifir Montcalier pendant que le nouueau Duc de Sauoye eftoit occupé à donner ordre à fes affaires, & de là marcher en diligence droit à Cazal, afin de furprendre le Marquis de Spinola auant qu'il euft loifir
de fe fortifier, ou de rappeller fes troupes. La
chofe eftant ainfi deliberée, l'Armée fe mit en
campagne fur la fin de Iuillet. Le Duc de Mont-
morency qui conduifoit l'auant-garde alla loger
à Ville-franche, & fit inueftir le Chafteau. Le
lendemain il y laiffa le Marefchal de la Force a-
uec la bataille & l'arriere-garde, & fe rendit à
Pancalier. Il y demeura le iour fuiuant pour attendre que le Marefchal fuft en eftat de partir
de Ville-franche. Cependant le Duc de la Tri-
moüille fe faifit de Carignan apres auoir pouffé
iufques au pont quatre Compagnies de Carabins qui fe retiroient de Virle. Il y fut bleffé
d'vne moufquetade, & empefché de paffer outre auec fa Caualerie, parce que les Ennemis
haufferent quelques planches du Pont. Le foir
le Duc de Mont-morency luy enuoya dire qu'il

se retirast, & qu'il laissast cinquante soldats dans
le Chasteau. Le lendemain matin l'Abbé de la
Mante vint faire quelques propositions de tréve,
afin de donner temps au Mazarin qui trauailloit
tousiours à la conclusion de la paix generale.
L'on estoit encore au Conseil lors que la nouuelle arriua, qu'vn gros de Cauallerie des Ennemis auoit poussé deux de nos Compagnies
depuis Carignan iusques à vn chemin estroit où
elles s'estoient arrestées en attendant nostre Infanterie. Le Duc de Mont-morency manda aussi
tost au Marquis de la Force qu'il s'auançast auec
la moitié de l'auant-garde ; & fit partir le Marquis Défiat , auec trois cens cheuaux , afin de
preuenir le dessein que les Ennemis sembloient
auoir de se saisir de Carignan. La poussiere que
cette Caualerie faisoit esleuer leur fit croire que
toutes nos troupes marchoient en corps : ce qui
les obligea de se retirer. De cette sorte les nostres se logerent auec fort peu de combat , &
firent des desordres dans la maison du Prince
dont le Duc de Mont-morency fut bien fasché;
& dés l'heure qu'il y arriua il fit garder fort cu-
rieusement tout ce qui se trouua d'entier. Presque au mesme temps que nous entrions dans
Carignan , le Duc qui s'estoit auancé auec vne
extréme diligence , faisoit retrancher ses troupes par delà le pont ; tellement qu'il ne restoit

qu'vn quart de lieuë entre les deux Armées. Ce
voifinage incommodoit la noftre, & rendoit
prefque impoffible l'entreprife de Montcalier,
& par confequent retardoit celle de Cazal; parce qu'il n'y auoit que deux ponts fur noftre paffage du Po, dont l'vn eftoit rompu; l'autre faifi, & tous les guays fort difficiles, & fort bien
gardez. L'on fut tout vn iour à deliberer s'il falloit hazarder de paffer outre; ou s'il eftoit plus
à propos de s'en retourner du cofté de Saluffes.
Cependant les Ennemis fe preualurent du loifir
qu'on leur donnoit, & vinrent tracer de noftre
cofté par deça le pont vne grande demy Lune.
Ce trauail fut negligé iufques au cinquiefme
iour d'Aouft; auquel le Duc de Mont-morency eftant entré en femaine, fit refoudre de les
en déloger. Ses raifons eftoient; Que outre la "
honte qu'il y auoit de retourner en arriere, vne "
déroute eftoit fort à craindre, parce que l'in- "
commodité du païs, couuert d'arbres, & de "
vignes, ne permettoit pas de mettre l'Armée "
en bataille, ny de fe retirer auec ordre; Que les "
rauages de la pefte nous deffendoient de demeu- "
rer dauantage dans Carignan; & que nous y laif- "
ferions infailliblement plus de foldats en trois "
iours, qu'on ne couroit fortune d'en perdre à "
vne attaque; Que fi l'Ennemy n'eftoit contraint "
de quitter la campagne, on le forceroit au "

” moins d'abandonner les trauaux qu'il faifoit
” par deça le pont ; & qu'apres auoir eu cét ad-
” uantage fur luy, on pouuoit auec honneur &
” fans peril prendre la route qui feroit iugée la
” plus commode.

Le lendemain, Argencour ayant reconnu la
demy-lune, rapporta dans le Confeil qu'elle e-
ftoit par tout en eftat de défence; ce qui renouuella les difficultez qu'on auoit alleguées le iour
precedant. Mais le Duc de Mont-morency qui
vouloit en toute façon que l'attaque fe fift comme elle auoit efté refoluë, rangea à fon opinion
tous ceux qui difoient des raifons au contraire,
& fe chargeant du fuccés de l'entreprife comme il s'en eftoit chargé à Veillane, fit mettre
fur les cinq heures du foir toute l'Armée en
bataille. Les Gardes, comme il eftoit raifonable, eurent l'honneur de donner à la main droite ; Picardie & Normandie à la gauche, prefque tous les gens de condition voulurent combattre auec ces premieres troupes qui deuoient
eftre fouftenuës par la moitié de l'Armée : &
de peur que la Caualerie des Ennemis ne vinft
leur faire vne charge par derriere, le Duc de
Mont-morency fit garder le paffage du Po, qui
eftoit le plus dangereux par vne brigade de fes
Gendarmes auec quatre cens hommes de pied.
Apres auoir donné fes ordres, de l'auis du Ma-

reſchal de la Force, & montré le chemin que
deuoient tenir ceux qui auoient la pointe, il
les anima par ces paroles : *Allez hardiment, leur
dit-il, & aſſeurez vous que ie ſuis icy auec Aunoux pour vous ſouſtenir, & pour faire continuer
l'attaque auec la meſme reſolution que vous la
commencerez.* Le Duc de Sauoye ne ſçauoit
que iuger d'vne nouueauté ſi extraordinaire,
ne croyant pas qu'on euſt attendu que la demy-
lune fuſt acheuée ſi l'on euſt fait deſſein de l'attaquer. La curioſité porta quelques Seigneurs
Eſpagnols ſur les trauaux, où leur Infanterie
eſtoit en garde. Mais leurs doutes furent bien
toſt eſclaircies, lors qu'ils virent détacher de
noſtre Armée trois bataillons qu'ils perdirent
de veuë en vn inſtant dans la fumée des mouſquetades, & des coups de canon qu'on leur
tira. Nos gens s'eſtant auancez à la faueur de
cette obſcurité; les vns monterent par quelques
endroits du trauail qui n'eſtoient pas acheuez:
les autres entrerent par les ouuertures qui e-
ſtoient entre le premier & le ſecond retranchement, & tous enſemble furent l'eſpée à la main
tuer tout ce qui ſe rencontra deuant eux. Quelques vns de ces volontaires Eſpagnols repaſſe-
rent le pont, le reſte fut enueloppé dans le mal-
heur de ceux qui gardoient la demy-lune, & par
la priſon, ou par la mort, porta la peine de ſa

curiofité. Les noftres pourfuiuant ceux qui fuyoient furent repouffez par vn Regiment de
Caftillans , qui venant releuer de garde leurs
compagnons , auoit efté commandé d'aller les
fouftenir. Argencour & Sainthibal, arrefterent
les noftres qui auoient lafché le pied, & firent
ferme fur le pont; ce que voyant le Colonel qui
eftoit à la tefte du Regiment vint droit à eux,
& fut tué de la main d'Argencour, qu'il auoit
manqué d'vn coup de pique. La mort du Chef
donna l'efpouuante aux foldats, dont plufieurs
fe ietterent dans la riuiere, les autres furent tuez
ou pris prifonniers. Le Duc de Mont-morency
apres auoir mené les troupes qui deuoient combattre, demeura à la tefte du gros auec autant
de peril que ceux qui eftoient dans la meflée.
Si le Po euft efté gayable en cét endroit, ou le
pont vn peu plus large, pour donner moyen à
noftre Caualerie de paffer, l'Ennemy couroit
hazard d'eftre entierement défait. Le Duc re-
connoiffant la frayeur & le defordre que la hardieffe de cette action auoit mis dans fes troupes, fit ofter en diligence les planches du pont
qui fe pouuoient leuer de fon cofté. Et le Duc
de Mont-morency apres auoir vû qu'il eftoit impoffible de pouffer plus auant la victoire, fit
faire des barricades à l'autre bout, & commanda à fa Compagnie de demeurer en garde tou-

te la nuit. Le lieu où il s'arresta pour donner
les ordres estoit si dangereux , que plusieurs des
nostres y furent blessez : mais quoy qu'on luy
sçût dire il n'en voulut point bouger que les logemens ne fussent faits , & qu'il n'eust vû les
gardes posées. Nous ne perdismes en tout ce
combat que trois ou quatre Gentils-hommes,&
vne vingtaine de soldats : il est vray que le
nombre de nos blessez fut assez grand. Du costé des Ennemis , deux Regimens Espagnols y
furent tuez, ou noyez. Dom Martin d'Aragon
Colonel du Regiment de Lombardie, auec vn
sien nepueu , cinq ou six Capitaines , & quantité d'autres Officiers , furent pris prisonniers.
Les Alemans qui estoient logez à costé des Espagnols, au lieu de les secourir , furent bien aises
d'auoir leur reuanche des railleries, & du mesme tour que ceux-cy leur auoient fait à la iournée de Veillane.

Le lendemain du combat, le Duc de Mont-
morency accorda la tréve que les Ennemis demanderent pour faire enseuelir leurs morts, &
sçût qu'on auoit reconnu entr'autres, le fils du
Vice-Roy de Portugal ; vn nepueu du Vice-
Roy de Naples , auec dix ou douze des plus
considerables Gentils-hommes de l'Armée Espa-
gnole. Outre les morts , il leur fit rendre enuiron deux cens blessez qu'on ne pouuoit faire

conduire, ny penſer ſans vne extréme incommodité. De cette ſorte il fit vne action de courtoiſie,
& deſchargea d'autant l'Armée qui auoit aſſez
de peine à faire porter ſes bleſſez, & les malades, dont le nombre augmentoit tous les iours
par la peſte de Carignan.

Le neufieſme iour d'Aouſt, les troupes ſe ſe-
parerent, le Duc de Mont-morency auec les
ſiennes alla à Pancalier, les autres ſe logerent
à Virle, ſans que le Duc fiſt aucun ſemblant de
nous vouloir ſuiure. Le vingt-deuxieſme, toute l'Armée marcha vers Riuolle pour couurir
celles du Mareſchal de Schomberg, qui venoit
du coſté de Suze, & qui en paſſant s'eſtoit ſaiſi de Veillane. La peſte en auoit chaſſé les Ennemis, tellement que les fortifications eſtant
occupées, & la ville priſe ſans beaucoup de reſiſtance, les deux Armées ne trouuerent point
d'empeſchement à ſe ioindre. Le Mazarin arriua quelques iours apres, & demeura d'accord
auec nos Generaux, d'vne Treve iuſques au
quinzieſme d'Octobre. Le Duc de Mont-morency ſçachant qu'elle deuoit produire la paix,
ſe reſolut de retourner en France, & de quitter
vn païs où il ne croyoit plus eſtre vtile pour le
ſeruice du Roy puis qu'il n'y auoit que des negociations à faire, dont le ſecret ne luy auoit
iamais eſté commis. Le Marquis Défiat l'auoit

touſiours

toufiours eu fans luy en communiquer que ce qu'il ne luy pouuoit taire; & il y auoit apparence que le Marefchal de Schomberg eftoit venu auec tout le pouuoir, & les inftructions qui luy eftoient neceffaires. Ce n'eft pas le feul regret qu'il emportoit du Piedmont ; celuy d'y voir mourir tous les iours fes plus fidelles feruiteurs qui n'auoient entrepris le voyage que pour l'amour de luy, luy eftoit fort fenfible. La pefte en auoit defia tué vn grand nombre dans les Regimens d'Hannibal , & de Peraut , & dans fes Compagnies de Caualerie. Vn des derniers & des plus confiderables, fut Aunoux Enfeigne de fa Compagnie de Gendarmes , qui mourut à Erafque. C'eftoit vn homme de grand feruice, & d'vne valeur extraordinaire : auffi fut-il generalement regretté de toute l'Armée, & de fon Maiftre , auec vn fi particulier fentiment, qu'il y eut peine à le confoler.

Le Marquis de Brezé ayant porté à fon retour de Cazal la nouuelle de l'execution de la tréve, le Duc de Mont-morency fe refolut de partir. Il y auoit long temps que fa femme follicitoit à la Cour pour le faire rappeller : mais on luy refpondoit , que la plus grande partie de la Nobleffe ne demeurant en Piedmont qu'à caufe de luy, il feroit impoffible de la retenir apres fon départ. Cette raifon luy fembloit vn

peu rigoureufe, quoy qu’elle fuft bien honorable pour fon mary ; elle fçauoit que fa Maifon
n’eftoit point gardée comme celle des autres ;
que les neceffiteux & les peftiferez y trouuoient
également vn azyle ; que le Chirurgien qui le
feruoit tous les iours à la chambre, traitoit par
fon commandement exprés fes Pages, & fes autres domeftiques, qui prefque tous eftoient attaints de cette cruelle maladie ; & s’affligeoit
auec beaucoup de iuftice de voir que ce grand
Cœur apres auoir furmonté tant d’Ennemis, e-
ftoit encore expofé au venin qui l’enuironnoit
de toutes parts. Dieu voulut enfin exaucer fes
iuftes prieres ; ce genereux homme reuint en
France, & par la gloire qu’il auoit acquife à
Veillane, & à Carignan, fe confola des def-
plaifirs qu’il auoit reçeus, & de la defpence de
fept cens mil liures qu’il auoit faite pendant fon
voyage. La crainte de porter à fes Amis la con-
tagion où il auoit demeuré fi long temps, le fit
arrefter à Dizimieux, où il arriua le vingt-qua-
triefme Septembre. Le lendemain le Cardinal
de la Valette le fut prendre pour le mener à Lion,
où le Roy auoit efté prefque toufiours indif-
pofé depuis fon retour de Sauoye, & fe trouuoit alors fi mal, que les Medecins auoient fort
peu d’efperance de fa guerifon. Ce bruit qui
eftoit efpandu par tout, rendoit l’authorité du

Cardinal de Richelieu bien mal asseurée. Chacun le regardoit comme vn homme prest à tomber de bien haut; & tant ceux qui auoient suiuy sa fortune, que ceux qui l'auoient redoutée, tous l'abandonnoient également. Comme il estoit en cette peine, le Duc de Mont-morency fit paroistre vne generosité bien esloignée des artifices qui se pratiquent à la Court, & des vangeances qui s'y exercent ordinairement. Il oublia tous les desplaisirs qu'il auoit reçeus de luy en diuerses occasions; & comme il auoit de coustume de prendre le party des affligez, il fut le consoler, & luy offrir son Gouuernement, auec le seruice de tous ses Amis pour le retirer, & pour le deffendre. Il luy renouuelloit à toute heure ses protestations genereuses; de sorte que le Roy l'enuoyant querir le vingt-septiesme iour de Septembre, ne fit que le confirmer dans son dessein, lors qu'il le chargea de recommander à Monsieur, la personne de la Reine, & celle du Cardinal de Richelieu, si Dieu venoit à le retirer du monde, comme toute sorte d'apparence le faisoit apprehender. La santé qui luy arriua miraculeusement par l'ouuerture d'vn abcés interne que les Medecins n'auoient pas connu, empescha l'effet, mais non pas l'obligation du seruice qu'il auoit voulu rendre au Cardinal, & qui estoit d'autant plus à estimer que l'on auoit

essayé de l'en diuertir. Le Roy estant vn peu remis, partit de Lion le dix-neufiesme iour d'O-
ctobre, pour se faire porter à Paris, & le Duc
de Mont-morency prit la route du Languedoc.
Ce voyage estoit necessaire, tant pour la santé
de la Duchesse sa femme, à qui les Medecins
iugeoient que les bains de Balaruc seroient propres, que pour la commune consolation du public & de ses seruiteurs particuliers. Il trouua
que le païs estoit fort changé depuis son départ.
La peste y auoit deserté la campagne ; dépeuplé
les villes de la moitié de leurs Habitans, & les
Maisons des Gentils-hommes, qui auoient eu
plus de soin, & de moyen de se conseruer, ne
laissoient pas d'auoir senty la rigueur de cette
funeste maladie, par la perte de leurs parens,
qu'elle auoit fait mourir en Piedmont. Parmy
tant de marques de desolation, sa presence donnoit à tout le monde vne ioye d'autant plus veritable qu'on ne pouuoit l'attribuer à quelque
autre cause qu'à l'amour qu'on auoit pour luy.
La gloire qu'il auoit acquise faisoit souffrir auec
plus de patience le mal-heur des particuliers,
& consoloit generalement toute la Prouince de
ses afflictions passées. Pendant ce voyage le Cardinal de Richelieu ayant esté sur le point de
s'esloigner du Roy, fut presque aussi tost remis,
& mieux estably que iamais dans la conduite

des affaires. Le Duc de Mont-morency receuant
cette nouuelle ne voulut pas demeurer dauantage dans son gouuernement, ny regarder de loin
les diuerses agitations de la Court, comme ses
amis luy conseilloient : au contraire il disposa
promptement toutes choses pour éuiter les pre-
textes des soubçons que son seiour eust pû donner. Auec ce dessein il partit de Carcassonne,
où il s'estoit auancé pour receuoir les Deputez
du Parlement de Toulouze, acheua de resoudre en passant, & sans s'arrester, les affaires qu'il
auoit commencées dans les villes qui estoient sur
son chemin : quitta sa femme dés qu'il fut hors
de la Prouince ; & pour faire plus de diligence
prit la poste auec vn Gentil-homme & deux
valets seulement.

Iamais il ne fut mieux reçeu à la Court : la
memoire de ce qui s'estoit passé en Italie fut re-
nouuellée, auec les loüanges qu'on luy auoit
desia données à Lyon. Ses amis qui l'auoient
vû partir de Paris vne année auparauant en qualité de Volontaire, & qui le voyoient reuenir
auec la gloire entiere de deux combats, qui passoient iustement pour des batailles gagnées ; ne
pouuoient assez admirer son courage & sa bonne fortune. Le dix-neufiesme iour de Decembre le Roy le fit Mareschal de France, non pas
tant pour recompenser ses grands seruices que

pour faire cesser les plaintes des autres Marefchaux , qui souffroient impatiemment que n'estant point de leur Corps, il eust le commandement general des Armées. La Duchesse sa femme arriua quelques iours apres à Paris , & porta sur les Fons du Baptesme auec le Cardinal de Richelieu, Monsieur le Prince de Conty, second fils de Monsieur le Prince. Les derniers iours de cette année & les premiers de la suiuante se passerent en resiouïssances particulieres : l'on ne voyoit par tout que diuertissemens & que festins; & il s'en fit vn à l'Hostel de Mont-morency, où toutes les Princesses ayant esté seruies magnifiquement, parurent dans vne assemblée, que le Roy voulut honorer de sa presence. Ces plaisirs qui en faisoient esperer de plus grands sur la fin du Carneual furent troublez par le départ de Monsieur, qui se retira à Orleans, & sortit quelque temps apres du Royaume.

En ce mesme temps le Roy alla à Dijon, où il seiourna pour donner ordre aux affaires de la Bourgogne, iusques à ce qu'il apprist que Monsieur estoit party de Belle-garde, & qu'il se retiroit en Lorraine. Ie ne mets pas icy les causes ny les suites de cét esloignement , parce que ne m'estant proposé que d'escrire les actions du Duc de Mont-morency , ie n'y adiouste que les

choses où son interest particulier se trouue meslé;
Et tout le monde sçait, sans que mon tesmoignage soit necessaire, qu'en cette occasion il ne
fut point blasmé comme quelques autres, ny
d'auoir fait des promesses, ny de ne les auoir pas
tenuës.

Fin du quatriesme Liure.

SOMMAIRE DV
CINQVIESME LIVRE.

Ans ce dernier Liure l'on voit les soins que le Duc de Mont-morency prenoit pour faire suprimer les Esleus en Languedoc, comme ils l'auoient esté en Prouence & en Bourgogne. Les difficultez que le Marquis Défiat y apportoit. Sa querelle auec le Duc de Cheureuse. Son départ de la Court. Les troubles qu'il appaise en arriuant au Languedoc. Les mescontentemens qu'il reçoit pendant que les Estats du païs demeurent assemblez. Deux circonstances qui font voir son affection au seruice du Roy. Les causes de sa derniere resolution, & de son engagement au Party de Monsieur. Le Combat de Castelnaudarry. Sa prison, & sa mort ; auec les particularitez de l'vne & de l'autre.

HISTOIRE

HISTOIRE
DE LA VIE
DE HENRY
DERNIER DVC
DE MONT-MORENCY.

LIVRE CINQVIESME.

APRES que le Roy fut de retour du voyage de Bourgogne, les Deputez du Languedoc, qui estoient depuis long temps à la suitte de la Court, continuerent les sollicitations qu'ils faisoient pour la reuocation des Esleuz, qui auoient esté créez par l'Edict du mois de Iuillet mil six cens vingt-neuf. Ie ne suis ny

l'Aduocat, ny l'Hiftorien du peuple, pour rapporter icy les raifons que l'on auoit de fe défendre contre leur eftabliffement. Il fuffit de faire fçauoir que les trois Ordres du païs auoient
accouftumé de s'affembler tous les ans en Corps
d'Eftats ; & que c'eft vne des conditions fouz
lefquelles le Languedoc fut autrefois vny à la
Couronne. Dans cette Affemblée l'on deliberoit par la pluralité des voix , de toutes les im-
pofitions que l'on iugeoit à propos de faire.
De cette forte les fommes que le Roy en retiroit , fembloient eftre des prefens, par lefquels
la Prouince croyoit tefmoigner la grandeur de
fon affection , à mefure qu'elle eftoit obligée de
les augmenter; & auec ce mot d'Octroy, qu'il
luy eftoit permis de mettre dans fes deliberations , ce grand Corps, compofé du Clergé, de
la Nobleffe , & du peuple, fe laiffoit agrea-
blement ouurir toutes les veines , lors que le
feruice du Roy en auoit befoin. Le Duc de
Mont-morency auoit vn notable intereft à la
conferuation de ce Priuilege, qui luy donnoit
moyen de fignaler fon affection enuers fa Maiefté , & de procurer à fes feruiteurs plufieurs
auantages legitimes : Toutefois lors qu'il falut empefcher les plaintes & les oppofitions que
les Eftats pouuoient former, contre cette nouueauté; il s'y porta auec vn efprit fi paffionné,

que ſes Amis ne pûrent iamais obtenir de luy
qu'il demeuraſt neutre en cette affaire; au contraire, il employa les prieres, & la violance meſme, pour les contraindre d'acquieſcer aux volontez du Conſeil. Iamais ſon zele ne parut plus
clairement qu'en cette occaſion, où il ſacrifia
tout ce qu'il auoit de plus cher, & ſe reſolut de
perdre pour iamais cette grande authorité qu'il
auoit dans la Prouince, comme s'il ne l'euſt deſirée que pour appuyer celle du Roy que l'on y
auoit engagée. Ie ne m'amuſeray pas dauantage
à recommander vne vertu, dont les actes ſont
ſi frequens dans cette Hiſtoire. Il eſt vray qu'il
falloit dire ce mot, contre ceux qui en cét endroit ont voulu le blaſmer de trop d'obeïſſance,
comme de trop peu de reſſentiment en quelques
autres; ſans conſiderer que l'amour qu'il auoit
pour le Roy ne luy donnoit pas moins de ſubmiſſion lors qu'il falloit ſouffrir toutes choſes,
que de hardieſſe lors qu'il falloit les entreprendre.

Apres ces teſmoignages de fidelité il eſtoit
croyable que les aſſiſtances qu'il donnoit aux
Deputez du Languedoc ne leur ſeroient pas
inutiles; car il faut conſiderer que le païs ne
preſta iamais ſon conſentement entier à la creation des Eſleus: le Parlement de Toulouze
s'y oppoſa; & l'on fut contraint de faire exer-

cer par commiſſion les Offices que perſonne ne
vouloit acheter de ceux qui en auoient fait le
party. Ces obſtacles donnoient de la peine au
Conſeil, & faiſoient connoiſtre la difficulté, & le
danger qu'il y auroit à les eſtablir. Le Marquis
Défiat eſtoit le ſeul qui s'y opiniaſtroit; non pas
tant pour ſe conſeruer en la reputation de ne
point faillir, que pour choquer le Duc de Mont-
morency, qui ſollicitoit leur reuocation. Il gardoit vne aigreur contre luy depuis le combat
de Veillane, que le temps ny la raiſon n'auoient
pas encore adoucie; & bien que ce genereux
Seigneur luy euſt donné toute la gloire qui e-
ſtoit deuë à ſon action; quelques rapports qui
furent faits du contraire, formerent dés lors
dans ſon eſprit cette haine qu'il a quelquefois
diſſimulée, mais qu'il n'a iamais voulu ſurmonter. Il commença de la faire paroiſtre en Piedmont, par des plaintes où l'on voyoit bien moins
de raiſon que de ialouſie; & acheua de la teſmoigner ouuertement en France par les empeſ-
chemens qu'il donnoit, tant à ſes pourſuittes
particulieres, qu'aux ſoins qu'il prenoit pour les
generales. Mais le refus qu'il faiſoit d'aſſigner,
comme Surintendant des Finances, le rembour-
ſement des ſommes que le Duc de Mont-morency auoit auancées aux dernieres guerres contre les Rebelles, luy eſtoit bien moins conſide-

rable que les difficultez qu'il apportoit au Traité des Esleuz ; les ayant fait confirmer au Languedoc dans la mesme Seance, où le Conseil
supprima ceux de Bourgogne, & dans le temps
que ceux de Prouence furent reuoquez. Le Roy
trouuoit raisonnables les offres que le païs faisoit, pour mettre hors d'interest les Partizans ;
& cette connoissance rendoit le Duc d'autant
plus affectionné à procurer ce bien à la Prouince qu'il croyoit estre coupable des maux qu'elle
en apprehendoit ; ayant luy seul empesché les
plaintes & les autres voyes legitimes par lesquelles elle eust pû deffendre ses Priuileges.

Le Cardinal de Richelieu voyant en fin **les**
desordres que cette difference de traitement alloit exciter dans le Languedoc, où les peuples
commençoient à s'émouuoir ; & craignant
que d'vne sollicitation au Conseil, il ne se fist
vne querelle, dont le succés ne luy pouuoit e-
stre agreable ; se seruit de son adresse pour oster
la cause de ce mal, & empescher qu'il n'eust
des suites fàcheuses. Pour ce sujet il fit rencontrer le Duc de Mont-morency, & le Marquis
Désiat à sa maison de Bois-le-Vicomte, où a-
pres auoir promis au Duc que la Prouince auroit toute sorte de satisfaction, il les coniura de
viure bons amis, & de faire cesser pour l'amour
Hh iij

de luy l'animofité qui eftoit entr'eux.

Quelques iours apres on demeura d'accord, que des Commiffaires feroient eftablis dans chaque Dioceze, à la place des Efleuz ; & que les Partizans qui auoient traité des Offices feroient rembourcez aux defpens du païs : mais le pouuoir des Deputez eftant limité à l'entiere confirmation de fes libertez anciennes ; il n'ozerent rien arrefter fans le confentement de ceux qui les auoient enuoyez ; c'eft pourquoy la conclufion de ce Traité fut remife à la prochaine Affemblée des Eftats, que le Roy permettoit à cette condition feulement. Et le Prefident Miron auec Hemery Intendant des Finances, eurent ordre du Roy d'y affifter en qualité de Commiffaires, & de prendre les accommodemens les plus doux qu'il feroit poffible. Voila comme fut terminée en apparence vne affaire qui auoit efté pendant deux années la matiere de la douleur publique, & l'occupation la plus affiduë du Duc de Mont-morency depuis fon dernier voyage à la Court. Ie dis qu'elle fut acheuée en apparence, puis qu'en effet la mefme caufe qui en auoit retardé fi long temps la conclufion à Paris, fit naiftre des difficultez en Languedoc, dont on ne pût iamais venir à bout.

Cependant les feruiteurs de Monfieur y auoient agy fi puiffamment, que prefque tou-

te la Nobleſſe des Seuennes, & du Viuarés
eſtoit engagée à ſon party. Cette nouuelle eſtant
portée à la Court, fit haſter le départ du Duc
de Mont-morency, & confirmer aux Deputez
les aſſeurances qui leur auoient eſté données.
Comme il faiſoit ſes adieux il eut à Monceaux
vne querelle contre le Duc de Cheureuſe, qui
venant d'vne raillerie mal entenduë eſtoit bien
aiſée à accommoder. En effet le Marquis de
Praſlin qui luy auoit parlé de ſa part ſe retiroit
fort ſatisfait. Lors que l'Eſcuyer du Duc de
Cheureuſe mit l'eſpée à la main contre luy dans
la ſeconde court du Chaſteau; ſon Maiſtre l'a-
yant tirée en meſme temps, obligea le Duc de
Mont-morency, qui ne penſoit à rien moins
qu'à ſe battre en ce lieu là, de prendre la ſienne
des mains d'vn Page. La foule du monde les a-
yant arreſtez, leurs ſeconds furent menez au
corps de garde: d'où le Duc de Mont-morency alla retirer Praſlin, ſans que celuy qui commandoit pûſt faire mettre les Soldats en défence pour l'empeſcher, tant eſtoit grand le re-
ſpect que les gens de guerre luy portoient naturellement. Cette action dépleut au Roy, qui
neantmoins les fit embraſſer auant que de ſortir du Chaſteau, & leur ordonna de ſe retirer
dans les maiſons qui leur furent marquées, pendant que ceux qui les auoient ſeruis demeure-

roient à la Baftille. Le Duc de Mont-morency
fut attendre à Chantilly les Commandemens de
fa Maiefté, qu'il reçeut huit iours apres. Il paffa tout ce temps là à mediter plus ferieufement
qu'il n'auoit iamais fait fur la vanité des efperances de la Court, & fur les plaifirs folides qui
accompagnent vne vie retirée de tout ce grand
embaras. Ses Amis le trouuoient occupé à des
diuertiffemens qui ne luy eftoient pas fort ordinaires. Il vifitoit fes forefts ; peuploit fa terre de toute forte de chaffe ; & deffeignoit des
ouurages pour augmenter les beautez d'vn lieu
que la Nature fembloit auoir fait exprés pour
les delices des hommes. Il auoit deffein de s'y
retirer auffi toft qu'il auroit fait fon voyage de
Languedoc , & d'y commencer vne vie auffi
tranquille , que celle qu'il auoit menée iufques
alors auoit efté pleine d'agitation.

Pour dire le vray il haïffoit ce commerce où
il falloit neceffairement employer des artifices,
& fe foumettre à des baffeffes dont fa generofité n'eftoit pas capable ; & foit que cette raifon luy donnaft ces bons mouuemens , foit que
Dieu les infpiraft à fon efprit pour le détacher
du Monde , où il auoit fi peu de temps à demeurer ; tant y a qu'il commençoit à moderer
fon ambition , & fe contentant de l'honneur
qu'il auoit acquis , fe difpofoit à patiamment

attendre

attendre ceux qu'il auoit meritez , comme choſes preſque indifferentes à la vertu.

Il partit de Chantilly auec ces belles reſolutions , fut prendre congé du Roy à Monceaux,
& arriuant en Languedoc ſur la fin d'Octobre
de l'année mil ſix cens trente & vn , trouua que
les choſes y eſtoient en plus mauuais eſtat qu'on
ne les auoit repreſentées à ſa Maieſté. Iamais ſa
preſence n'y auoit eſté plus neceſſaire pour main-
tenir la tranquillité publique & pour ruiner les
factions qui eſtoient preſtes à eſclatter. Tout le
monde y eſtoit preocupé par les eſperances d'vn
changement auantageux, & ſes ſeruiteurs meſmes qui s'eſtoient touſiours conſeruez , ſe laiſſoient deſia emporter aux bruits que l'on faiſoit courir qu'il eſtoit detenu à la Court. Son
arriuée retint ceux-cy dans leur deuoir , ſon
authorité y ramena les autres; & generalement
ceux qui auoient failly reconnurent bien toſt
leur erreur. Apres auoir empeſché les deſordres
du Viuarés , il fut aux Seuennes, où il ne rencontra pas moins d'émotions. Machaut pour
lors Intendant de la Iuſtice en Languedoc ad-
miroit le pouuoir qu'il auoit ſur toute ſorte d'eſprits , & la promptitude auec laquelle il reme-
dioit à des maux dont luy meſme auoit iuſtement apprehendé le peril & la longueur. En
moins de quinze iours la Prouince ſe vit auſſi

calme que s'il n'y euſt point eu de trouble auparauant ; tous les mauuais deſſeins furent reduits
en fumée, & les plaintes que l'on entendoit pu-
bliquement contre les Eſleus ceſſerent auſſi toſt
qu'il fut arriué, par l'eſperance que chacun a-
uoit de leur reuocation. Auant que de partir
de Paris, il auoit eſté reſolu qu'vne Aſſemblée
des principaux des Eſtats ſeroit conuoquée,
pour voir les conditions du Traité qui auoit
eſté fait. Les Deputez ſe rendirent à Pezenas au
temps qui leur auoit eſté marqué, & trouuerent raiſonable l'accommodement qui auoit eſté
pris : de ſorte que pour le conclure, les Eſtats
Generaux eurent ordre de s'aſſembler quelque
temps apres au meſme lieu. Miron & Hemery y aſſiſterent en qualité de Commiſſaires de
la part du Roy, auec leſquels on commença de
traitter. Mais comme les reſolutions ſe pren-
nent fort lentement dans les grandes Aſſemblées, pluſieurs iours ſe paſſerent inutilement en
celle-cy, aux actions ou aux ceremonies ac-
couſtumées, & les mois entiers en ſuitte à deliberer ſur les premiers articles du Traité. Ceux
du nombre & du pouuoir des Commiſſaires
occuperent longuement les Deputez que l'on
auoit commis pour les voir, ſans que iamais
l'on peuſt demeurer d'accord de l'vn ny de l'autre. Si ces articles ſembloient mal aiſez à reſou-

dre, celuy du remboursement des Partisans ne l'estoit pas moins à effectuer. Ces deux points partageoient l'Assemblée en opinions contraires, donnoient le commencement, & empeschoient la conclusion de toute sorte de disputes, & iettoient l'affaire en des confusions, qu'il estoit impossible d'esclaircir. Hemery qui en auoit la direction principale, n'estoit pas marry de ces difficultez, parce que sans encourir le blasme de personne, il trouuoit le moyen de contenter le Mareschal Défiat qui l'auoit chargé d'empescher autant qu'il pourroit la suppression des Esleus. Il est pourtant veritable que quelque ordre secret qu'il eust reçeu de luy, les graces de la conuersation du Duc de Mont-morency, où la force de la raison à laquelle il est difficile de resister, l'auoient au commencement engagé dans le party le plus iuste; & tout le monde esperoit que si les choses se faisoient auec peine, elles reüssiroient en fin au contentement des gens de bien. Mais la mauuaise humeur où il sçeut que son procedé auoit mis le Mareschal Défiat, l'obligea de changer de conduite, & fit qu'il essaya de luy rendre vn seruice agreable sans sortir de celuy du Roy, qu'il estoit obligé de procurer. Pour arriuer à ces deux buts, il falloit montrer que les difficultez & les longueurs de cette affaire

ne venoient pas de luy , mais pluſtoſt du coſté
de l'Aſſemblée des Eſtats ; qui n'auoient ny
les moyens de rembourcer les Partiſans , ny
la volonté de receuoir les Commiſſaires auec
la Iuriſdiction que les Deputez auoient con-
ſenty de leur attribuer. Le zele inconſideré
de quelques particuliers qui parloient auec trop
de licence , fauoriſoient ſon deſſein , & ſembloient mettre en quelque ſorte la raiſon de ſon
coſté. Le Duc de Mont-morency s'en eſtoit pris
aux plus apparens de l'Egliſe , & de la Nobleſſe, d'où il croyoit que ce mal procedoit, & ſa colere auoit en fin eſclaté contre le Vicomte
de l'Eſtrange, qui eſtoit accuſé de retarder le
ſeruice du Roy , & d'eſtre ſur le point d'aller
eſmouuoir des troubles dans le Viuarés. Le Duc
apres luy auoir donné des Gardes , le fit venir
ſecrettement vn ſoir dans ſa chambre, où il luy
repreſenta le tort qu'il auoit de fournir de pretexte à ſes ennemis, luy fit des menaſſes & des
exhortations , luy parla auec l'authorité d'vn
Gouuerneur de Prouince, & auec les tendreſ-
ſes d'vn parfait amy ; bref auant que de le quitter il le diſpoſa de remettre le fort de Toulon
prés de Priuas entre les mains de ceux qui en
deuoient faire la démolition ; c'eſtoit tout ce
que l'on deſiroit de luy, & le veritable ſujet des
plaintes qui auoient eſté faites.

Quelque temps apres l'on eut auis que le Roy
d'Eſpagne faiſoit vn grand armement dans la
Catalogne, & qu'il auoit deſia des troupes à
la plaine de Rouſſillon toutes preſtes pour quelque entrepriſe contre la France. Cette nouuelle
venant de tous les coſtez, & particulierement
de la Court, fut cauſe qu'Hemery offrit de l'argent au Duc pour mettre ſur pied ſa Compagnie
de Gendarmes auec celle de Vantadour, & les
Regimens de Languedoc & de Peraut. Mais luy
qui n'auoit autre deſſein que le ſoulagement de
la Prouince ; ne voulut pas luy apporter cette
foule ſans neceſſité. Il ſe contenta d'aller viſiter auec Hemery les places de la Frontiere, pour
luy faire connoiſtre leurs défauts, & pouruoir
à ceux qui eſtoient les plus preſſans.

Ces deux circonſtances font bien voir que le
Duc de Mont-morency n'auoit point alors d'autre penſée que celle du Traité des Eſleus, pour
lequel il auoit donné pouuoir à Iacquelin ſon
Intendant d'emprunter cinq cens mille liures, &
auoit offert les rentes qu'il auoit ſur la Maiſon de
ville de Paris, auec l'engagement d'vne de ſes
terres, afin de rembourcer les Partiſans qui ne
pouuoient trouuer leurs ſeuretez auec la Prouince. C'eſt pour cela en partie que la Mainie
Scindic general du païs auoit eſté enuoyé à la
Court auec Caſteldo Lieutenant de la Compa-

gnie de ſes Gardes. Celuy-cy eſtoit reuenu a-
uec fort peu de contentement pour la moderation du pouuoir des Commiſſaires, & l'autre
y eſtoit demeuré, tant pour continuer cette
pourſuitte, que pour ſolliciter le Mareſchal Défiat de reuoquer la Commiſſion qu'il auoit en-
uoyée aux Treſoriers de France du Languedoc,
pour faire l'impoſition des Tailles par l'ordre des
Eſleus. Les Eſtats n'auoient rien fait d puis leur
départ, que s'ennuyer des longueurs & des re-
miſes dont les Miniſtres vſoient auſſi bien que
les Commiſſaires; les principaux de l'Aſſemblée
ſe portoient à des violences où il ne falloit pas
vne authorité moins actiue, ny moins abſoluë
que celle du Duc pour les reprimer; & particulierement quand les Treſoriers de France reçeurent vn nouuel ordre de faire les impoſitions des
Tailles par la voye des Eſleus. Alors certes il eut
beſoin de tout le pouuoir qu'il auoit ſur l'eſprit de
ſes ſeruiteurs, & de toute l'adreſſe du ſien pour
empeſcher que les feux de la ſedition qu'il auoit
eſteints en arriuant dans la Prouince ne ſe ra-
lumaſſent par tout. Il fit donc connoiſtre à Miron & à Hemery le peril qu'il y auoit de mettre les peuples au deſeſpoir ſi l'on executoit cette Commiſſion, & pour appaiſer le bruit qu'elle auoit excité dans l'Aſſemblée, l'on y propoſa
vne Deputation, où Gramon l vn de ſes Gen-

tils-hommes qui eſtoit du corps des Eſtats, fut
nommé pour aller ſupplier inſtamment Meſſieurs du Conſeil de reuoquer vn ordre ſi contraire à ce qu'on leur auoit promis. Mais en re-
tenant les impatiences & les murmures des plus
violans, il ne pouuoit empeſcher les plaintes des
plus ſages qui luy repreſentoient le peu de ſoin
que l'on prenoit à la Court, de faire obſeruer les
choſes qui auoient eſté reſoluës auant ſon départ : du mépris on paſſoit au danger de ſa perſonne par les apprehenſions qu'on luy donnoit
des Commiſſaires, enuoyez pour la verification
des debtes du Païs.

On luy diſoit, que c'eſtoit pluſtoſt vne recherche contre ſes Ordonnances, que contre
les vſures ou les mal-verſations des particuliers,
& que les défauts que l'on trouueroit en la forme des impoſitions faites par ſon authorité, ſeroient bien mieux obſeruez, que les intereſts
exceſſifs que l'on auroit exigé du peuple ; Que
ſur ſemblables perquiſitions l'on auoit fait le
procés au Mareſchal de Marillac, & en fin qu'il
deuoit craindre vne façon de proceder que l'on
n'auoit iamais veuë en Languedoc. C'eſtoient
les diſcours dont on l'entretenoit ordinairement:
mais les particularitez que ſes amis luy faiſoient
remarquer de la mauuaiſe volonté du Cardinal
de Richelieu depuis qu'il eſtoit dans le miniſte-

re, luy donnoient bien de plus violantes agitations ; on luy remettoit deuant les yeux , la charge d'Admiral dont il l'auoit contraint de se deffaire apres vne action qui meritoit des recompences. La mort de son cousin de Bouteuille au milieu de tant de graces accordées auant & apres à des personnes beaucoup moins considerables. Les soubçons qu'il auoit voulu donner de son ressentiment à la guerre des Huguenots, qui suiuit cette infortune, & la derniere espreuue où il eust mis sa fidelité , si vn autre que Monsieur le Prince fust venu commander les Armes du Roy dans son Gouuernement. Le Traité de paix qu'il faisoit negocier par le Marquis de Fossez auec le Duc de Rohã, & les expresses défences qu'il fit à ceux qui s'en mesloient, de ne luy en donner aucune connoissance; & la cruelle necessité où il le reduisit apres la paix generale qui n'auoit pû se faire que par son moyen, d'estre luy mesme le solliciteur de l'establissement des Esleuz. Les artifices dont il vsa. pour le faire passer en Piémont comme vn de ses volontaires, apres luy auoir promis la charge de Mareschal de Camp general. Et en fin tous les mauuais traittemens qu'il reçeut à ce voyage, qui rendoient d'autant plus remarquables les seruices qu'il luy offrit bien tost apres à Lyon pendant la maladie du Roy.

Toutes

Toutes ces confiderations quoy que bien puiffantes ne l'eftoient pas affez pour fe rendre maiftreffes de fon efprit : & comme les mauuais offices qu'il auoit reçeus des autres Fauoris ne l'auoient iamais ébranlé, il euft fupporté conftamment les iniuftices de celuy-cy, fans l'arriuée de Delbene qui luy eftoit enuoyé de la part de Monfieur. Il luy reprefenta, que fon Maiftre viendroit à la tefte de deux mille cheuaux; Que le Duc de Lorraine auoit vne Armée de quinze mille hommes pour fauorifer fon entrée en France, par vne puiffante diuerfion; & qu'il n'eftoit pas le feul Gouuerneur de Prouince qui deuoit courre fa fortune. Mais il n'eftoit pas neceffaire de luy faire voir que ce party eftoit puiffant; ce fut affez pour luy; de dire qu'il falloit receuoir vn Prince que l'on regardoit alors, le Roy n'ayant point d'enfans, comme l'heritier prefomptif de la Couronne; & le retirer des mains de nos Ennemis, où il auoit efté contraint de fe ietter. Cette derniere raifon acheua de le vaincre; il promit de feruir fon Alteffe Royale pouruû qu'il euft le temps de gagner la Nobleffe & le Peuple, à qui il auoit donné de contraires impreffions depuis qu'il eftoit de retour dans la Prouince. Cette conference, qui fe fit à la Grange de Pezenas, ne fut pas fi fecrette que la nouuelle n'en vinft iufques à la Ducheffe de Mont-morency, qui gardoit le lit par des douleurs, qui apres l'auoir incommodée depuis long temps par interualles, la tourmentoient alors fans aucun relafche. Le Duc qui l'aymoit tendrement, & qui craignoit de l'accabler de déplaifir, luy cachoit les fiens autant qu'il luy eftoit poffible; & luy proteftoit que Delbene s'eftoit retiré auec beaucoup plus d'affeurance de fon affection que de fon engagement. Mais de quelque retenuë dont il vfaft, cette vertueufe Femme ne laiffoit pas de iuger, que tant de tefmoignages de mauuaife volonté & de mépris, qui luy venoient d'vn lieu, d'où il deuoit attendre tout le contraire; luy donneroient enfin des reffentimens d'autant plus dangereux qu'il les auoit long temps diffimulez. En effet les bruits qui arriuerent bien toft apres de l'entrée de Monfieur dans le Royaume, & de la paix du Duc de Lorraine auec le Roy; ne la laifferent plus en doute; parce qu'il declara franchement à ceux qui penfoient le retenir, par la confideration du peril où il alloit fe precipiter; Qu'ayant defia refolu de feruir fon A. R. il fe confirmoit dans ce deffein, d'autant mieux quil voyoit que fes feruices luy eftoient plus neceffaires. Il tafcha neantmoins de la confoler par l'efperance qu'il luy donna, que Monfieur feroit obligé de s'en retourner en Flandres, & que

pendant qu'on negocieroit l'accommodement
de ſon A. R. celuy du traité des Eſleuz ſe pourroit acheuer. En effet, il fit partir l'Abbé Delbene, pour luy repreſenter les choſes en l'eſtat
qu'il les voyoit, & le peu de ſecours qu'il receuroit de ſon ſeruice s'il n'auoit le temps qu'il luy
auoit demandé : Il renuoya auſſi Gramon à la
Cour, d'où il ne faiſoit que de reuenir; & c'eſt le
ſeul Courrier par lequel il a fait des proteſtations
& des promeſſes au Roy, que ſa mauuaiſe fortune pluſtoſt que ſa mauuaiſe intention , ne luy
permit pas d'effectuer.

Monſieur ne pouuant demeurer en Bourgogne , & ne trouuant point de retraite aſſeurée
dans aucune place d'Auuergne , non pas meſme
dans ſa Maiſon de Montpenſier, où le Mareſchal Défiat auoit mis Leſmorelles , auec vne
forte garniſon, fut contraint d'aller en Languedoc plus toſt qu'il n'auoit reſolu. Le Duc de
Mont-morency ayant appris quelques iours auparauant par le retour de l'Abbé Delbene la neceſſité qui l'obligeoit d'y venir , auoit mandé à
tous ſes amis, de ſe mettre en eſtat de ſeruir ſon
A. R. Et les Eſtats s'eſtoient ſeparez le 22. Iuillet 1632. apres auoir pris la Deliberation ſuiuante.

*Il a eſté reſolu de faire l'octroy à ſa Maieſté ſur
les Commiſſions qui ont eſté preſentées aux Eſtats,
& les porter incontinent au ſieur Duc de Mont-*

morency, & aux autres Commiſſaires de l'Aſſem-
blée, pour en eſtre fait le departement ſur les vingt-
deux Dioceſes, aux Eſtats particuliers, & aſsiet-
tes d'icelles, en la forme ancienne : Auec inſtantes
prieres audit ſieur Duc de Mont-morency d'vnir
inſeparablement ſes intereſts à ceux du païs ; com-
me ledit païs s'attache de ſa part aux ſiens ; & a
proteſté de ne s'en point ſeparer, afin d'agir tous
enſemble plus efficacement pour le ſeruice de ſadi-
te Maieſté au bien, & au ſoulagement du païs.

Les Deputez qui porterent cette deliberation
dans les Dioceſes y trouuerent tout le monde
fort refroidy, parce qu'on voyoit venir deux armées ; dont celle qui eſtoit commandée par le
Mareſchal de Schomberg, deuoit entrer par le
haut Languedoc, & celle du Mareſchal de la
Force par le Pont ſaint Eſprit. On conſeilloit
au Duc de Mont-morency de ſe ſeruir de l'ani-
moſité que les peuples auoient contre les Eſleuz ;
& de leur abandonner ceux qui en auoient a-
cheté les Offices, afin que les violances qu'ils
feroient à leurs perſonnes, ou à leurs biens, les
attachant les vns aux autres par la ſocieté du
crime, ils ne pûſſent eſperer de grace que par
ſon moyen. Quelques vns luy propoſoient de
faire ſaiſir les marchandiſes de la foire de Beaucaire, comme des gages, qui obligeroient les plus
riches habitans des meilleures villes du Langue-

doc à faire tout ce qu'on leur ordonneroit pour
les retirer. Mais il auoit l'ame trop bonne pour
souffrir les cruautez & les iniustices que les chefs
de Party sont bien souuent contraints d'exercer;
& il ne voulut pas que la reception de Monsieur
dans son gouuernement fust marquée à la poste-
rité par des meurtres, ou par des pillages, non
plus que par l'entrée des troupes Espagnoles qui
estoient à la frontiere, & qu'il refusa de receuoir.
Son dessein estoit seulement de luy donner moyen d'opposer la force à la force; & de faire a-
uec la Cauallerie qui l'accompagnoit des troupes suffisantes pour resister à celles qui auoient
quitté la frontiere de Lorraine pour le suiure.
C'est pourquoy il auoit sur tout recommandé
à ses amis, de leuer de l'Infanterie; & l'on vit
bien tost sur pied les Regimens de Languedoc,
de Rieux, du Roure, de saint Remeze, de Peraut, de Naües, de Valons, de Spondillan, de
Fontés, de saint Pol, qui fut tué à Beaucaire,
de Sueilles, & quelques autres. Toutefois quelque diligence qu'ils peussent employer, Monsieur
arriua à Lodéue auant que leurs gens fussent
prests. Le Duc de Mont-morency estoit à Lunel, lors qu'il fut aduerty de son entrée dans la
Prouince; & allant au deuant de luy il le rencontra à Mauguio, l'accompagna à Beaucaire,
& de là à Beziers, où il demeura aupres de sa

Personne iufques à la fin d'Aouſt, attendant que
les Regiments qui ſe faiſoient en diuers endroits fuſſentcomplets. Ie ne m'arreſteray point
à eſcrireles particularitez de la priſe du Vicomte de l'Eſtrange, ny ce qui ſe paſſa aux ſieges de
Bagnols, & du Chaſteau de Beaucaire, qui ſont
les choſes les plus conſiderables qui ſe firent a-
lors. La mort du Duc de Mont-morency eſtant
le ſuiet principal de cette derniere partie de mon
Hiſtoire, ie me haſte autant que ie puis d'y arriuer, & laiſſe, comme i'ay fait preſque par tout
ailleurs, les actions où il n'a point de part, & qui
ne feroient que m'eſloigner du but que ie me
ſuis propoſé. Il ſuffit que ie n'aye rien oublié de
ce qui regarde ſon engagement au party de
Monſieur, & que ſans aucun déguiſement i'en
aye remarqué toutes les veritables circonſtances : Celles du combat qui ſe fit le premier de
Septembre auprés de Caſtelnaudary ſatisferont
mieux la curioſité du Lecteur.

Ce iour là le Mareſchal de Schomberg ayant
pris par compoſition le Chaſteau de ſaint Felix, parut auec ſon Armée qui venoit à la rencontre de celle de Monſieur. Apres que les coureurs en eurent donné l'auis, on tint le Conſeil
de guerre; Et quoy que les troupes qui eſtoient
auec le Duc Delbœuf pour ſecourir le Chaſteau
de Beaucaire, euſſent affoibly de plus de la moi-

tié l'Armée de ſon Alteſſe Royale : neantmoins la reſolution & les ordres de combattre furent pris auec vn applaudiſſement general. Pendant que le canon s'auançoit en lieu propre pour incommoder la Caualerie, & que tous les Corps marchoient pour ſe mettre en bataille, le Duc de Mont-morency allant reconnoiſtre vn poſte, dont on ne luy auoit pas bien rendu raiſon, fut bleſſé dans vn chemin creux, par des mouſquetaires qui s'y eſtoient gliſſez à la faueur d'vn foſſé. Il entendit tirer en meſme temps ; ce qui luy fit croire, comme il eſtoit vray, que le Comte de Moret qui deuoit donner à ſa droite auoit commencé le combat de ce coſté là. Alors il ne pût retenir cette impetuoſité, dont tous les hommes vaillants ſont pouſſez en ſemblables rencontres ; & ne voyant aucun moyen pour ſortir de ce paſſage, ſans combattre, ou ſans tourner le dos ; il aima mieux courre le hazard de ſe perdre que de receuoir des bleſſeures qui euſſent pû faire douter de ſon courage.

Ayant donc pouſſé ſon cheual, il ſauta le foſſé qui trauerſoit le chemin ; paſſa ſur le ventre des mouſquetaires qu'il rencontra ; bleſſa Beauregard Champrou ; porta Lauriere par terre, tous deux combattans à la teſte de leurs eſcadrons : & tout percé de coups qu'il eſtoit, en donna vn ſi furieux au fils de Lauriere, que la

falade qu'il auoit n'empefcha pas que fon efpée
ne luy entraft affez auant dans la tefte. Le mal-
heur de fe voir feul luy donnoit plus d'indigna-
tion que de crainte ; & ne pouuant éuiter la
mort, il voüloit la rendre fignalée par fa refiftance. Dans ce deffein il tua tant d'hommes,
& en bleffa tant d'autres, que fans le tefmoignage des troupes du Marefchal de Schomberg
cette verité ne feroit pas croyable. Sa valeur fur-
monta en cette occafion tout ce qu'elle auoit iamais fait d'extraordinaire , mais elle n'eut pas
mefme fuccés; & ceux que plufieurs raifons o-
bligeoient de mourir auec luy n'oferent fuiure
vn chemin qu'il auoit ouuert à coups d'efpée, &
marqué de fon fang pour les animer. Il fut cou-
rageufement accompagné par quelques Gentils-
hommes qui eftoient prés de luy : mais il fut
mal fouftenu par fes Gendarmes, & par ceux de
Vantadour, qu'il auoit apellez en allant au combat : & plus mal encore par le refte de la Caualerie qui ne branla iamais, quoy que l'on ne pût
ignorer que fa perte n'attiraft celle du party de
Monfieur. Les premiers furent prefque tous
tuez , & entr'autres le Comte de Rieux, dont
le Duc de Mont-morency faifoit vne eftime
particuliere, tant pour fon merite, que pour l'extréme affection qu'il luy auoit toufiours tefmoi-
gnée. Le Vicomte du Poujol fortant du combat,
bleffé

bleſſé de deux mouſquetades, & rencontrant
vn gros de Caualerie s'offrit pour aller monſtrer
l'endroit où le Duc eſtoit arreſté, à quoy le Chef
reſpondit qu'il n'auoit point d'ordre. Les prieres
& les efforts que le Comte de Brion fit pour le retirer, ne furent pas moins inutiles. Il ne gagna
rien ſur l'eſprit de ceux qui pouuoient luy donner des forces pour ſauuer vn homme ſi conſiderable; & ſes Amis l'empeſcherent de ſe perdre
dans ce deſſein, & de ſe ietter luy ſeul dans le peril
comme il eſtoit reſolu. Certes ſi l'on excepte les
Chefs qui ont eſté liurez par la trahiſon, ou
par la mutinerie des ſoldats, on trouuera peu
d'exemples d'vn abandonnement ſemblable:
Et il ne ſert de rien de dire que la mort du
Comte de Moret & des autres qui furent tuez a-
uoient mis vn tel deſordre parmy les troupes que
tout le monde en eſtoit troublé : car bien que
le mal-heur de ce ieune Prince qui auoit toutes
les qualitez d'vn grand homme, fuſt infiniment
plus ſenſible à Monſieur qu'il ne le pouuoit e-
ſtre à nul autre; il ne laiſſa pas de commander
qu'on ſecouruſt le Duc de Mont-morency, &
y fuſt allé luy meſme ſi l'on ne l'euſt retenu. Il
perſiſta dans ce deſſein ; au Conſeil qui fut aſſemblé ſur l'heure, quelques raiſons qu'on luy
peuſt alleguer, iuſques à ce qu'il ſçeuſt qu'on
l'auoit conduit à Caſtelnaudarry. Ceux qui obeï-

rent si mal aux ordres de son Altesse Royale, ont crû se bien excuser, en accusant le Duc de s'estre precipité dans le danger: c'est à dire d'auoir fait par necessité, vne faute dont presque tous les grands Capitaines sont coupables ; & que l'on pourroit reprocher auec la mesme iniustice au dernier Roy de Suede , qui fut vn iour pris menant les Coureurs de son Armée, & qui iusques à sa mort a tousiours esté le premier aux coups.

Apres que le Duc de Mont-morency eut essuyé les mousquetades des soldats qui estoient dans le chemin , percé deux escadrons de Caualerie, signalé son courage par les incroyables efforts qu'il fit dans le combat,& par la grandeur & le nombre de ses blesseures ; se seruant du iugemét qu'il ne perdoit iamais au plus fort de la mélée,il alloit se tirer de celle-cy sans le mal-heur qui luy arriua. Il estoit desia monté sur le champ où il fut pris , & auoit tué le soldat qui donna le dernier coup à son cheual lors qu'il s'abatit sous luy. C'estoit vn petit barbe extrémement viste, & qui auoit assez de force pour sa taille : vn autre qui eust esté plus courageux & plus propre pourvn iour de bataille,l'eust porté peut-estre encore deux cens pas qu'il falloit pour le mettre hors de peril & faire voir vn de ces miracles que la valeur & la Fortune font quelquefois en pareilles extrémitez. Vn Sergent d'vne Côpagnie

des Gardes, le voyant tomber, accourut à luy &
le porta dans le chemin où la douleur de ſes
bleſſeures le fit arreſter. Saint Prueil Capitaine
au meſme Regiment arriua preſque auſſi toſt,
& s'approcha de luy auec des ſanglots, qui l'empeſchant de parler, ne laiſſoient pas d'exprimer la veritable affliction de ſon eſprit. Le Duc
qui depuis quelque temps n'auoit pas ſujet de
le croire ſi affectionné à ſon ſeruice qu'il l'auoit
touſiours eſté auparauant, eſtima cette generoſité : il le regarda auec vne façon plus douce
qu'il n'auoit fait en le voyant venir ; luy donna la main en ſigne d'amitié, & luy dit des paroles qui acheuerent de remplir ſon eſprit
d'admiration & de tendreſſe. Quelques ſoldats
qui eſtoient preſens pleuroient comme luy ; ils
ſembloient plaindre l'infortune de leur General
pluſtoſt que celle de leur priſonnier ; & quand
ils l'euſſent rencontré en cét eſtat pitoyable,
lors qu'il les commandoit à la iournée de Veillane, ou à l'attaque de Carignan, ils n'euſſent
pû faire que ce qu'ils faiſoient alors. Luy ſeul
demeuroit comme inſenſible aux coups du mal-
heur ; & teſmoignoit par la grandeur de ſon
courage, qui le conſeruoit tout entier au milieu de ſa foibleſſe ; que cette excellente habitu-
de reſidoit en luy dans vne partie plus haute
que le cœur ; & qu'elle ne ſe formoit ny de la

chaleur du fang, ny de l'abondance des efprits
dont il auoit fait vne fi grande perte. Apres s'e-
ftre repofé enuiron vn quart d'heure; vn de ceux
qui eftoit prés de luy, croyant qu'il n'auoit demandé ce temps là que pour le donner à ceux
dont il attendoit du fecours. Monfieur, luy dit-
il, vos gens ne paroiffent point , & vous per-
dez tant de fang que nous ferions cruels fi nous
vous laiffions icy dauantage. Allons, repliqua-
t'il auec la mefme conftance qu'il auoit toufiours
fait paroiftre. On le porta le plus commodé-
ment qu'il fuft poffible iufques au Corps de l'Armée , où il fut confeffé , & pris par les Gendarmes du Roy , qui le conduifirent à Caftelnaudarry. Si toft qu'il fut logé , fon Chirurgien
arriua pour mettre le premier appareil à fes bleffeures. Ce pauure feruiteur voyant l'extremité
où fon Maiftre eftoit reduit , fe mit à ietter des
larmes au lieu de preparer des remedes : & la refolution qu'il auoit prife de ne fe pas troubler,
ny la longue pratique d'vn art qui enfeigne la
cruauté , & y accouftume l'efprit , ne pûrent
empefcher fon reffentiment. Le Duc le recon-
noiffant , hauffa vn peu la voix pour luy dire,
Lucante, ne m'afflige point : mais fi tu efperes
de me pouuoir fecourir, fais le de bonne heure, finon laiffe moy mourir en repos. Ces paroles luy firent retenir fes plaintes ; il le vifi-

ta, & trouua qu'il eftoit bleffé de dix fept coups
qui faifoient vingt & quatre ouuertures fur
fa Perfonne. Parmy vn figrand nombre de bleffeures, dont toutes les parties de fon corps e-
ftoient meurtries, il y en auoit vne qui fembloit miraculeufe : c'eftoit vn coupde fuzil qui
luy perçoit le col , & paffoit entre deux vaiffeaux qui fe touchent, dont l'vn fert à la refpira-
tion & l'autre porte la nourriture dans l'eftomac.

Pendant les trois premiers iours l'on eut fort
peu d'efperance de fa vie: les deux fuiuans ne
firent pas voir de meilleurs fignes: il falut luy
épuifer prefque tout le fang qui luy reftoit, &
employer toute forte de remedes pour appaifer
la violance de fa fiévre, & les autres accidents
qui luy arriuoient d'heure à heure. Le danger
où il eftoit ne fit pas reuoquer neantmoins la
deliberation qui auoit efté prife de le faire porter ailleurs, pour éuiter le defordre où l'on euft
pû fe trouuer fi Monfieur euft eu affez de Forces
pour aller affieger Caftelnaudarry , comme c'e-
ftoit le bruit de l'armée du Marefchal de Schomberg.

Le Duc de Mont-morency auoit genereufe-
ment refpondu à l'Ifle, Ayde de Camp, qui entreprit de luy faire la premiere propofition de partir: mais comme il vit que fon difcours paffoit des
perfuafions inciuiles à des menaffes infolentes,

il ne pût se retenir dauantage ; fit vn effort extraordinaire pour se leuer du lit ; demanda vne
espée , & auec vn visage , où la foiblesse n'a-
uoit point du tout effacé cette noble audace,
& cette maiesté qui en estoient inseparables ,
il couurit de honte & de confusion celuy qui
vouloit luy donner suiet de craindre. Apres ce
mouuement de colere il ceda en fin , non pas
aux menasses de la mort, qu'il n'auoit iamais
redoutée , mais à la consideration de sa femme , qu'il apprehendoit de faire mourir auec
luy. Elle estoit malade à Beziers lors que la nouuelle de sa prise luy fut apportée : & bien que
l'on ne luy dist pas le danger de ses blesseures,
son amour les luy figura pour le moins aussi grandes qu'elles estoient. Ie n'entreprens pas de parler de sa douleur : ce seroit vne temerité de vouloir décrire ce qu'aucune demonstration exterieure ne peut exprimer : mais comme la conseruation de la vie du Duc estoit vne pensée
qu'aucune sorte d'accident ne luy pouuoit oster,
ce fut la seule qui se conserua libre parmy le desordre de toutes les fonctions de son ame. Elle
fit donc partir le Medecin & l'Apoticaire , que
la necessité de son mal retenoit depuis long temps
auprès d'elle ; & son Escuyer pour luy rapporter en diligence l'estat veritable de ce qu'elle desiroit & craignoit également de sçauoir. Ils

trouuerent leur Maiſtre à Ville-franche le iour
meſme qu'on le fit partir de Caſtelnau, qui eſtoit
le cinquieſme de Septembre. Le Duc de Mont-
morency ſe faiſoit penſer lors que l'Eſcuyer entra dans ſa chambre ; & croyant qu'il auoit eſté
preſent iuſques à ce que ſon Chirurgien euſt a-
cheué : Tu raconteras, dit-il à ma femme, le «
nombre & la grandeur des bleſſeures que tu as «
veuës, & l'aſſeureras que celle que i'ay faite à «
ſon eſprit m'eſt incomparablement plus ſenſi- «
ble que toutes les autres. Le lendemain il fut
porté à Caſtanet aupres de Toulouze ; & le iour
ſuiuant à ſaint Iory, qui eſt vn bourg à deux
lieuës par delà : pour y aller il falloit paſſer aux
faux-bourgs de cette ville, où l'armée ayant fait
halte, le Duc voulut qu'on ouuriſt ſa litiere, a-
fin de contenter cette grande multitude de perſonnes à qui l'affliction n'auoit pas oſté la curioſité de le voir. La tranquillité qui paroiſſoit à tra-
uers la paſleur de ſon viſage, troubla l'eſprit de
tous les aſſiſtans, & fit pleurer les plus fermes
& les plus ſtupides.

La mauuaiſe garde qu'on fit la nuit qu'il fut
à ſaint Iory, & la commodité d'vne caue qui
auoit vne ſecrette iſſuë, où l'on pouuoit deſcendre de ſa chambre, preſenterent vne belle occaſion à ſes gens pour le ſauuer. La Dame du lieu
fauoriſoit ce deſſein : mais les eſuanoüiſſemens,

& les foiblesses qu'il eut, obligerent ceux qui e-
stoient prés de sa Personne, d'auoir recours à
d'autres moyens pour luy conseruer la vie qu'il
estoit en danger de perdre à toute heure. Les
mesmes symptomes continuant le lendemain,
faisoient croire qu'on le laisseroit en repos iusques à la fin de la crise où il estoit entré depuis
la nuit precedente, & il y auoit d'autant plus
d'apparence qu'on vseroit de cette courtoisie, que
la crainte qui sembloit estre le sujet d'vne si grande precipitation estoit passée. Neantmoins le
Medecin de l'Armée ayant asseuré qu'il n'y auoit
point de danger de le faire partir, quoy que
celuy du Duc peust alleguer au contraire; il fut
porté à quatre lieuës de là dans la Gascogne, &
le iour apres, qui estoit le septiesme de Septembre, au Chasteau de Leytoure. Là il fut laissé entre les mains de la Iaille Capitaine des Gardes du
Mareschal de Schomberg; qui ne se seruit que
des soldats de sa Compagnie, pour tenir auprés
de sa Personne. Voila comme il ne fut pas au
pouuoir des hommes ny de le sauuer ny de le perdre auant le temps que la Prouidence eternelle
auoit ordonné. Dieu vouloit que sa mort fust
aussi admirable que sa vie; que ses dernieres a-
ctions couronnassent toutes les autres; & que
ses vertus Chrestiennes iettassent encor plus d'é-
clat que n'auoient fait les Heroïques.

Apres

Apres que le Marefchal de Schomberg eut
logé vne partie de fa Caualerie aux enuirons de
Leytoure, & donné l'ordre le plus exact qu'il
luy fut poſſible pour la feureté du Chafteau, il
s'en retourna du cofté de Touloufe fans fe mettre en peine d'empefcher les progrés de Monfieur; qui auoit pris le chemin du bas Languedoc : auſſi eftoit-il bien mal-aifé qu'il en peuft
faire apres la perte du Duc de Mont-morency,
fon infanterie s'eftant prefque toute defbandée;
ce qui l'obligea de fe retirer à Beziers. La Ducheſſe de Mont-morency y eftoit alors plus mal
que iamais : l'accident de Caftelnaudarry a-
uoit redoublé fes indifpofitions ; defcouuert la
perfidie de quelques vns de fes feruiteurs, & e-
ftonné ceux qu'on eftimoit les plus courageux,
& les plus fidelles. Tous ces empefchemens
pourtant ne retarderent pas les feruices qu'elle
eftoit capable de rendre à fon mary. Dés que
le premier eftourdiſſement de fa douleur fut
paſſé elle auoit commencé de trauailler à ce deffein ; & comme il eftoit conuenable à fa condition, n'auoit eu recours qu'aux armes de la
foibleſſe & de l'innocence ; c'eft à dire à fes prieres enuers Dieu, & à fes fubmiſſions enuers le
Roy. Pour cét effet Sodeilles eftoit allé offrir
de fa part les places qui reftoient entre les mains
des feruiteurs du Duc, & pour fupplier fa Ma-

iefté qu'il luy fuft permis d'aller implorer fa mifericorde. Mais fes offices avoient efté auffi inutiles que fes prieres, & celuy qui les portoit euft
couru fortune de perdre la vie, fans fes Amis
qui luy confeillerent de ne fe pas approcher de
la Court, & luy dirent que le Roy ayant déja
reçeu des affeurances de tout ce qu'il luy venoit
prefenter, ce que fa Maiftreffe demandoit ne
luy feroit point accordé, tant pour cette raifon, que parce qu'on la blâmoit d'auoir porté
l'efprit de fon mary à fuiure le party de Monfieur.
En effet bien qu'en l'eftat pitoyable où l'auoit
reduite vne maladie que tous les Medecins iugeoient mortelle, il n'y eut pas apparence qu'elle euft des penfées d'ambition ou de reffentiment : Cette calomnie neantmoins auoit fait
impreffion fur l'efprit de fa Maiefté, & en a-
uoit effacé la bonne volonté que l'eftime & la
vertu de la Ducheffe y auoient toufiours confer-
uée. Lors qu'elle apprit par le retour de Sodeilles les mauuais offices que la malice de fes Ennemis, & la trahifon de fes feruiteurs luy a-
uoient rendus : elle eut befoin d'vne nouuelle
grace de Dieu pour refifter à ce dernier accident. Mais i'ay tort de nommer dernier, vn mal-
heur qui doit eftre fuiuy de tant d'autres. Le
vingtiefme de Septembre en fit voir vne preuue bien funefte. On luy vint dire fur la minuit

qu'il n'y auoit point de feureté pour Monfieur,
ny pour elle; que les troupes des Marefchaux de
Vitry & de la Force eftoient à vne lieuë de Beziers , & que la place leur deuoit eftre remife
le lendemain. Monfieur la fut prendre bien toft
apres; aida luy mefme à la faire porter dans fa
litiere; luy promit de ne l'abandonner point, & fit
tout ce qui luy fut poffible pour la confoler.
L'heure & la precipitation rendoient ce départ
bien épouuantable à vne perfonne fi affligée &
fi malade comme elle eftoit ; mais afin qu'il ne
manquaft rien à l'horreur de cette nuit , toute
la ville eftoit pleine de gens armez qui eftoient
en garde , ou de ceux qui fe retiroient auec
Monfieur, de forte qu'elle n'entendoit en paffant par les ruës , qu'vne confufion de voix, du
peuple qui parloit auec infolence , ou de ceux
qui fe retiroient auec apprehenfion. Le 21. elle
arriua à Lonzac où Monfieur s'eftoit retiré auec
les reftes de fes troupes, & où elle eut bien toft
apres vne nuit encore plus effroyable que celle de Beziers. C'eftoit lors qu'on deliberoit
fi Monfieur pafferoit au Comté de Rouffillon.
Elle fçauoit par les menaffes qui auoient efté
faites , le danger où ce confeil mettoit la vie
du Duc, & n'auoit ny les moyens de l'empefcher; ny la force de fortir du Royaume; ny la
liberté d'y demeurer auec affeurance. Son mal-

Mm ij

heur eſtoit tel , que meſme ſes plus grandes afflictions faiſoient des crimes ; & ſon départ de
Beziers paſſoit à la Court pour vne ſuitte de rebellion. Elle fut dans des agitations extrémes
iuſques au lendemain que Chaudebonne reuint
de la Court auec ordre à ſon Alteſſe Royale d'aller à Beziers. La Ducheſſe y eſtant retournée
quelques iours apres, eut commandement de ſe
retirer à la Grange de Pezenas. Monſieur luy
confirma toutes les promeſſes qu'il luy auoit
faites, & luy proteſta que tout ce qu'il auoit à
ménager dans le Traité qu'on luy propoſoit,
c'eſtoit de conſeruer la vie de ſon mary, pour
laquelle il ſacrifieroit tous ſes autres intereſts. En
effet les Deputez que le Roy auoit enuoyez pour
traiter auec luy l'ayant aſſeuré que le ſeul moyen
qui luy reſtoit pour obtenir cette grace, eſtoit
de ſe ſoubmettre entierement à ce que ſa Maieſté deſiroit ; il n'y eut point d'article ſi de-
ſauantageux, que cette conſideration ne luy
fiſt ſigner aueuglément. La Ducheſſe de Mont-
morency eſtant aduertie des dernieres ſubmiſ-
ſions où ſon Alteſſe Royale s'eſtoit abaiſſée, ne
pouuoit s'empeſcher de croire ce qu'elle deſiroit,
ny s'en bien aſſeurer auſſi ; ſon eſprit eſtoit emporté tantoſt par la crainte , tantoſt par l'eſperance, & quelquefois demeuroit également ſuſ-
pendu entre ces deux paſſions. Elle s'eſtoit dés

le commencement figurée vne infinité de mal-
heurs qui pouuoient arriuer au Duc, & tels peut
estre, qui luy eussent esté plus insupportables que
la mort. Cette derniere pensée estoit la seule qui
ne pouuoit entrer dans son ame, à cause de
l'horreur & de la confusion qui l'accompagnoient. Elle estoit repoussée, non seulement
par son amour, mais par toute sorte de raisons qui opposoient à la faute qu'il auoit commise de donner retraite à Monsieur dans son
Gouuernement ; la Noblesse de ses predeces-
seurs ; la memoire de leurs anciens seruices, &
le merite de ceux qu'il venoit de rendre tant
dans le Royaume, que dans les païs estrangers : la Raison d'Estat mesme, toute seue-
re qu'elle est, fournissoit en sa faueur, des
exemples tous recents de ceux à qui elle faisoit commander les Armées du Rey, apres a-
uoir excité parmy ses peuples deux ou trois re-
bellions generales : & quand par la malice du sie-
cle, tous ces raisonnemens deuenoient ou inutiles, ou contraires, & que la colere où le Roy per-
sistoit, ne laissoit personne en doute du mal-heur
qui deuoit arriuer ; l'esperance faisoit tousiours
quelque effort pour diminuer sa crainte : au défaut
de l'esperance. Elle auoit recours aux accidens
impossibles & aux miracles ; & certes elle ne fut
pas du tout trompée en cette derniere attente,

Dieu ayant voulu fignaler cette mort qui luy faifoit tant d'horreur par les miracles vifibles de fon amour & de fa grace.

Le Roy qui eftoit dans le Languedoc depuis le quinziefme de Septembre, arriua le fixiefme iour d'Octobre à Beziers ; y feiourna iufques au quatorziefme, pour faire tenir les Eftats du païs, & fe rendit à Touloufe le vingt-deuxiefme. Dés qu'il y fut arriué, le Duc de Vantadour eut commandement de fe retirer, & l'on deffendit à Madame la Princeffe d'entrer dans la ville. Cette genereufe fœur venoit implorer la clemence de fa Maiefté; & defia fes Officiers auoient preparé fa maifon dans Touloufe, lors qu'elle fut contrainte de s'arrefter vn peu au delà du fauxbourg, où elle eut affez de peine à trouuer vn petit couuert. Ces mauuais prefages furent confirmez par le logement de la plus grande partie de l'Armée dans la ville, fans aucune diftinction des habitans : & par l'ordre que le Marquis de Brezé reçeut d'aller prendre à Leytoure le Duc de Mont-morency pour le conduire au Parlement, à qui le Roy auoit donné commiffion expreffe de luy faire fon procés. Cette funefte nouuelle, qui s'épandit de tous les coftez, frappa la Prouince d'vn quatriefme fleau, qui luy fembloit plus horrible que la pefte, la guerre, & la famine, qu'elle venoit de fouffrir. Alors la dou-

leur , que la crainte & la prefence du Roy a-
uoient retenuë , commença d'éclater de toutes
parts. Il n'y auoit âge , fexe , ny condition qui
ne la tefmoignaft ouuertement: les plus lafches
mefmes , & les plus ingrats fe repentoient de
l'auoir efté, & ne pouuoient ioüir en repos d'vne
vie qu'ils n'auoient ozé mettre au hazard pour
effayer de garantir celle de leur Bien-facteur, &
de leur Maiftre. Le peuple qui fçait le moins
diffimuler, retomba par fes murmures & par fes
plaintes dans le crime de leze Maiefté , dont il
ne faifoit que fortir. L'on entendoit publique-
ment ces mots, que le defefpoir arrachoit de
toutes forte de bouches : *Qu'on nous priue de
nos libertez ; qu'on nous ofte nos biens & nos enfans ; qu'on nous faffe tous mourir, & qu'on luy
fauue la vie.*

Cependant le Duc de Mont-morency fouf-
froit les rigueurs de fa prifon , & attendoit la
mort auec vne refolution qui n'eft pas imagina-
ble: iamais homme n'en parla plus froidement
que luy : il fembloit qu'il racontaft les dangers d'vn autre , lors qu'il reprefentoit les
liens à fes domeftiques , & à fes gardes, qui
feuls eftoient les témoins d'vne fi haute vertu.
Ce n'eftoit pas feulement dans fes difcours,
mais dans toutes fes actions qu'il témoignoit
vne grandeur de courage extraordinaire. L'in-

difference auec laquelle il receuoit les bons
& les mauuais prefages, faifoit bien voir qu'il
eftoit le moins paffionné de tous ceux qui a-
uoient quelque intereft à fa vie. Lors qu'on luy
ofta les Officiers qui le feruoient, & en fuite
fes valets & fon Medecin, il fut touché du regret qu'ils témoignerent en fe feparant de luy :
mais on ne le vit non plus trifte pour cela, que
ioyeux pour les efperances qu'on luy donnoit
quelquefois. Il ne paroiffoit autre changement
fur fon vifage, que celuy que fes bleffeures y
auoient fait ; & qui l'euft vû fans fçauoir fon
auanture, l'euft pluftoft pris pour vn homme
que la foibleffe retenoit dans la chambre, que
pour vn prifonnier que l'on referuoit à vne fin
fi déplorable. Mais comme il eftoit infenfible,
& s'il faut ainfi dire, cruel enuers foymefme; auffi auoit-il vne extréme tendreffe pour fes amis.
L'affliction de fa femme, & la peine où il fçauoit que fon infortune mettoient ceux qui l'a-
uoient feruy, ébranloient fouuent la fermeté de
fon efprit, & luy donnoient des mouuemens qui
eftant excitez par la pitié, ne pouuoient eftre
détruits par la conftance. Voila les feules apprehenfions qu'il a euës pendant fa prifon, & les
derniers liens par lefquels il a tenu au monde.
Certes on peut dire que c'eftoient des liens dont
il ne pouuoit fe défaire : & que fon cœur en

estoit bien pressé, puis qu'il iettoit souuent des
soupirs, & qu'il auoit des tendresses qui ne se
peuuent attribuer à l'apprehension de la mort,
dont il parloit tousiours, ou auec indifference,
ou auec mépris : il la creut pourtant asseurée,
dés qu'il sçeut que le Roy prenoit le chemin du
haut Languedoc, & commanda qu'on luy tinst
prest vn habillement de toile qu'il vouloit porter le iour qu'on le feroit mourir : ce qui ayant
semblé d'abord partir de quelque mouuement
de vanité, a depuis esté vne preuue de l'asseurance que Dieu luy donnoit contre les horreurs
de sa fin. Il auoit communié deux fois depuis
qu'il estoit à Leytoure, & reçeu auec le pre-
cieux Corps de son Redempteur, des consola-
tions & des graces, qui paroissant alors au dessus
de la Nature, ont encore plus miraculeusement
éclaté aux derniers iours de sa vie.

Le matin qu'on le vint prendre pour le conduire à Toulouze, il regardoit des fenestres de
sa chambre vne troupe de vandangeurs qui se
resioüissoient comme ils ont accoustumé de faire en cette saison. Son Chirurgien voyant que
cét obiet luy donnoit plus de plaisir qu'il ne iugeoit raisonable, luy dit, *Est-il possible, Monsieur, qu'estant si proche, & si asseuré de vostre
mal-heur, vous y pensiez si peu serieusement. Cette
pensée*, luy respondit-il, *ne trouble point la tran-*

quillité de mon esprit. Et que sçauez vous, pour-
suiuit le seruiteur, *si l'on vous fera mourir en ce
lieu mesme ? Tant mieux,* replica-t'il en riant,
ie n'auray pas la peine d'aller à Toulouze.

Estant si bien preparé il n'auoit garde d'estre
surpris par l'arriuée du Marquis de Brezé, ny de
s'estonner du commandement qu'il luy porta.
Il le reçeut auec les mesmes ciuilitez que s'il ne
fust venu que pour luy faire vn compliment ;
luy demanda des nouuelles de la santé du Roy,
& du Cardinal de Richelieu, & apres quelques
autres discours, où il ne paroissoit ny crainte,
ny chagrin ; le pria de se retirer pour luy donner
le loisir de faire penser ses blessures. Il partit
bien tost apres accompagné de huit Cornettes
de Caualerie, & fut coucher à saint Cla, qui est
vn bourg à deux lieuës de Leytoure. Il vit le soir
parmy les Chefs des troupes qui le conduisoient
Beau-regard Champrou, qui portoit le bras en
écharpe, d'vn coup de pistolet qu'il luy donna
à la iournée de Castelnaudarry : cette blessure luy
estoit d'autant plus honorable, que le Duc de
Mont-morency auoüa qu'vne de celles qu'il a-
uoit au visage venoit de la main de Beau-regard.
Lauriere y estoit aussi, qui croyoit luy auoir tué
son cheual ; & afin qu'il n'eust plus cette opinion, le Duc prit occasion de dire en sa presence quelques particularitez du combat, & entre

autres de l'auoir porté par terre, bleffé fon fils
d'vn coup d'efpée à la tefte, & toutes les rencontres qu'il eut en fuite iufques au lieu où fon
cheual fut tué.

Le lendemain eftant à Beaumont, il reçeut
vn memoire des deffences qu'il auoit à propofer, tant contre le Parlement, que contre les
Commiffaires & les autres Iuges qu'on luy voudroit donner. Madame la Princeffe auoit pris le
foin de le luy faire tenir, afin qu'il s'en feruift
pour gagner la Fefte de la Touffaints, efperant
que Dieu toucheroit ce iour là plus particulierement le cœur du Roy. Le Duc apres auoir lû
cette inftruction, & reconnu auec plaifir l'écri-
ture de celuy qui l'auoit dreffée, qui eftoit vn
des plus fidelles feruiteurs qu'il euft dans le Parlement, la déchira, & refolut comme il l'auoit
toufiours protefté de ne point chicaner fa vie.
C'eftoient les paroles qu'il difoit d'ordinaire long
temps mefme auant qu'il euft fujet d'apprehender fon infortune.

Le 27. d'Octobre enuiron midy, il arriua à
Toulouze, où l'appareil de fa reception ne l'e-
ftonna pas dauantage qu'auoit fait celuy de fa
conduitte. Les moufquetaires du Roy le furent
prendre au bout du pont, & marcherent tou-
jours à l'entour de fon carroffe: les Regimens
des Gardes eftoient en armes en diuers endroits

de la ville ; & depuis la porte, par où il entra, toutes les ruës & les places eſtoient bordées de ſoldats iuſques à l'Hoſtel de ville , où il fut laiſſé ſouz la charge de Launay Lieutenant des Gardes du Corps. A peine eut-il loiſir de ſe repoſer vne heure, qu'on l'auertit que deux Commiſſaires eſtoient venus pour l'interroger. Apres qu'ils furent entrez dans ſa chambre , & qu'il eut entendu lire la Commiſſion que le Parlement auoit de luy faire ſon procés ; il leur dit que bien qu'il ne deuſt répondre que deuant celuy de Paris, il renonçoit de bon cœur à ce priuilege , & à tous les autres moyens qui pouuoient retarder ſon Iugement.

Le lendemain on luy confronta Beauregard Capitaine d'vne Cõpagnie de cheuaux legers, Sauignac, S. Prueil & Guitaut Capitaines au Regimét des Gardes, auec deux de leurs Sergens, poúr declarer ce qu'ils ſçauoient du combat de Caſtelnaudarry. Le Duc les voyant arriuer, redoubla par ſon accueil l'étónement & l'affliction qui paroiſſoient ſur leur viſage. Il les reçeut non pas comme des témoins ſur la dépoſition deſquels il deuoit mourir, mais comme des amis qui venoient pour le conſoler dans ſon infortune : les paroles qu'il dit à S. Prueil ſont conſiderables , pour montrer la force , & la tranquillité de ſon eſprit. *Regarde*, luy dit-il en ſoûriant, *comme le pauure Gui-*

taut est affligé, ie m'imagine qu'il ne fera que pleu-
rer lors qu'il faudra qu'il parle. En effet estant in-
terrogé, s'il l'auoit reconnu dans le combat; il
respondit auec des larmes & des sanglots, qui
couperent souuent le fil de sa déposition; *Que*
le feu & la fumée dont il estoit couuert l'empesche-
rent d'abord de le reconnoistre : mais que luy ayant
vû rompre six de leurs rangs, & tuer des soldats
au septiesme, il auoit iugé que ce ne pouuoit estre
que Monsieur de Mont-morency; ce qu'il sçeut cer-
tainement, lors que son cheual estant mort souz
luy, il demeura au milieu de ses compagnons. Les
autres Officiers dirent presque la mesme chose, & firent connoistre le déplaisir qu'ils auoient
de rendre des témoignages si funestes à sa valeur. Il auoüa franchement tout ce qu'ils dirent dans leurs dépositions, lesquelles il voulut
signer, mesme auant que de les oüir lire. Mais
lors que Guilleminet Greffier des Estats du Languedoc luy fut presenté, il ne put retenir sa colere, croyant qu'il venoit de son propre mouuement seruir de témoin contre luy : & le re-
cusa auec des reproches bien moindres que son
ingratitude n'eust merité, si la prison & la peine où il estoit ne l'eussent rendu digne de pardon & de pitié. Ce ressentiment qu'il condamna sur l'heure, & qu'il reparera bien tost par des
satisfactions, qui procureront la vie & la liber-

té de son accusateur, est le dernier qu'il a té-
moigné contre ceux dont il pouuoit auoir sujet
de se plaindre.

Alors ses amis qui depuis le iour qu'il fut pris
l'auoient tousiours assisté auec beaucoup plus
d'affection que de bon-heur, perdirent en fin
toute sorte d'esperance. Il est croyable qu'il y en
eut quelqu'vn assez genereux pour representer
au Cardinal ce que le Duc auoit fait pour luy
à Lion; l'obligation que luy auroient ses parens;
c'est à dire les plus illustres Maisons de l'Europe; la benediction des peuples de ce Royaume;
l'estime des Estrangers, & toutes les raisons
par lesquelles il pouuoit porter l'esprit de sa Maiesté à la clemence. Le Duc de Saint Simon qui
n'estoit alors que Monsieur le Premier, auoit
esté sur le point de perdre les bonnes graces du
Roy, pour n'auoir pû dissimuler sa douleur, lors
que la nouuelle du combat de Castelnaudarry
fut portée. Mais Madame la Princesse estoit la
plus mal-heureuse, comme la plus passionnée
de tous ceux qui s'efforçoient de luy rendre
quelque seruice; elle estoit accouruë auec toute
la diligence possible pour se ietter aux pieds du
Roy sans mesme auoir pû obtenir cette satisfaction; de sorte qu'il sembloit qu'elle se fust pre-
cipitée pour receuoir plustost & de plus prés le
coup de cette cruelle douleur, & pour signaler

l'extremité de ſon amour par vn extréme reſſentiment.

Mais comme toutes les peines qu'on prenoit pour ſauuer la vie à ce grand homme auoiét
eſté inutiles, auſſi ne luy eſtoient-elles plus neceſſaires, puis qu'il ne ſongeoit qu'à bien mourir; & que c'eſtoit depuis quelques iours le ſeul
obiet de ſes prieres, & de ſa foy. Certes Dieu
ne voulut pas le rendre confus dans vne eſperance ſi ferme & ſi legitime, ny luy refuſer
cét *Ayde*, de laquelle il a ſi viſiblement fauoriſé
ſes predeceſſeurs, & qui a touſiours eſté inſepa-
rable du nom de *Premier Chreſtien*, qu'ils ont
porté depuis tant de ſiecles iuſques à nous. Le
repos qu'il luy donna durant la nuit, & la paix
qu'il eſtablit dans ſa conſcience, luy furent des
témoignages aſſeurez de la grace qu'il auoit
ſouhaitée, & des ſignes infaillibles de celles qu'il
deuoit receuoir.

Pour s'en rendre plus capable, il auoit enuoyé
prier dés le matin le Cardinal de la Valette, de
luy faire donner vn Confeſſeur, & s'il eſtoit poſſible que ce fuſt le Pere Arnoux, pour lequel
il auoit vne affection particuliere.

C'eſtoit la Feſte de ſaint Simon & ſaint Iu-
de, que l'on celebre à Touloufe auec grande
deuotion, dans l'Egliſe de ſaint Sernin, où leurs
corps repoſent, auec ceux des autres bien-heu-

reux Apoſtres. Ce iour là donc toute la ville, &
preſque toute la Court furent en prieres, pour
faire deſcendre du Ciel par l'interceſſion des
Saints, les mouuemens de la Grace que ſa Maieſté ne pouuoit accorder, aux deſirs, ny à la
ſubmiſſion des hommes. Mais pendant que tant
de perſonnes continuënt à faire des vœus pour
la conſeruation de ſa vie, il perſeuere ſi conſta-
ment à la mépriſer, que le Pere Arnoux en fut
rauy.

Le Duc de Mont-morency le voyant arriuer
à ſept heures du ſoir dans ſa chambre, teſmoigna vne ioye qui ne pouuoit eſtre produite que
par les mouuemens de la Grace. A peine il luy
permit d'acheuer les premieres paroles que dans
vne occaſion ſi funeſte le Pere eſtoit obligé de
luy dire, tant le deſir de faire ſon ſalut, le rendoit bon ménager du temps qu'il auoit à viure,
ce qu'il luy declara d'abord en ces termes.

*Mon Pere, ie vous prie de me mettre tout à
cette heure dans le chemin du Ciel le plus court &
le plus certain que vous pourrez, n'ayant plus rien
à eſperer ny à ſouhaiter que Dieu.* La generoſité
de ce langage confirmée par les marques d'vne
grande reſignation, fit connoiſtre au Pere Arnoux, qu'il n'y auoit rien de ſi difficile, dont vn
eſprit où la Grace du Ciel reluiſoit ſi clairement,
ne fuſt capable de venir à bout: C'eſt pourquoy
il luy

il luy propofa ce qu'il y a de plus rude dans la
penitence ; afin qu'il peuft tirer du fuplice qui
luy eftoit preparé, vne Couronne pareille à celle duMartyre ; & ioüir comme ceux qui le fou-
frent icy bas de la Sainteté qu'ils acquierent dans
le Ciel. Quelques difcours fe pafferent fur cette
propofition, apres lefquels il pria le Pere de demander au Roy la moitié du iour fuiuant, pour
faire la confeffion de fes pechez, & fe fortifier
par la vertu du faint Sacrement contre les peines qu'il deuoit fouffrir.

Le Pere Arnoux s'eftant retiré il fit vne nouuelle reflexion fur tout ce qu'il luy auoit dit, &
trouua que les fatisfactions qui luy eftoient or-
données pour operer fon falut, fembloient plu-
toft releuer, que deftruire les naturelles habitu-
des de fon ame. Dans cette meditation il fortifia fon courage, puis qu'il luy falloit vaincre en
mourant des ennemis plus puiffans que ceux
qu'il auoit combattus durant fa vie. Son ambition mefme qui paroiffoit fi contraire à la vertu qu'il deuoit pratiquer, feruit par la grace de
Dieu à acheuer le deffein de fa penitence : car,
comme dans le monde il auoit marché fur les
traces de fes plus illuftres predeceffeurs, & auoit
defia égalé par fes actions la gloire des plus
grands Capitaines ; il s'efforça de fuiure & d'i-
miter en fa mort le Maiftre & le Redempteur

de tous les hommes. Il difoit fouuent auec lar-
" mes; Qu'ayant vn regret extréme d'eftre fi éloi-
" gné de l'innocence de fon Sauueur ce luy eftoit
" vne grande confolation de fe rendre en quel-
" que façon femblable à luy par la conformité
" de fes peines. Il eftoit mal-aifé que s'endor-
mant fur des penfées fi Chreftiennes, il en peuft
auoir de communes à fon réueil. En effet fon
Confeffeur reuenant le lendemain à fix heures
du matin, le trouua qui difpofoit defia de fa
fepulture, & deliberoit de donner fon corps,
ou fon cœur à la maifon Profeffe de faint Igna-
ce. Le Pere Arnoux qui en eut le choix, accepta la partie où venoit de fe former vn fi genereux mouuement. Mais le difcours qu'il luy
tint d'abord eft confiderable. *Mon Pere*, luy
dit-il, *voicy vne grande iournée; i'ay befoin du
fecours de Dieu, & de voftre affiftance, d'autant
plus que ie me fens indigne de la grace qu'il me fait
d'eftre dans vn fi grand mépris de la mort. Il eft
tel, mon Pere, que i'ay à vous prier de prendre
garde fur tout que quelque efprit de vanité ne
m'emporte fur ce fuiet; taftez mon cœur, & voyez
s'il palpite, & mon pouls s'il fe hafte plus qu'à
l'ordinaire; & vous iugerez auec moy, que c'eft
Dieu feul qui me fortifie & me deliure des apprehenfions & de l'horreur de ma fin. Ie connois bien
que fans luy, cét accident eft tel que ie pourrois*

chanceler comme vn autre dans mes refolutions.

Ces paroles font trop belles pour y rien changer non plus qu'aux autres qu'il dira cy-apres,
dans lefquelles on connoiftra bien mieux l'eftat
de fon ame, que ie ne le fçaurois reprefenter,
& particulierement lors qu'il aura reçeu le fecours furnaturel du faint Sacrement, qu'il at-
tend auec vne impatience, ou pour mieux dire
auec vn zele extraordinaire. Ie quitteray donc
icy l'office d'Hiftorien pour faire celuy de Secretaire, & rapporteray vne partie des difcours de ce grand Homm° comme ils font
venus à ma connoiffance. Dés qu'il fut ha-
billé, il fe mit en prieres, pour fe difpofer à la
Confeffion generalle de fa vie. Il la commença
auec vne effufion de larmes, qui tefmoignoient
la veritable contrition de fon cœur, & la finit
auec vn excés de ioye qui luy fit dire ces mots
apres l'abfolution : *Ie ne veux plus viure ; Ie re-
nonce aux delais, & ferois marry qu'il y en euft ;
Ie ne croyois pas d'en pouuoir fortir de la forte. He-
las ! que Dieu eft bon, & que i'efpere de le voir
bien toft.* Ce diuin tranfport qu'il acheua par le
recit du Cantique de Simeon, fut fuiuy de cette meditation, croyant mourir le mefme iour,
qui eftoit vn Vendredy. *Que i'ay grand defir de
lauer mes peche┐ dans mon fang, au iour que mon
Redempteur refpandit le fien pour mon falut.* C'eft

O o ij

ce qu'il difoit en allant oüir la Meffe, que fon
Confeffeur deuoit celebrer dans la Chapelle de
l'Hoftel de ville. Et apres auoir fait fa Com-
munion, & acheué fon action de graces il continua à parler en cette forte : *Mon Pere, qui a*
dedans foy l'Autheur de la vie, ne craint plus la
mort : l'efpere de voir bien toft ce bon Dieu, que
ie viens de receuoir en Sacrement.

La repetition de ces derniers mots qu'il auoit
fouuent en la bouche, faifoit connoître la fermeté
de fa foy & de fon efperance. Comme il fut ramené dans fa chambre par les Gardes qui l'auoient
fuiuy à la Chapelle, de Launay le vint affeurer
que fon Iugement eftoit differé iufques au lendemain; à quoy il refpondit, que bien que ce delay
ne luy femblaft plus neceffaire, il tafcheroit de
ménager cette grace fans perdre vn feul moment du loifir qu'on luy donnoit pour fe preparer à bien mourir. Il le fit certes en telle forte, que dans ce dernier iour de fa vie il s'efforça d'accomplir le fommaire des Commandemens de Dieu, ayant commencé dés le matin
par la meditation de fes Graces, par l'adoration
de fes Myfteres, & par des difcours pleins de
pieté & d'amour enuers fon Createur. Apres
auoir paffé iufques à midy dans ce diuin entretien, il employa le refte du temps à donner
des preuues de fa charité par la difpofition de

ſes biens en faueur de ceux à qui la Nature ou quelque autre obligation vouloit qu'il les diſtribuaſt, ou par les ſatisfactions qu'il chargeoit ſon Confeſſeur de faire pour luy aux perſonnes qui pouuoient douter de ſa bonne volonté. La priere qu'il luy fit d'en aſſeurer le Cardinal de Richelieu, fut accompagnée d'vn preſent qu'il voulut qu'on luy offriſt de ſa part; c'eſtoit vn tableau de grand prix qui repreſentoit S. Sebaſtien mourant. Le bon Pere eſtoit rauy de voir l'operation de la Grace qui reluiſoit dans tous ſes mouuemens, & ſembloit eſtre auprés de luy pluſtoſt pour expliquer des points de Theologie, que pour luy inſpirer des penſées qui ne pouuoient venir que du S. Eſprit, Voicy la lettre qu'il eſcriuit à ſa femme, où cette aſſiſtance ſurnaturelle, & la pureté de ſon amour ſont également viſibles.

Mon cher Cœur, Ie vous dis le dernier Adieu, auec vne affection pareille à celle qui a touſiours eſté parmy nous. Ie vous coniure par le repos de mon Ame, que i'eſpere eſtre bien toſt au Ciel, de moderer vos reſſentimens, & de receuoir de la main de noſtre doux Saune ur cette affliction. Ie reçois tant de graces de ſa bonté, que vous deuez auoir tout ſuiet de conſolation. Adieu encore vne fois, mon cher Cœur.

Ce fut la premiere penſée qu'il eut en com-

mençant l'exercice de sa charité, & la derniere qui demeura dans son Ame, & dont il repri-
moit de fois à autre la vertueuse tentation, en
cette sorte: *Mon Pere, cette chair voudroit bien
se ressentir, & murmurer: mais nous l'en empes-
cherons auec la grace de Dieu.* Il est vray qu'il en
vint à bout par cette faueur diuine, de laquelle il pouuoit tout esperer; mais ce ne fut pas
sans peine: quelques soupirs qu'il ne pût retenir
en se mettant au lit, tesmoignerent l'émotion
de son cœur, qui par son aueu mesme ne venoit
que de cette genereuse infirmité.

Enuiron les neuf heures du soir Lauaupot
enuoyé de la part de Monsieur, fit tous ses efforts pour obtenir la grace du Duc de Mont-
morency, que son Altesse Royale faisoit demander. Il se ietta trois fois aux pieds du Roy,
animant tousiours ses tres-humbles prieres de
la voix & de l'action la plus propre qu'il estoit
possible pour toucher le cœur de sa Maiesté, qui
ne luy respondit autre chose sinon, qu'il estoit
entre les mains du Parlement. Cette nuit là fut
horrible dans Toulouze, l'Armée qui estoit aux
enuirons, entra dans la ville; toutes les maisons
furent remplies de soldats; & s'il y en auoit
quelqu'vne d'exempte, elle ne l'estoit pas du trouble & de la confusion que le spectacle du lendemain mettoit desia dans toute sorte d'esprits. Le

Duc de Mont-morency estoit luy seul au milieu
de toutes ces differentes agitations sans les ressentir: au contraire il reposoit doucement dans
son lit , comme vn homme qui ne craignant
point la mort, n'auoit rien à apprehender, &
qui estant en la garde des Anges, ne pouuoit
estre inquieté par les autres creatures. Il auoit
passé vne bonne partie de la nuit dans ce repos
surnaturel , lors que l'Exempt qui le gardoit,
& le Chirurgien , se leuerent pour prier Dieu.
Le bruit qu'il entendit dans sa chambre le firent
esueiller auec de nouueaux tesmoignages de
l'assistance Diuine. Il appella Lucante , & l'a-
yant fait approcher de son lit , luy parla en
cette sorte. *Loüé soit Dieu qui m'a voulu deliurer
des troubles où la consideration des dangers que i'ap-
prehendois pour ma femme , me iettoit à tous momens ; & de remettre du tout à sa Prouidence les
soins inutiles que ie prenois pour ce sujet. Tu luy
diras que ie luy recommande deux choses ; l'vne,
de pardonner, comme ie fais de bon cœur à mes ennemis; l'autre d'excuser les deplaisirs que ie luy puis
auoir donnez, tant que nous auons esté ensemble.*

Ayant dit ces mots, & sçeu qu'il n'estoit que
deux heures apres my nuit, il se rendormit iusques à sept, que le Pere Arnoux fut contraint
de l'éveiller. Vn sommeil si extraordinaire luy
fit de nouueau admirer la grandeur du courage,

& la paix de la conſcience de ce Penitent : mais ſon admiration fut encore plus grande lors que s'eſtant approché de luy , il toucha ſon pouls, & ſentit le paiſible mouuement de ſon cœur ſans aucune alteration. Le Duc ſe leua d'abord en diſant ces mots de l'Euangile : *Surgite, eamus.* En ſuite deſquels il reſpondit à ſon Chirurgien, qui le preſſoit de laiſſer penſer ſes bleſſures : *Que l'heure eſtoit venuë de guerir toutes ſes playes par vne ſeule.*

Cependant le Comte de Charlu Capitaine des Gardes du Corps l'eſtant venu prendre, le fit mettre dans ſon carroſſe , & auec ſa Compagnie & les mouſquetaires du Roy le conduiſit au Palais. Les ruës par où il paſſa eſtoient bordées des Gardes Françoiſes & des Suiſſes ; tout le reſte de l'Armée eſtoit ſous les armes en diuers endroits de la ville. Le Duc de Montmorency entra dans la chambre où le Parlement eſtoit aſſemblé auec la meſme aſſeurance & la meſme grace qui l'accompagnoient autrefois lors qu'il y auoit paru comme Gouuerneur de la Prouince. Cét obiet redoubla la confuſion de ſes Iuges , & la douceur & la brieueté des reſponces qu'il fit au Garde des Sceaux, acheuerent de troubler l'eſprit de ceux qui l'auoient conſerué libre iuſques alors. Il n'auoüa pas ſeulement tout ce qu'il falloit pour ſe faire

condam-

condamner, mais il s'accusa; & s'il faut ainsi
parler se calomnia luy mesme, afin de souffrir la
peine de tous ceux que sa consideration faisoit
criminels, & de rendre sa penitence plus semblable à celle qu'il s'estoit proposé d'imiter : Mais
ne pouuant satisfaire à vn si vaste desir, il se
chargea des crimes dont Guilleminet Greffier
des Estats du Languedoc, & le Iuge de Pezenas estoient accusez; & par le tesmoignage qu'il
rendit à leur innocence les deliura de la prison
où ils estoient detenus. Apres auoir ainsi fauo-
risé sa condemnation il acheua de se preparer à
la mort dés qu'il fut de retour à l'Hostel de ville;
& sçachant que lors que son Arrest luy auroit
esté prononcé, l'on ne luy permettroit plus de
remonter à sa chambre, il demanda l'habillement
blanc qu'il faisoit garder depuis Leytoure pour
cette funeste action, & donna le sien à l'Exempt
qui estoit prés de luy.

Lors qu'on le vit dépoüiller, il n'y eut personne qui peust retenir les larmes ; Les Iesui-
tes qui estoient venus pour assister le Pere Arnoux en cette derniere occasion, eurent eux
mesmes besoin d'aide ; & il fallut que celuy
qu'ils deuoient consoler, fist enuers eux l'office
de consolateur. Il estoit desia prés de midy, sans
qu'il eust rien pris, de sorte qu'estant pressé de la
fluxion qui luy tomboit sur les playes du go-

zier ; on luy prefenta vn boüillon , qu'il fentit
amer, comme il faifoit tout ce qu'il aualoit depuis quelques iours. Ce qui luy fit dire *que Dieu
luy donnoit cette amertume , afin qu'il fe reffouuinft
du fiel qui fut prefenté à noftre Seigneur , & que de
cette forte il s'apriuoifaft au dégouft de la vie.* Il
ne fortoit pas vne parole de fa bouche qui ne
fift voir l'abondance des Graces que Dieu ver-
foit dans fon efprit, & qui n'arrachaft des larmes de tous les yeux qui le regardoient. L'on ne
voyoit rien que de funefte dans cette chambre ;
les Gardes qu'on auoit mis auprés de fa perfonne, eftoient nuds tefte, fans manteau , fans armes, & fi pleins d'affliction, qu'on les euft pris
pluftoft pour les compagnons que pour les fpectateurs de fa mort : c'eft la pofture en laquelle
ils furent les trois derniers iours de fa prifon,
n'y ayant que le Lieutenant & l'Exempt qui s'a-
prochaffent de luy auec leurs efpées. Parmy ce
trifte appareil ce grand Homme conferuoit auffi bien la gayeté de fon humeur , que fon courage & fa refolution ordinaire. Pendant qu'il
continuë à donner des preuues de cette merueille, Launay fut trouuer le Roy, où il vit vne
autre forte de defolation , qui pour eftre plus
retenuë n'eftoit pas moins confiderable que celle du lieu d'où il eftoit parry Les Courtifans
qui fçauent fi bien diffimuler , n'auoient iamais

fi mal reüffi à déguifer les mouuemens de leur efprit : les fuperbes habits dont ils s'eftoient pa-
rez ce iour là , n'empefchoient pas que le dueil
ne paruft fur leur vifage : leurs yeux ne pouuoient retenir les larmes que la fecrette émotion
du cœur y portoit naturellement ; leur filence
mefme parloit fi clairement de leur triftefle, que
le Marefchal de Chaftillon fe feruit de cette démonftration muette , pour faire connoiftre à fa
Maiefté le plaifir qu'elle feroit à tout le monde,
fi elle fe portoit à la clemence. Le Roy répon-
dit qu'il ne feroit pas Roy s'il auoit les fentimens des particuliers.

Cependant le Duc ne perdoit point le temps
à raifonner vainement fur le voyage de Launay;
au contraire il l'employoit auec les Iefuites qui
eftoient prés de luy, à dire les Litanies de la Vierge, à reciter des Pfeaumes, & à faire des prieres à Dieu pour fon falut , & des queftions au
Pere Arnoux pour fa confolation ; & entr'autres , fi les ames des bien-heureux , alloient bien
vifte en Paradis , & fi lors qu'elles y font Dieu
leur laiffe la connoiffance & le foin des amis
qu'ils ont au monde; A quoy le Pere ayant fait
vne refponce conforme à fon defir, il s'écria en
baifant le Crucifix qu'il tenoit à la main; *O mon
Dieu ! que vous me donnez de confolations que ie
ne merite pas.*

Pp ij

Le retour de Launay mit fin aux meditations qu'il faifoit fur cette Grace, & à l'exterieure démonftration des tranfports d'amour & de refpect qu'il auoit pour fon Redempteur. Il fit fes derniers remercimens à tous ceux qui l'auoient gardé ou feruy dans fa prifon, coupa fa mouftache de cheueux, & la metrant entre les mains " du Pere Arnoux, le pria de brufler auec elle " toutes les vanitez du monde qu'il auoit autre- " fois adorées.

Ie ne parle plus des mouuemens que fes difcours faifoient dans l'ame des fpectateurs : il y auoit plus d'vne heure, que l'on n'entendoit autour de luy qu'vne pitoyable confufion de fanglots & de foufpirs, qui fans efbranler fa conftance, l'accompagnerent iufques à la fin de fa vie. Il defcendit à la Chapelle de l'Hoftel de ville parmy ces funeftes témoignages de regret & d'admiration que les foldats rendoient à fon infortune & à fa vertu. Là il entendit lire fon Arreft de mort auec vne fermeté qu'il fit paroiftre par ces mots aux Commiffaires. *Ie vous remercie, Meffieurs, & vous prie de dire de ma part à tous ceux de voftre Corps, que ie tiens cét Arreft de la Iuftice du Roy pour vn Arreft de la mifericorde de Dieu.* Apres cela il fe remit en prieres, fit vn petit abregé de Confeffion pour ne rien oublier ; reïtera fes actes de con-

trition, prononça le Symbole de la Foy , &
donna sa vie à Dieu en Sacrifice de bonne odeur.
Comme il estoit prest d'aller acheuer les derniers
trauaux de sa penitence, Launay retournant encore deuers le Roy, fit differer l'execution de sa
mort iusques à son retour. ʄCe retardement au
lieu de l'émouuoir par les vaines esperances d'v-
ne vie temporelle, l'affermirent dauantage dans
le desir & dans la certitude de celle qui luy e-
stoit preparée dans le Ciel ; ce qu'il fit connoistre à son Confesseur, retiré en particulier auec
luy. Voicy ses propres termes : *Qu'est-ce que ie
sens en moy, mon Pere? ie vous puis asseurer deuant Dieu, auquel ie vay respondre, que ie ne suis
iamais allé à bal , ny à festin , ny à bataille auec
plus de satisfaction que ie m'en vay mourir; & que
quand ie ne sçaurois pas par tant d'autres voyes
qu'il y a vn Dieu ; cette vertu qui me fortifie par
dessus la Nature , tres-foible de soy , me le feroit
toute seule adorer. Ie vous prie, mon Pere, pro-
mettez moy que vous ne direz rien de cecy, de peur
qu'on ne croye de moy chose qui n'y est pas ; Ie vous
le descouure pour ma consolation & la vostre, &
à l'honneur de Dieu, qui seul opere tout cecy.*

Mais comme les graces de son esprit s'augmentoient tousiours, celles de son corps sembloient aussi ietter plus d'éclat en ce dernier

moment de sa vie ; la simplicité de son habit, le mal-heur de sa condition, ny les blessures de son visage n'ostoient rien à sa premiere beauté ; au contraire cette profonde submission, & cét extréme aneantissement qui luy firent tendre auec plaisir ses bras qui auoient gagné tant de victoires, pour estre liez par les mains les plus infames de la terre. Toutes ces marques de penitence le rendant plus conforme à la Croix de son Redempteur, attiroient de nouuelles graces sur sa Personne, & luy imprimoient vne certaine maiesté qu'aucune sorte de douleur n'auoit iamais fait paroistre. En cét estat il partit de la Chapelle pour aller à la premiere basse-cour de l'Hostel de ville, où il deuoit souffrir la mort ; & soit qu'il baissast les yeux en terre pour tesmoigner sa confusion, soit qu'il les haussast vers le Ciel pour monstrer son esperance ; soit qu'il les destournast d'vn costé & d'autre pour dire Adieu à ceux qu'il cognoissoit ; c'estoit tousiours auec vne action capable de toucher les cœurs les plus insensibles. C'est ainsi qu'il arriua au pied de l'échaffaut, où il monta auec la méme asseurance qu'il auoit tousiours fait paroistre ; & apres s'estre ajusté sur le poteau, il reçeut le coup mortel en disant ces mots ; *Domine Iesu, accipe spiritum meum.*

Dés que cette belle image de Dieu fut défaite, tout le monde se pressa pour recueillir le
sang qui en découloit: les plus auancez en beu-
rent, les autres le receuoient dans leurs mou-
choirs: les Soldats y trempoient les épées comme s'il eust esté capable de leur communiquer
la vertu du cœur d'où il sortoit. La terre méme,
& les pierres deuenoient precieuses par cette excellente teinture , & estoient ramassées auec
grand soing. †Pendant que l'amour excessif du †
peuple s'occupe à vne superstition si extraordinaire ; la Dame de Gramont à qui le deffunt
auoit resigné le soin de son corps, le fut prendre dans vn carosse, auec deux Ecclesiastiques,
& le fit conduire à Saint Sernin , où le Cardinal de la Valette , qui en estoit Abbé , auoit
donné ordre qu'il fust enseuely. Là il fut em-
baumé, mis dans vn cercueil de plomb , & en-
terré dans la Chapelle dediée à Saint Exupere.
L'on auoit au commencement fait dessein de le
mettre au méme endroit où les Abbez de Saint
Sernin & les Comtes de Toulouze font ense-
uelis : mais sur ce qui fut allegué des merueilles de sa fin, & des signes qu'il auoit donnez
d'vne parfaite contrition, il fut resolu du com-
mun consentement de tous les Chanoines, qu'il
seroit logé dans l'Eglise, où depuis que Charle-

magne auoit fait porter les corps des Apoſtres, perſonne n'auoit iamais eu cét honneur que les Martyrs & les Saints canonizez.

F I N.

PRIVILEGE DV ROY.

L OVIS par la Grace de Dieu Roy de France & de Nauarre : A nos amez & feaux Conseillers les Gens tenans nos Cours de Parlement , Maistres des Requestes ordinaires de nostre Hostel, Baillifs, Seneschaux, Preuosts & leurs Lieutenans, & tous autres de nos Iusticiers, & Officiers qu'il appartiendra , Salut. Nostre bien Amé le sieur du Cros, nous a remontré qu'il a composé vn Liure intitulé, *Histoire de la Vie de Henry Duc de Montmorency;* lequel il desireroit faire imprimer s'il auoit nos Lettres sur ce necessaires, lesquelles il nous a tres-humblement supplié de luy accorder. A CES CAVSES, Nous auons permis & permettons par ces Presentes audit Exposant de faire imprimer , vendre & debiter ledit Liure en tous les lieux de nostre obeïssance, par tel Imprimeur ou Libraire qu'il voudra choisir , & en telles marges & tels caracteres, & autant de fois que bon luy semblera, durant l'espace de dix ans entiers & accomplis ; à compter du iour qu'il sera acheué d'imprimer pour la premiere fois. Et faisant tres-expresses défences à toutes personnes de quelque qualité & condition qu'ils soient, d'imprimer , faire imprimer , vendre ny debiter en aucun lieu de nostre obeïssance ledit Liure, ou partie d'iceluy, ny mesme d'emprunter le tiltre ou le frontispice, & d'en extraire aucune chose par forme d'abregé ou autrement en quelque sorte & maniere que ce soit , à peine de trois mille liures d'amende, applicable vn tiers à nous, vn tiers à l'Hostel Dieu de Paris , & l'autre tiers à l'Exposant, ou au Libraire qu'il aura choisi; de confiscation des Exemplaires contre-faits, & de tous despens, dommages & interests : à condition qu'il sera mis deux Exemplaires dudit Liure en nostre Bibliotheque publique, & vn en celle de nostre tres-cher & feal le sieur Seguier, Cheualier, Chancelier de France, auant que de l'exposer en vente, à peine de nullité des Presentes. Du contenu desquelles , Nous vous mandons que vous fassiez iouïr

plainement & paifiblement ledit Expofant, ou ceux qui auront droit de luy, fans qu'il leur foit donné aucun empefchement: Voulons auffi, qu'en mettant au commencement ou
à la fin dudit Liure vn extrait des Prefentes, elles foient tenuës pour deuëment fignifiées, & que foy y foit adiouftée,
& aux Copies collationnées par l'vn de nos amez & feaux
Confeillers & Secretaires comme à l'Original. Mandons
auffi au premier noftre Huiffier ou Sergent fur ce requis,
de faire pour l'execution des Prefentes tous Exploits neceffaires, fans demander autre permiffion; C A R tel eft noftre
plaifir, nonobftant Clameur de Haro, Chartre Normande,
& autres Lettres à ce contraires. D O N N E' à Paris, le 15.
iour de Iuin l'an de Grace 1643. Et de noftre Regne le
premier, Par le Roy en fon Confeil, Signé C O N R A R T.
Et feellé du grand Seau de cire jaune.

Acheué d'imprimer pour la premiere fois ce 22. Septembre 1643.

Les Exemplaires ont efté fournis, ainfi qu'il eft porté
par ledit Priuilege.

Fautes ſuruenuës à l'impreſſion de ce Liure.

PAge 19. ligne 14. ou, liſez à quoy. p. 25. l. 14. rencontre, liſez rencontra. p. 37. ligne 18. ez, liſez aux. p. 34. l. 11. de grand, liſez d'vn grand. p. 52. l. 18. d'vn & d'autre, liſez de l'vn & de l'autre. p. 66. l. 8. ſur la place qui demeurerent, liſez, qui demeurerent ſur la place. p. 64. l. 10. touſiours auoient, liſez auoient touſiours. p. 91. l. 6. à ſes, liſez aux. p. 193. l. 12. qu'il n'eſtoit point, liſez qu'ils n'eſtoient pas. p. 145. l. 26. commande, liſez commanda. p. 258. l. 7. propres, liſez vtiles. p. 237. l. 6. pour éuiter, liſez pour ſon départ afin d'éuiter. p. 246. l. 9. n'oſeroit, liſez n'oſerent. p. 256. l. 18. la perte, liſez la paix. p. 161. l. 10. il eſtoit, liſez il y eſtoit. p. 291. l. 11. firent, liſez fit. p. 297. l. 3. l'affermirent, liſez l'affermit. p. 277. l. 1. preſſée, liſez preſſé.